U1010717

赛达破产法丛书

总主编 李曙光

RESEARCH ON THE REGULATION SYSTEM OF
BOND INSURANCE IN USA

美国债券保险监管制度研究

姜沅伯 著

法律出版社
LAW PRESS·CHINA

——北京——

图书在版编目(CIP)数据

美国债券保险监管制度研究 / 姜沅伯著. -- 北京:法律出版社,2022
(赛达破产法丛书)
ISBN 978-7-5197-6717-4

Ⅰ.①美… Ⅱ.①姜… Ⅲ.①债券-保险-监管制度-研究-美国 Ⅳ.①F837.125②F847.12

中国版本图书馆CIP数据核字(2022)第074101号

赛达破产法丛书	**美国债券保险监管制度研究** MEIGUO ZHAIQUAN BAOXIAN JIANGUAN ZHIDU YANJIU	姜沅伯 著	策划编辑 薛 晗 田 浩 责任编辑 薛 晗 田 浩 装帧设计 臧晓飞

出版发行 法律出版社
编辑统筹 法商出版分社
责任校对 王晓萍
责任印制 胡晓雅
经　　销 新华书店

开本 710毫米×1000毫米 1/16
印张 19.75 **字数** 266千
版本 2022年8月第1版
印次 2022年8月第1次印刷
印刷 唐山玺诚印务有限公司

地址:北京市丰台区莲花池西里7号(100073)
网址:www.lawpress.com.cn
投稿邮箱:info@lawpress.com.cn
举报盗版邮箱:jbwq@lawpress.com.cn

销售电话:010-83938349
客服电话:010-83938350
咨询电话:010-63939796

书号:ISBN 978-7-5197-6717-4
定价:86.00元
凡购买本社图书,如有印装错误,我社负责退换。电话:010-83938349

专家委员会

国内（按姓氏音序排序）

季卫东　上海交通大学文科资深教授，日本研究中心主任，中国法与社会研究院院长

李　冰　国务院国资委资本运营与收益管理局局长

李曙光　中国政法大学教授，破产法与企业重组研究中心主任

林文学　最高人民法院民事审判第二庭庭长

刘向民　前中国人民银行条法司司长

刘延岭　金杜律师事务所合伙人

孙念瑞　中国证券监督管理委员会上市公司监管部副主任

王福祥　金杜律师事务所合伙人

王卫国　中国政法大学教授

张劲松　中国银行法学研究会副会长

朱少平　前全国人大财经委法案室主任

郑志斌　大成律师事务所合伙人

国际（按姓氏音序排序）

Edward I. Altman　纽约大学STERN商学院教授

Reinhard Bork　汉堡大学法学院民事诉讼法及一般诉讼法研究所所长

Neil Cooper　前国际破产协会主席

John Lees　前国际破产协会主席，JLA公司董事长

Francois Xavier Lucas　巴黎第一大学教授

Steven L. Schwarcz　杜克大学法学院教授，国际资本市场中心主任

David A. Skeel　宾西法尼亚大学法学院，破产与金融法学教授

James H.M. Sprayregen　前国际破产协会主席，凯易律师事务所合伙人

Felix Steffek　德国马克·普朗克比较法研究院研究员

山本和彦　日本一桥大学法学研究科教授

佐藤铁男　日本中央大学法科大学院教授

Expert Consultative Committee

“赛达破产法丛书”总序

李曙光

2012年10月，国际破产协会（INSOL）年会在荷兰海牙召开。我携弟子张钦昱与会，并在会后与当时在荷兰马斯特里赫特大学留学的另一名学生陈夏红会合，三人结伴同游伊比利亚半岛。当航班在里斯本波尔特拉机场降落，我们一行在机场大厅寻找出口，不期然间，看到一个与英文exit并列的葡萄牙语单词：Saída。这是我们认识的第一个葡萄牙语词汇，显而易见，它就是出口的意思。这个葡萄牙语单词，拼写和发音都近乎汉语拼音，我们一下就记住了。我一直在为自2008年5月创建的足球队寻找一个合适的正式队名，随着葡萄牙、西班牙的旅程次第展开，我们一路聊着足球，突来灵感，Saída，配上“赛达”的汉语音译，不就是我们需要的足球队队名吗？真是“踏破铁鞋无觅处，得来全不费工夫”。

足球，作为一种最受人们喜爱的游戏，以其符合人性的天真自由的理念与严谨公平的规则成为最好的市场经济模拟。所有的类足球运动游戏与市场经济，实际上都不能缺了“出口”。市场经济的“出口”就是市场退出，就是“破产”。

Saída——“赛达”的内涵是丰富的：

“赛”，可以理解成比赛、竞赛。市场经济是一套理想的经济交易与选择体系，也是一种竞争性游戏。这种游戏的魅力在于它是一种自由的比赛，一群自由的企业，一群自由的组织，一群自由的个人，可以自由选择参与其中的竞赛，也是一种充斥专业活力与创意冒险的竞争。

“赛”，也可以理解为赛道或者规则。自由也有天花板，市场经济自由竞争是在规则支撑下的有序竞争、良性竞争。要实现市场经济自由竞争的理想，公平竞争的规则不可缺位，优胜劣汰的淘汰机制则是游戏吸引力的题中应有之义。

市场经济中任何自由的企业与个人，一方面要努力工作，创新冒险，去赢得竞赛；另一方面，也必须接受失利失败的可能。足球比赛与市场经济的压力与残酷性也表现在这方面。而这一点，恰恰是破产，这个文明社会法治框架下主体退出的商业安排，对这种压力与残酷性能提供一个最好的Saída。

“达”，可以解释成到达、抵达。在足球世界中，球员参与比赛的目的就是去赢得比赛，要赢得比赛，必须要有球技与体能作基础，这是参与一项竞争运动的门槛与前提。在市场经济中，任何市场主体参与竞争，也是有行业门槛与合理目标的，为了抵达这个目标，市场主体需要专业能力，需要卧薪尝胆，需要殚精竭虑。恰当的目标，能够激发每一个市场主体的创造力，能够为市场主体提供绵延不绝的驱动力，能够延续市场主体基业长青的生命力。反之，因各种因素，市场竞争失败，则要及时止损，有序破产清算退出，以待来日东山再起。

“达”，也可以理解成通达、练达。球员在球场上要眼观六路，耳听八方，要有大局意识，球能传递出去。不仅要对自己的位置自负其责，而且要有补位意识。一个失球，虽可能是队友犯错引发的，但能补位而未补，则导致整个球队的失败。市场经济更是充满竞争，危机四伏，危中有机，机中藏危。主体视野开阔，具有大局观与系统思维，不能本位主义，更不能团队如散沙。市场主体也需要具有“世事洞明皆学问、人情练达即文章”的圆润。唯其如此，才能在波诡云谲的市场竞争中，立于不败之地。即便遇到挫折，陷入困境，也可即时重整，采取有效的拯救措施，转危为机。

无论如何，Saída——“赛达”与破产法是非常契合的。破产法作为市场经济的基本法，关注和研究的就是市场主体的“出口”问题。破产法的制度与程序设计，无论是破产清算后彻底退出市场，还是重整与和解后重新焕发活力，无非为陷入困境的市场主体提供各种各样的“出口”，为充满无限可能的市场主体寻找出路。Saída——“赛达”，通过公正公平的竞赛而达到，通过自由开放的出口而到达，这不正是破产法的内在精神吗？

中国破产法的实施恰逢中国传统经济结构性调整以及国际贸易大变局时期。如何应对这一经济与国际贸易大变局，面对经济结构调整如潮涌来的大挑战，对世界范围内的破产法理论与中国破产重组前沿问题的研究就显得尤为必要。为进一步整合中国破产法理论界与实务界研究力量，法律出版社法商分社社长薛晗提议将国内同行的优秀作品汇集成中国政法大学破产法与企业重组研究中心出品的精品丛书，我欣然同意，并力主将丛书命名为“赛达破产法丛书”。

我希望在不久的将来，“赛达破产法丛书”能够成为破产界同行阅读优质文献、分享顶级作品的平台之一。由此，感谢并期待各位同行的襄助和支持！

是为总序。

序

资本市场是风险与收益高度共存的市场，牵动着公众的目光，也联接着国民经济的兴衰。其中，以债券为代表的固定收益市场，更是信用风险集中体现的领域。我国近年来高度重视债券市场，强调发挥其在多层次资本市场中的作用。然而，频繁发生的信用违约乱象，却给债券市场的健康发展带来了挑战。建立良好的风险防控机制，是监管者当前最为关心的话题。

美国拥有发达的固定收益证券市场，号称全世界的“标杆”。然而，2008 年的一场金融危机却让众人一夜惊醒：原来美国市场繁荣的背后竟然隐藏着如此巨大的风险！这次危机已过去十余年，但其中的惊心动魄犹在昨日。美国于 2010 年通过了加强金融监管与投资者保护的《多德 - 弗兰克华尔街改革和消费者保护法》（以下简称《多德 - 弗兰克法》），全世界也都在分析美国金融危机的沉痛教训。放眼国内学界，仅在法学领域就有证券法、银行法、破产法等各个学科的研究文献。资产证券化的风险外溢、市场参与者的道德风险、市场监管者的履职失败，都已是广为人知的研究论断。然而，还没有人从债券保险的角度作出深入分析和解读。

债券保险是美国证券市场上重要的增信方式，曾经被视为防范市场风险的利器。但是，当金融危机的大幕揭开，观众们看到的却是这道“防火墙”已然衰颓不堪，不仅未能防控风险，反而助长了“火势”蔓延，同样值得人们反思和深省。《美国债券保险监管制度研究》很好地捕捉到了这一问题，也为我们提供了至少三个方面的启发。

首先，债券保险的特殊法律性质。债券保险采用保险合同的形式，将债务人的违约风险转移给保险人，虽然都是对债务进行担保，但从美国的法律体系来看，其法律关系受到保险法而非担保法的规范调整。信用违约互换

(credit default swap，CDS）等信用衍生品与其实质功能较为相似。金融危机前后，也曾有人主张将CDS纳入保险监管。但是，CDS买方对标的债券却无须像保险合同那样具有实际的“保险利益”关系。因而，不能将两者等同视之。

其次，债券保险需要怎样的监管。债券保险本身具有信用支持功能，但通过审视相应的监管体系，可以发现其脆弱性与滞后性。分州监管体制中的联邦监管失位、应对集团化经营的风险隔离举措欠缺、风险资本充足率监管的薄弱，都导致其在危机中成为风险传导链条的其中一环。要实现有效监管，就要有针对性地解决这些既存问题。

最后，金融创新与金融监管的“竞速比拼”。美国金融市场风暴和债券保险业危机给我们的一大启示，就是不能以金融创新为旗号削弱应有的金融监管。在美国，两者之间的角逐较量由来已久，导致金融监管在放松与收紧之间来回摇摆。我国的金融市场近年来一直在“向美国看齐”，但是监管法制仍应当秉持坚定的立场，终究不可因“经济自由”而偏废“市场规矩”。

沅伯是跟随我从硕士读到博士的少数学生之一，在读书期间表现出了优秀的专业素养。攻读博士期间，与我探讨确定了债券保险监管制度的选题。这个题目横跨证券法与保险法，金融监管法与金融交易法，甚至兼涉法学与其他学科，具有一定的难度。我支持他的这一探索方向，鼓励他用心写作。功夫不负有心人。经过持久的努力，他的博士论文最终定稿，我非常欣慰地肯定了他的成果。2021年以来，我正在主编“赛达破产法丛书”。鉴于金融市场风险防控与破产法律制度密切联系，将《美国债券保险监管制度研究》纳入丛书系列可谓正当其时。希望这本著作能为金融市场制度建设有所裨益，也祝愿沅伯在今后的职业道路上走得长远！

是为序。

李曙光

前　言

本书以美国债券保险监管制度为研究对象，以债券保险的信用维护功能为线索，对债券保险监管的理论基础、基本原则、监管体制、审慎监管和产品监管进行系统研究，挖掘其中问题、进行理论分析并提出解决思路。

债券市场是金融市场的重要部分，债券市场的发展代表了金融发展的宏观趋势。美国的债券市场居于世界领先地位，其经验值得我们细细思考。观察美国债券市场，债券保险在其中扮演了极为重要的角色。以纽约州为代表的各州保险法规定了债券保险监管制度。然而，2007 年的一场金融风暴却让债券保险的神话破灭，监管制度的失灵显露无遗，这需要通过研究发现相关制度的漏洞。

除引言与结论外，本书分为七个部分：

第一章主要介绍债券保险的概念与性质、信用功能、监管制度的失灵及其整体风险性，这是本书研究的起点。首先，考察美国法中对债券保险的定义和适用范围，检验了债券保险的法律性质，并与信用保险、保证保险和存款保险等相关概念进行了辨析。其次，通过对信用理论和信用风险管理的说明，以资产证券化，（Asset-backed Securities，ABS）为例论述固定收益证券的信用属性与风险，进而引出债券保险的理论功能探讨。最后，在介绍债券保险监管制度内容的基础上，用债券保险业的现实状况证明这些制度失灵的困境，并进一步指出债券保险业具有的巨大风险性。

第二章是债券保险监管的基本原则。在以规制经济学的公共利益理论、制度经济学的制度变迁理论和金融学中的金融脆弱性理论说明监管制度的必要性之后，以公平与效率、自由与监管的衡量推导出监管制度的应然取向，进而论述了债券保险监管制度基本原则的两个维度。一是维护整体秩序与安全，以经济法整体经济利益观为基础，发掘其含义、内容和意义，并从审慎监管角度论述其实现途径；二是保护金融消费者利益，包括对其内涵特征、保护意义、保护原则和保护方式的分析。

第三章是对美国债券保险监管体制的探讨。首先，对美国保险业分州监管的考究，包括其起源、曲折、定型与发展四个阶段的历史梳理，这一监管体制的实际效果，即收益与成本的衡量，尤其是牵涉债券保险公司合规成本、重组程序以及联邦与州的权力格局，以及对这些问题的根源追溯。其次，联邦金融监管改革对债券保险的效果分析，既有系统重要性金融机构监管的得失总结，也有联邦保险办公室的职权评估。再次，保险监管国际经验和国内金融监管模式，通过考察英国、德国、澳大利亚三国的监管体制和国际保险监管组织的指导原则，并在研究其本国证券、银行的联邦监管基础上，发现国家对保险监管权力的趋势。最后，提出完善联邦债券保险监管权的思路。

第四章是债券保险定性审慎监管制度研究。首先是债券保险的集团化和监管困境。在归结金融经营集团化和金融监管集团化趋势后，对债券保险业的集团化及其对监管的挑战做了分析。在此基础上，展开对定性审慎监管补正的探讨。先从欧盟指令和国际监管组织文件的内容探讨定性审慎监管的基本要义，然后通过对典型诉讼案例的探析解读定性审慎监管的必要性，并针对债券保险定性审慎监管存在的不足进行矫正的思考。最后是基于金融“防火墙”制度的发展趋势，发掘债券保险业务隔离的重要意义和未来方向。

第五章是债券保险定量审慎监管制度研究。首先是风险资本监管的国际比较，主要是对《巴塞尔协议》、国际保险监管核心原则、欧盟偿付能力（Solvency Ⅱ）体系中资本充足性的研究，还有美国保险监管中风险资本要求对债券保险影响的研究。其次是对集团资本充足性监管的讨论，包括国际保险监理官协会、欧盟若干指令的相关规定，以及美国保险集团资本充足性要求的短缺与补足。

第六章是债券保险机构从事 CDS 产品交易的监管研究。首先，从 CDS 的基本性质着手，辨析了 CDS 究竟是否为保险的理论争议，明确其投资工具的本质。其次，通过介绍CDS交易的内在杠杆性机理和外部去监管化历程，证明了法律对CDS过度宽容的不良后果，说明了CDS是债券保险公司遭遇危机的重要原因，并指出CDS债权与保单债权之间存在较大的利益冲突。再次，介绍了美国金融衍生品监管改革的内容，并论述了已有改革的低效性。基于这些论证，提出债券保险公司从事CDS交易应受额外的限制。最后，从信用事件范围（信用评级变动）方面说明了具体的规范限制内容。

第七章是建立完善中国债券保险监管制度的初步构想。基于我国目前债券市场违约风险应对的现实需求以及已经具备的政策动向、市场实践与法制基础，提出构建我国债券保险监管制度的简要思路。

CONTENTS 目录

图表目录

引　言

一、研究背景与意义

（一）研究背景

本书的选题源于对固定收益证券市场包括资产支持证券的关注。固定收益证券（以下简称固收证券）是现代金融的重要工具和融资方式，固收证券市场是金融市场的重要组成部分，包括政府机构、公司企业在内的各类主体都希望能通过相关市场获得融资，以一定债权资产为支撑的资产支持证券也是这一市场不可忽略的重要领域。[①] 固收证券发展能够降低社会融资成本、促进企业融资发展，具有不可替代的优点。

当今世界应属美国的固收证券市场最为发达，美国不仅有丰富的证券品种、成熟的交易主体，而且有健全的基础设施和法制保障，这些因素共同促进了发行活跃、交易旺盛的市场体系的形成。目前，美国固收证券产品主要有国债、市政债券、公司债券、资产支持证券和国际债券五大类，发行人涵盖各级政府、公司企业和金融机构，投资者则包含个人投资者与保险公司、养老基金、证券中介等机构投资者。据统计，截至2021年第一季度，美国债券流通总额为48万亿美元，占全球债券市场的38.9%；而2020年，美国各类债券的发行总额约为8.9万亿美元。[②] 美国固收市场的发展成就令人关注，

---

① 资产证券化虽然往往被归入“结构化融资”之列，但由于资产证券化承诺向投资者按期付息还本，所以其仍属于固收证券的一种。

② 数据源于美国证券行业与金融市场协会（Securities Industry and Financial Markets Association）网站，载 http://www.sifma.org/，最后访问日期：2021年10月27日。

同时也让我们忍不住去寻找中国与美国债券市场的差距所在。

债券，是一个让人感觉熟悉而又陌生的名词，它是指债券发行人为筹措资金而向投资者出具的、承诺按一定利率支付利息并到期归还本金的债权债务凭证。因而，债券天生具有未来还本付息的信用属性，随之便产生了无法按期足额偿付的信用风险。我国债券市场近年出现的一系列违约事件更加清晰地体现了债券市场发展初期脆弱的信用状况。那么，美国债券市场发达的背后，究竟是怎样的信用维护与支持体系？其中一个重要答案是——债券保险制度。

债券保险，是一种特别的信用类保险，用保险的方式为市政债券、资产支持证券等债券类别提供信用支持，是美国常见的债券信用增进方式，能够有效降低债券发行成本，提高债券信用等级，为债券投资者增强信心。这种具有良好功能的保险方式在金融危机之前“成就斐然”，基本未受过巨大损失，为债券市场作出了不可替代的贡献。

然而，2007 年爆发的金融危机却让原先的美好“理想”破灭，债券保险业不仅没有起到保险的作用，反而成为系统性风险的一环，各大债券保险公司相继沦陷，跌入债务困境之中，加剧了金融体系的动荡。经济形势的下挫和市场整体的风险固然是重要起因，但我们更需要从监管制度的视角出发，找出债券保险风险失控的原因。

对于金融危机，已有较多的探讨和反思。美国也启动了全方位的金融监管改革，通过《多德-弗兰克法》对证券业、银行业等各个金融领域做了更为严格的规范。但可惜的是，对债券保险的监管却停留在原有阶段，并未取得太大进展。金融监管改革的局限性可谓非常显著，金融监管改革的效果值得疑虑。与此同时，金融危机并未能彻底否定债券保险的意义，若干案例依然显现出债券保险的信用维护价值。

我国债券市场历经多年发展，已然成为资本市场的重要组成部分，在帮助企业融资发展方面发挥了不可替代的作用。然而，2014 年以来，债券市场违约事件日益频发，甚至出现了不少债券发行人“恶意逃废债”的现象。这些问题已经受到中央政府和社会公众的广泛关注。如何完善我国债券市场违约处置和信用风险防控体系，是摆在立法者和监管者面前的一项重要课题。研究债券保险及其监管制度，无疑对我们推进相关工作具有较强的现实意义。

（二）研究意义

基于上述背景，本书选取债券保险监管制度为主题进行研究，也就具有十分不同寻常的意义价值。

首先，找出债券保险监管制度的局限。美国债券保险本应是债券市场的安全网，对债券保险也有专门的监管制度，但依然出现了监管失灵的问题。问题出在什么环节？是监管原则不当还是监管体制不合理？是偿付能力监管不到位还是行为监管有差错？整个监管体系的漏洞何在？《多德－弗兰克法》针对金融监管体系进行了轰轰烈烈的改革，这些改革举措能否真正解决债券保险监管的弊端？这些都是需要解答的疑问，本书的研究主要目的之一就是找出这些问题的答案。

其次，拓展相关理论研究的领域边界。本书的研究以债券保险监管制度为主线，牵涉了若干相关理论。在说明债券保险的功能时运用了信用与风险的理论、交易成本理论。在探讨债券保险监管的理论基础时用到了规制经济学中的市场失灵理论、制度变迁理论以及金融脆弱性理论。在研究债券保险监管的基本原则时，则使用了法的价值理论、经济法的理念学说、金融法的倾向理论等。在讨论监管制度的具体内容时，也涉及了联邦主义的成本理论、审慎监管的相关学说、公共利益优先理论等。这不仅是对相关理论的引用，也是对这些理论的运用与验证，能够推动我国对债券保险监管理论的进一步思考，并使我国债券市场的理论研究向纵深延伸。

最后，提供我国立法实践的有益参考。制度研究之目的是服务实践。通过研究债券保险监管制度，厘清其中的法律制度问题，可以为我国确立债券保险监管制度提供参考。这不仅能为我国债券保险的发展开辟道路，而且也能为整个债券市场提供稳定的预期，降低市场的交易成本，更能服务于我国当前进行的供给侧结构改革，支持金融市场与实体经济的稳定发展，具有一定的前瞻性意义。

二、研究现状与局限

本书为法学研究，但因本书主题（“债券保险”）与经济学等学科密切相关，所以本书希望能在法学文献的基础上尽量参考不同学科领域的文献资料，以求获得不同学科的知识支持，为本书的研究提供更为充足广阔的视野思路。故而，本书研究以法学文献为主，同时辅以其他学科的资料。根据检索到的文献资料，归纳目前国内外的研究现状及其不足如下。

（一）国内研究现状

1. 债券保险的研究

目前国内尚未出现关于“债券保险”、“金融担保保险”或“金融保证保险”的法学专著。笔者在中国知网搜索相关文献，题名中含有“债券保险”的文章共有50余篇，其中约20篇为来自报纸的新闻报道，只有15篇期刊文章，还有6篇硕士论文。这些文章大多是在简要介绍美国债券保险的基础上分析债券保险的意义，并对我国引入债券保险机制提出简单建议，或者是对债券保险经营模式的分析。如边赛的《关于发展债券保险业务的思考》(2021年),[①] 周莉萍、韩梦彬的《美国债券保险发展及启示》（2020年),[②] 陈晓虹、刘彦等的《美国债券保险的发展及对我国的启示》(2009年),[③] 张启迪、樊力嘉的《美国债券保险发展与启示》(2014年),[④] 袁东、毛玉萍等的《债券保险公司、次贷危机及债券市场趋势分析》(2008年)。[⑤]

更改搜索条件设置后，发现篇名中含有“债券”和“保险”的文献不足

---

① 参见边赛:《关于发展债券保险业务的思考》，载《中国货币市场》2021年第3期，第59~61页。

② 参见周莉萍、韩梦彬:《美国债券保险发展及启示》，载《中国金融》2020年第23期，第78~80页。

③ 参见陈晓虹、刘彦、刘肯、杨婕:《美国债券保险的发展及对我国的启示》，载《中国货币市场》2009年第6期，第28~31页。

④ 参见张启迪、樊力嘉:《美国债券保险发展与启示》，载《中国金融》2014年第5期，第69~71页。

⑤ 参见袁东、毛玉萍、韦伦、许志方:《债券保险公司、次贷危机及债券市场趋势分析》，载《财贸经济》2008年第7期，第82~86页。

10篇，且多为新闻报道，如《人民日报》刊登的《新举措助推保险债券投资》等。[①] 仅有2篇属于研究论文，周沅帆、陈文鹏的《保险公司债券投资信用级别限制对债券市场流动性的影响》（2010年）和王臣的《外国保险公司投资债券的法律监管制度比较分析及对我国保险监管制度的启示》（2010年），但这2篇都与本书的研究主题没有直接关系。

2. 资产证券化的研究

资产证券化是债券市场的重要组成部分，也是2008年金融大地震的“震源”。在金融危机发生后，便成为万众瞩目的焦点。如今，关于资产证券化的研究文献已然汗牛充栋、不可胜数。现有文献对资产证券化的研究可谓全方位、多层次。笔者通过中国政法大学图书馆书目检索系统搜到了近百种题名中含有“证券化”的中文图书，法学类的如彭冰的《资产证券化的法律解释》(2001年)、洪艳蓉的《资产证券化法律问题研究》(2004年)、管晓峰的《银行资产证券化法律问题研究》（2007年)、谢永江的《资产证券化特定目的机构研究》（2007年)、黄勇的《资产证券化法律机制研究》（2015年）等，在此不再一一列举。这些专著之中，并没有对资产支持证券保险及其监管的较多论述，可谓遗憾。

笔者希望能收集到与ABS保险及其监管的论文类文献，于是先将搜索条件设定为“篇名：保险+证券化”，出现的12篇结果基本为有关保险证券化(包括保险资产证券化和保险风险证券化）的研究文献。冯兴俊的《巨灾保险证券化的法理分析》(2008年）将巨灾保险证券化与传统的资产证券化对比，指出其为负债的证券化而非资产的证券化，在其运行结构中，其承担再保险责任的条件具有特殊性，作为特殊目的实体的再保险公司（SPRV）会面临保险法上的障碍，目前关于债券的规定也会阻碍其债券的发行。[②] 此外，

---

① 参见曲哲涵、张洪涛：《新举措助推保险债券投资》，载《人民日报》2005年8月22日，第2版。

② 参见冯兴俊：《巨灾保险证券化的法理分析》，载《中国商法年刊（2008)》，第343~349页。

还有李丽娜的《我国人寿保险单资产证券化的运作机制及关键问题》（2012年）讨论人寿保险单资产证券化的文章，简要指出了人寿保险单交易的性质不明、监管权限不清的问题。① 还有若干文献是对保险机构投资资产证券化的讨论，这些文献是关于保险资金运用的研究，并未涉及资产证券化中的保险增信制度，参考价值也不大。②

3. 保险监管研究

对债券保险的监管是本书研究的主要内容，目前虽然没有对这一主题的专门研究，但对于保险监管的研究已为数不少，也存在不同的研究角度。笔者检索到的主题为“保险”和“监管”的论文大体可分为如下几类：(1) 对保险监管的理论溯源，如郭宏彬的《论保险监管的理论根源》（2004年），简要总结了保险监管的特殊性，归纳了保险监管的经济根源——市场失灵，法律根源是法的秩序、公平、自由、效率价值；③ (2) 对保险公司偿付能力监管的研究，如吉林大学强强的博士论文《中国现行保险监管法律制度研究——以强化保险偿付能力监管为视角》（2010年），在借鉴外国保险公司偿付能力监管经验的基础上，提出应建立动态与静态相结合的监管模式，强化内部偿付能力风险控制，完善配套的监管信息系统和信息披露等制度；④ (3) 对保险资金运用监管的研究，如祝杰的《我国保险资金运用法律规则的审视与优化》（2013年），认为我国对保险资金运用的限制过严，阻碍了

---

① 参见李丽娜：《我国人寿保险单资产证券化的运作机制及关键问题》，载《中国保险报》2012年3月12日，第7版。

② 参见张立、郭杰群：《对保险机构参与资产证券化实践路径的思考》，载《清华金融评论》2015年第12期，第78~81页；许荣、潘自强：《资产证券化与保险资金运用——国际经验与中国的趋势》，载《经济理论与经济管理》2006年第4期，第38~42页。

③ 参见郭宏彬：《论保险监管的理论根源》，载《政法论坛》2004年第4期，第168~172页。

④ 关于保险偿付能力监管的研究文献，还有李媛媛：《第二代保险偿付能力监管体系建设初探》，载《中北大学学报（社会科学版）》2014年第5期，第38~44页；尹宁宁：《我国保险偿付能力法律监管研究——以保险资金运用规则变化为视角》，华东政法大学2014年硕士学位论文；沈珺瑛：《我国保险公司偿付能力监管法律问题研究》，辽宁大学2012年硕士学位论文；谢止仁：《我国保险偿付能力监管制度研究》，西南政法大学2013年硕士学位论文等。

保险资金运用的效益，应当取消不必要的限制，实现资金运用的有效性；[①]（4）其他方面监管的研究。[②]

4. 对信用衍生品/CDS 的研究

信用衍生品是从特定主体或债券的信用衍生出来的金融工具，与债券保险具有功能上的相似性，但同时更具有巨大的投机性，是导致2008年金融危机的重要起因。我国许多法学学者对信用衍生品做了学术探讨与反思。如郑晖的《美国信用衍生品交易监管立法及对我国的启示》（2011年）在对美国信用衍生品监管立法进行介绍和评价的基础上，提出了制定金融衍生品交易监管法、完善金融监管协调机制、解决银行间交易商协会相关主协议与现行法律法规的冲突等建议。[③] 此外，也有人立足于金融创新的角度，对信用衍生品创新的自律规范进行讨论，如时晋、吴锦宇的《试论金融创新中的自律规范——以我国信用衍生品创新为研究对象》（2011年）一文认为，自律规范能够在一定程度上填补正式法律规范的空白，适应金融创新的制度需求。[④] 信用衍生品监管与债券保险监管存在重合之处，可被采纳为参考资料。

---

① 祝杰：《我国保险资金运用法律规则的审视与优化》，载《当代法学》2013年第3期，第86~93页。类似文献还有，王卫国：《论我国保险资金运用法律监管的缺陷及完善》，载《中国商法年刊（2008）》，第303~309页；姜淞源：《各国保险资金运用法律监管的比较与借鉴》，载《经济研究导刊》2008年第12期，第119~121页；王璇、李辉：《保险资金运用法律制度研究》，载《河北法学》2004年第7期，第93~96页；王沁：《保险资金运用法律监管研究——从机构监管到功能监管》，上海交通大学2011年硕士学位论文等。

② 这些文献较为分散，在此加以简要列举。如周国辉、陈斌彬：《完善我国农村小额保险监管法律法规的思考》，载《海南金融》2011年第4期，第56~59页；黎星：《关于我国专业保险代理机构监管制度的研究》，华东政法大学2013年硕士学位论文；方志平：《试论保险条款的生成——以行政监管和司法审查为中心》，载《重庆理工大学学报（社会科学）》2010年第2期，第61~66页；池骋、何丽新：《互联网保险创新的法律规制探析》，载《金融法苑》2016年第1期，第161~171页。

③ 郑晖：《美国信用衍生品交易监管立法及对我国的启示》，载《证券市场导报》2011年第3期，第11~18页。类似文献还有周宇知：《信用衍生品的法律规制：国际改革趋向及启示》，载《社会科学》2011年第5期，第107~114页；郭玉军、马明飞：《由次贷危机论信用违约交换的法律规制》，载《暨南学报（哲学社会科学版）》2010年第2期，第68~74页。

④ 时晋、吴锦宇：《试论金融创新中的自律规范——以我国信用衍生品创新为研究对象》，载《金融法学家（第三辑）》2011年版，第348~361页。

（二）国外研究现状

本书的研究内容主要是债券保险法律制度，能够提供这方面最直接资料的国家就是美国。美国不仅债券保险业的实践很发达，而且对于债券保险制度也有一定的研究文献，故而本书的研究是以美国为基础样本。同时，本书的研究与金融监管的原则、体制、内容密切关联，因而也兼顾到其他国家和国际组织的研究资料。目前的相关研究主要如下：

1. 债券保险相关研究

债券保险是本书的主要研究内容，这方面的资料在国内并不多见，主要的原始资料多见于美国。Angela K. Gore 和 Kevin Sachs 的 Financial Disclosure and Bond Insurance（2004 年）通过比较债券发行人信息披露要求不同的两个州的债券保险状况发现，在要求信息披露的州并未太多使用债券保险，而在信息披露不受太多规范的州，债券保险与信息披露会互为替代，因而债券保险可起到对信息披露的替代作用。[①] 对于债券保险遭受的损失，Pamela Peterson Drake 和 Faith Roberts Neale 的 Financial Guarantee Insurance and the Failures in Risk Management（2010 年）认为，债券保险公司的业务模式依赖于其高评级，而其评级会受到 4 个方面风险的影响：保险业务、投资业务、衍生品交易业务和担保投资合同业务，这 4 类风险会导致债券保险商受到巨大损失，现有的监管不足以有效监测其偿付能力，应当提高信息披露透明度、加强风险资本的规范、提高监管标准，防止债券保险公司偏离其主业。[②]

此外，在金融风暴席卷美国之际，美国国会众议院金融服务委员会召开了关于债券保险行业状况的听证会，调查质询了债券保险行业的现实状况与困境起因，两家债券保险公司（Ambac 与 MBIA）的管理人员、资本管理商高管、惠誉评级公司高管、纽约州州长、纽约州保险局局长、美联储与证监

---

① See Angela K. Gore, Kevin Sachs, *Financial Disclosure and Bond Insurance*, 47 (1) Journal of Law and Economics, 275, 275 – 306 (2004).

② Pamela Peterson Drake, Faith Roberts Neale, *Financial Guarantee Insurance and the Failures in Risk Management* (October 20, 2010), available at SSRN: https://ssrn.com/abstract = 1703602, visited on March 11th, 2021.

会的官员等人出会作证，就债券保险行业的问题展开了深入讨论，争议点主要集中在债券保险的业务模式是否稳健、资本是否受到了不当侵蚀以及如何摆脱当前困境的计划等主题，这些讨论为本书的研究提供了宝贵资料。①

2. 金融危机相关研究

金融危机对世界各国造成了极大影响，危机发生后，出现了大量对金融危机进行反思的文献。美国国会任命的金融危机调查委员会发布的报告 The Financial Crisis Inquiry Report（2011 年）一文在全面调研金融危机的基础上得出了若干结论，如本次危机本可避免，金融监管的广泛失败对于金融市场稳定具有灾难性影响，系统重要性金融机构的公司治理与风险管理失效是危机的关键起因，过度借贷、冒险投资和低透明度使金融系统陷入混乱，政府准备不足、反应前后不一加剧了市场恐慌与动荡。② Gerard Caprio, Jr.，Aslı Demirgüç-Kunt 和 Edward J. Kane 的 The 2007 Meltdown in Structured Securitization：Searching for Lessons not Scapegoats（2008 年）一文评论道，是动机冲突导致了危机，导致原始权益人不再关注监控贷款质量，评级机构信号失灵，而指责“按市价计值”会计准则、流动性缺乏或全球化为金融危机的原因甚为肤浅。③

另外，也有文献考察了保险业与金融危机的关系，如 Sebastian Schich 的 Insurance Companies and the Financial Crisis（2009 年）一文通过比较保险业各分支在金融危机前后的情况，指出虽然以按揭保险和债券保险为代表的与投资银行联系紧密的保险业分支承受了较为集中的风险，但保险业总体的持

① *The State of the Bond Insurance Industry*, Hearing before the Subcommittee on Capital Markets, Insurance, and Government Sponsored Enterprises of the Committee on Financial Services, U. S. House Of Representatives, available at: https://www. gpo. gov/fdsys/pkg/CHRG-110hhrg41182/pdf/CHRG-110hhrg41182. pdf, visited on October 15th, 2021.

② See Financial Crisis Inquiry Commission, *The Financial Crisis Inquiry Report*, available at: https://www. gpo. gov/fdsys/pkg/GPO – FCIC/pdf/GPO – FCIC. pdf.

③ See Gerard Caprio, Jr., Aslı Demirgüç-Kunt, Edward J. Kane, *The* 2007 *Meltdown in Structured Securitization: Searching for Lessons not Scapegoats*, available at World Bank official website: https://documents1. worldbank. org/curated/en/722911468147318348/pdf/WPS4756. pdf, visited on October 17th, 2021.

续经营能力未受太大影响。[①] 这些文献为本书的研究提供了重要的背景材料，并为思考债券保险专营制度的利弊打下了基础。

3. CDS 与保险的比较研究

CDS 是金融危机的重要推手，国外学者对其做了较多分析。例如，The AIG Bailout（2009 年）一文解释了作为美国最大的保险集团公司的 AIG 如何因为过度的 CDS 信用衍生品业务而轰然倒塌，并说明了美国政府出手救助 AIG 的过程与原因，深刻地指出了监管漏洞导致 CDS 业务的风险失控，但其也认为，政府不应对 CDS 过多监管，而应给其留出弹性的发展空间。[②] Richard R. Zabel 在 Credit Default Swaps：From Protection to Speculation（2008 年）一文中指出，由于债券市场的投机和 CDS 本身的特征，CDS 的功能已经从原始的保护变成了后来的投机，使买卖双方陷入争讼，也使保险公司面临巨大的风险敞口。[③] 此外，对 CDS 与保险合同之间的关系也存有争论。虽然多数观点认为，CDS 不具有保险合同的“保险利益”原则要求，不属于保险合同，但反对者则认为，损失补偿并非保险的必要特性，可保利益也是保险合同有效的要件而非保险合同的固有含义，CDS 的实质应与保险相同。[④] 另外，美国《多德－弗兰克法》对场外金融衍生品交易制度做了较大改革，可以为本书研究债券保险的客体监管提供有益的参考。这些关于 CDS 的文献启发着本书思考对 CDS 与债券保险在概念、性质方面的相似与差异，并进一步探究两者在监管制度方面的异同选择。

---

① See Sebastian Schich, *Insurance Companies and the Financial Crisis*, OECD Journal：Financial Market Trends, OECD Publishing, 2009（2）, p. 110－138.

② See William K. Sjostrom, Jr., *The AIG Bailout*, 66 Wash. & Lee L. Rev. 943（2009）.

③ See Richard R. Zabel, *Credit Default Swaps：From Protection to Speculation*, 4 Pratt's J. Bankr. L. 546（2008）.

④ See Alberto Monti, *Cutting Across Linguistic and Regulatory Divides：On Covered Credit Default Swaps and Insurance*, 17 Unif. L. Rev. 425（2012）；Sherri Venokur, Matthew Magidson and Adam M. Singer, *Comparing Credit Default Swaps to Insurance Contracts：Did the New York StateInsurance Department Get It Right?*, 28 Futures & Derivatives Law Report 3（2008）；Oskari Juurikkala, *Credit Default Swaps and Insurance：Against the Potts Opinion*, 26 Journal of International Banking Law and Regulation 128（2011）.

（三）现有研究的问题

将上述文献归纳总结后，可发现其缺陷如下。

首先，直接研究匮乏。中国目前处在债券市场的发展壮大阶段，虽然对债券的介绍和研究众多，但对于债券保险及其监管制度的研究却是非常稀少。大多数都是与本书主题间接关联，比如从资产证券化、信用衍生品、金融危机、保险监管等角度的探讨。美国在债券保险方面已有一定的研究文献，能够作为学习研究的参考。当然，外国的资料不可直接抄袭，也需要挖掘、梳理和重组才能有效使用。

其次，论述广度不够。以上所说的国内相关文献，都是简单的介绍说明或者初步的政策建议，而少有全面的论述，对于债券保险的内涵、性质、运作机理、发展历史、具体的监管制度等各方面则没有充分的探讨，特别是对债券保险的理论基础和所存问题的研讨也非常欠缺。因而，对债券保险法律制度的研究只能再进一步挖掘。

再次，讨论深度不足。现有文献中不仅选题较为重复，而且对相关问题的研究方向、研究内容和研究方法存在很强的同质性，很少能做深度研讨，真正权威的、有深度的系统研究并不多见。真正和债券保险监管制度相关的研究也并未能深入细致地研究其存在问题、发生原因、解决思路以及对我国的借鉴意义。

最后，研究方式陈旧。国内目前已有的文献大多是就事论事，并没有充足的理论依据或方法创新，既没有法学上的法益衡量，也没有对现实的实证分析，更没有经济学上的成本—效益分析。这些研究方法的缺失，导致研究论证缺乏充分的说服力。

基于当前研究的上述缺陷，本书立足于债券保险，希望对其监管制度做全面具体深入的探讨，综合运用既存的国内外文献资料，发现其意义和内容，并挖掘其中存在的问题，从而为找到合理的债券保险监管制度作出自己的探索。

三、研究内容与重点

研究监管的作用在于发现监管的问题、明确监管的意义并找到优化监管的路径，为市场的健康发展提供行动的准则和明确的预期，并建立有力的规范保障，从而充分发挥其对债券市场的信用支持作用。

本书研究的内容主要包括：(1) 债券保险的法律性质与理论功能。这是全书研究的起点，包含其概念定义、适用范围，与保证保险、存款保险等类似概念的辨析，以及债券保险对债券的信用支持功能。(2) 债券保险监管的理论基础。这包括三个理论维度的探究，即公益理论、制度变迁理论和金融脆弱性理论（包括金融危机的实证探讨）。(3) 债券保险监管的基本原则。这是金融监管的“指导精神”，主要有效率与公平的衡量、市场整体秩序与安全的维护、金融消费者利益的保护以及注重审慎监管等方面。(4) 债券保险的监管体制。主要考察美国分州监管模式的得失利弊、金融监管改革对债券保险业风险的应对效果以及联邦监管者的应然角色。(5) 债券保险的审慎监管。审慎监管应当是金融监管制度的主轴，债券保险审慎监管包括定性监管和定量监管两大方面；同时，研究视野也应拓展到集团层面。(6) 债券保险机构的产品监管。这包括 CDS 的本质属性、内在风险和外部规范的得失、目前对衍生品交易的规范改革和债券保险公司经营 CDS 产品的特别限制。(7) 我国建立债券保险监管制度的应然路径。基于前述若干部分的讨论和我国已有基础的分析，提出我国建立债券保险监管制度的简单设想。

需要明确的是，本书主要研究的是债券保险监管制度，即对债券保险这种特殊保险的监管制度，而非保险公司投资债券的监管制度。另外，近来推出的保险资产证券化（或保单资产证券化）属于证券化的一种，保险机构是原始权益人，而并非保险人。这些都不是本书研究的中心内容。此外，本书研究的债券保险监管制度，既有与保险业整体监管相重合的内容，又有自己独特的方面，下文将对这些方面进行结合论述。

从上述研究内容中，可凝练出本书的若干研究重点，主要如下：

(1) 债券保险监管应当确立何种基本原则；

（2）债券保险的监管体制怎样才更利于公共利益；

（3）债券保险公司的定性审慎监管应包含哪些内容；

（4）债券保险公司的定量审慎监管须如何改进；

（5）CDS 的性质是否保险；债券保险公司经营 CDS 应受何种限制。

四、研究路径与方法

（一）研究路径

本书遵循从起点开始，经由理论基础、基本原则，到监管体制，再到审慎监管与产品监管的研究路径展开，最终收尾于本国制度路径的简思，力图做到逻辑线索的清晰完整（见图 1）。

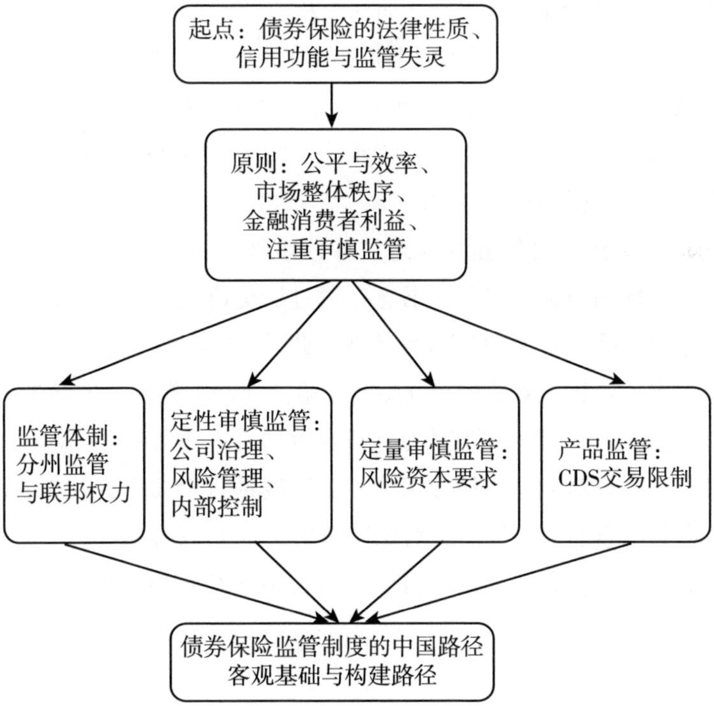

图 1　本书研究整体框架

（二）研究方法

研究方法决定着研究的深度与广度。传统的法教义学是关注法律的概念、体系、理解和适用，已然无法为当今世界日新月异的金融市场提供充足的理论支撑，而本书的研究主题却恰恰与金融市场密切相关，因而在探讨的过程中，本书不希望将视野局限于单纯的法教义学，而是扩展到更为广阔的规制经济学、新制度经济学乃至社会学视域。因此，本书将采用理论验证法、法条分析法、历史研究法、比较研究法、实证分析法、经济分析法展开研究。

1. 理论验证法。市场失灵理论、制度变迁理论以及金融脆弱性的相关理论对本书研究具有根基性作用。本书将以这些经典的理论为主要框架，同时兼顾其他的理论工具，如交易成本与效率的理论、监管有效界限理论，并对实践中的问题加以验证和反思，从而深化相应的论点。

2. 法条分析法。本书会把美国债券保险的相关法律规定以及其他有关金融监管、保险监管的诸多法律规范进行分析研究，探究其产生的实际影响，挖掘其中的问题，以便提出相应的建议。这也包括对法律规定的文义分析、目的分析、体系分析等具体方法。

3. 历史研究法。对债券保险之法律制度体系的考察，需要立足于其产生、发展和受挫的历史过程。本书意在通过历史研究法描绘出相关制度的发展轨迹，进而寻找其发展的经验和教训，此外也会对保险、证券、银行监管的发展进程进行考察，对我国建立债券保险法律制度提供得失参考。

4. 比较研究法。比较研究法是法律制度研究的重要手段，本书也将采用这一手段。本书将对美国的债券保险相关制度进行全面研究，检索其先进经验，也吸取其沉重教训。同时，对保险监管体制与内容的探讨不能仅局限于美国，而应充分发掘各国和国际组织的监管制度经验和通行原则，以求能更加全面深入。①

---

① 我国学界一部分学者有种“一切向美国看齐”的取向，研究论述都离不开美国模式、美国优势，笔者本人很反对这种倾向，不同国家情况各异，不可盲目照抄、照搬美国模式。然而，作为当今世界上金融业最为发达的国家，美国在债券市场及债券保险方面确有较多的经验，2007～2008 年金融危机的教训也足以令人警醒。故而，本书依然将美国作为重要的比较研究对象。

5. 实证分析法。法学研究应当注重法的实效，这可以通过实证研究来实施。[①] 实证分析法是用来检验一项制度的实际实施状况，从其实施中的效果与问题反思该项制度的方法。基础理论也可通过实证分析来验证，如债券保险业的市场失灵与监管失灵等理论问题。进而，我们可以思考债券保险制度的现实意义，从而推导出其制度供给或制度变革的必要性。

6. 经济分析法。法律制度的完善是为了服务于市场实践的发展，经济学则能为法律制度分析提供理论工具。法经济学派将效率作为价值标准，以交易成本、制度变迁、博弈论等理论工具分析法律制度的合理性，认为好的法律制度可以降低交易成本，提高效率，增进社会效益。[②] 本书在论述时会用到法与经济学的思想方法，阐述监管制度的效率性和正当性。

---

① 参见付子堂主编：《法社会学进阶》，中国人民大学出版社 2014 年版，第 101 ~ 103 页。

② 参见卢现祥、刘大洪主编：《法经济学》，北京大学出版社 2007 年版，第 21 页。

第一章

债券保险的性质功能、监管失灵与整体风险

固定收益证券是基于融资主体或者一定资产组合的信用而对外举债融资，形成广泛的债权债务关系，其本身就包含了债务人的信用风险，信用状况决定着融资的成败。债券保险，作为固定收益证券信用增进的主要方式之一，在资本市场中扮演着重要角色，是用保险机制提高债券的信用质量，符合固定收益证券融资的信用增进需求，有较大的理论与实践意义。然而，美国债券保险监管制度体系并未能使其免受金融危机之苦，监管制度体系发生了失灵。

第一节　债券保险的概念与性质

债券市场的信用增进方式有第三方提供的保证、抵押或质押、信用证等外部信用增进方式以及优先/劣后层级结构（senior/subordinated structure）、信用事件机制（credit event）等内部信用增进方式，债券保险属于外部的增信方式。其性质究竟为何，应先从其概念说起。

一、债券保险的概念

（一）债券与债券保险

债券保险（bond insurance），简单来说就是给债券（bond）上保险。因而，要清楚“债券保险”的定义，就首先要了解债券的含义。

1. 债券的含义

所谓债券，是指政府、企业或其他主体为了筹集资金向他人出具，承诺按照约定的期限与条件偿还利息和本金的有价证券。“债券”一词本身即含有协议或担保之义，是一种借款还款的承诺，债券也正是一种债务融资工具，与股票同属于直接融资，不同于以银行业金融机构为媒介的间接融资，它体现了融资人与出资人之间的债权债务关系。①

债券可作不同的分类。按照发行主体的不同，可以分为政府债券、公司债券和金融债券。政府债券，是中央政府发行的国债、地方政府发行的市政债券和政府下属机构发行的政府机构债券；公司债券与金融债券的划分则并不明确：美国将所有的公司制企业发行的债券都纳入公司债券中，银行与金融公司的债券是公司债券的组成部分，而联邦控制的金融机构债券则属于联邦机构债券；德国的金融债券是各类抵押银行、储蓄银行、普通商业银行等金融机构发行的债券，公司债券一般是大型工商企业发行的债券；日本的金融债券主要是政府下属政策性银行发行的债券和较小比例的普通商业银行债券，公司债券是一般的股份公司和事业公司发行的债券。

我国目前将债券划分为政府债券、金融债券、企业（公司）债券。② 企业（公司）债券又可进一步分为企业债券、公司债券和非金融企业债务融资工具（包括中期票据和短期融资券）。就承销机构而言，公司债和企业债主要由证券公司承销，而非金融企业债务融资工具主要是商业银行承销；就监管主体而言，财政部负责发行国债，并会同人民银行、证监会管理国债的交易流通；在交易所市场发行的公司债券、证券公司发行的债券由证监会监管；金融债券、企业短期融资券、中期票据由人民银行管理；银保监会负责管理商业银行的次级债、混合资本债等资本工具的发行；由证监会和人民银行共同管理证券公司发行的短期融资券；其他的企业债券由国家发改委负责监管。

---

① 参见［英］马克·莱文森：《金融市场指南》，周晓慧等译，中信出版社2005年版，第72页。

② 参见冯果等：《债券市场风险防范的法治逻辑》，法律出版社2016年版，第4页。

在实践中，按照风险程度的高低，又将债券分为利率债与信用债。利率债，是指信用风险处于较低水平的债券，如国债、地方政府债券、中央银行债券等；信用债，则是指由企业的信用为支撑发行的、具有不同风险水平的债券。

此外，还可根据发行人国籍，将债券分为本国债券与外国债券。本国债券是本国的发行人在本国市场发行的债券；外国债券，是指外国发行人在本国市场发行的债券，如在美国发行的洋基债券、在英国发行的猛犬债券、在日本发行的武士债券等。本书所讨论的仅限于国内债券。

2. 债券保险的含义

债券保险，又称金融保证保险（financial guaranty insurance），是指投保人与保险人订立保险合同，由投保人支付保险费用，在投保人无法履行对其所发行债券或其他证券的到期付款义务时，由保险人对证券持有人的本金与利息损失进行赔付的保险。[①] 美国保险监理官协会（National Association of Insurance Commissioners，NAIC）于 2008 年 10 月制定了《金融保证保险指引》（Financial Guaranty Insurance Guideline），作为对各州金融保证保险的示范法。根据该指引，金融保证保险是指：在证明因下列情形发生而导致被保险人、债权人、受保障人遭受财产损失时可向其进行赔付的履约保证、保险单或由保险人、依法从事保险业务的人发行的损失补偿合同及其他类似的保障类型：

（1）债务人或债务工具、其他金钱债务（包括有履约保证的股权证券、保险单或损失补偿合同）发行人因违约或丧失偿付能力而不能偿付到期的本

① 除了承诺损失赔付外，金融保证保险公司还会提供其他服务，如为减小债务人违约事件的风险，协助进行债券条款设计，特别是签订包含多种权利和救济的合约来应对发行人、服务人的财务问题或资产状况恶化。此外，金融保证保险公司可监视相关状况并在偿债风险可能出现时警示发行人。在一些情况下，可在未提出索赔时提前介入转移服务、重组现金流或提高受保债券覆盖率以改善状况或减轻损失。另外，金融保证保险公司也会有选择地使用再保险，再保险大部分是由金融保证保险公司承保，有时也会由财产/意外保险公司承保。

金、利息、奖金、红利或其他与此相关的到期或应付债务的情形，或当付款来源为投资级时的其他不能偿付债务的情形，不论此种债务是其他违约的债务人直接招致、其担保人或代表人招致；

（2）长期或短期的利率水平变动及不同市场、产品之间的利率差异；

（3）汇率的变动；

（4）特定资产或商品价值、金融或商品期货指数或者总体价格水平的变动；

（5）主管机关认定与上述几项实质相似的情形。

因而，债券保险不同于一般的保险，是一种对债务融资工具的及时偿付提供保证的合同。其保证的范围对其性质的认定有重大影响。

NAIC 的示范法在第一分条列举了 5 类可承保的保险类型后，在第四分条对债券保险的保证范围做了进一步限制，根据其规定，可保的对象有如下类型：

“（a）市政义务债券；（b）特别收入债券；（c）产业发展债券；（d）公司、信托或其他类似实体依据相关法律设立的债务凭证；（e）合伙债务凭证；（f）资产支持证券，信托凭证和信托债务工具，以及满足一定条件的抵押贷款支持证券（mortgage-backed securities，MBS）；① （g）保留所有权的分期付款买卖合同；（h）消费债务凭证；（i）公用设施第一按揭担保债券；（j）主管机关认定的其他实质近似的债务工具或融资债券。”

因而，金融保证保险主要为各种固定收益证券提供保险服务，市政债券、基础设施债券、资产支持证券［包括住宅抵押贷款支持证券（RMBS）以及 CDOs］、公司或合伙企业债券、消费债务凭证等均可以成为其保证的对象，

① MBS 应满足的条件是：（1）贷款价值比（LTV）超过 80% 的按揭：第一，不动产位于纽约州境内，由本州许可的按揭保险人承保；第二，其他州境内的不动产，由该州许可的按揭保险人承保；第三，累计本金额少于本分条规定的单一风险上限。或者（2）本金余额的额外按揭、其他的市价担保物或超额利差作为 ABS 的附加担保，每种担保的覆盖率都不低于第（1）段中按揭保险的覆盖率。

金融保证保险为各种类本息权益偿付提供保障，而利率、汇率或其他价格、指数变动导致的财产损失则并不在保障范围之内。故而，“债券保险”是一个泛称，其保证范围并不限于债券，也包括其他固定收益证券。如无特别说明，本书仍采“债券保险”这一简称。

在市场实践中，债券保险可分为两类：（1）债券发行市场（一级市场）上，由发行人或承销商购买，保险人保证在其无法偿付时及时赔付债券持有人的债券保险；（2）债券交易市场（二级市场）上，由投资者自行购买，以保护自己在债券本息无法按时偿付时的权益得到替代赔付的债券保险。其中，前一种保险是最主要的债券保险形式，性质属于债券保证保险；后一种保险的性质属于债券信用保险。因而，债券保险虽然名为“金融保证保险”，但实际上包含了保证保险与信用保险的两种性质内容（见图 2）。

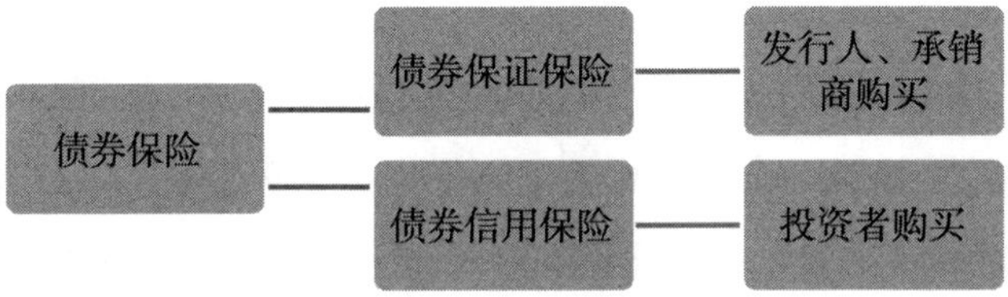

图 2　债券保险分类

（二）债券保险的适用范围

综上所述，美国债券保险所保证的标的是各个种类的固定收益融资工具。各类证券的含义如下。

市政债券，是由地方政府及分支机构或其授权机构、代理机构为筹集公共事业或基础设施建设的资金而发行的、承诺在一定时期内按期支付利息并在到期时一并偿还本金的债务凭证。市政债券又可分为一般义务债券（general obligation bonds）和特别收入债券（special revenue bonds）。一般义务债券是指各州、市、县政府以其税收收入为支持而发行的债券，而特别收入债券是为修建某一基础设施项目而设立的特别授权机构或代理机构以基础设施的运营收益（如过路费、关税、使用费或其他收费）而非一般税收收入为支持发行的债券。①

基础设施债券，是指私营主体为公益基础设施项目建设而发行的，承诺按期付息还本的债务凭证。它与市政债券中的特别收入债券相类似，但主体和场合不同，通常在公私合作模式（PPP）中出现，并由政府主体进行担保。②

资产支持证券，也即资产证券化，是发起人将流动性不足但能产生稳定现金流的资产汇集起来，由特殊目的载体通过一定的结构安排将其收益和风险重新组合成份额化的证券，向市场上的广大投资者发售。资产支持证券包括按揭支持证券［RMBS和商业地产抵押支持证券（CMBS）］、狭义的ABS和担保债务凭证（collateralized debt obligation，CDO）产品均可参加保险，从而获得债券保险人的信用支持。③

公司或合伙企业债券，则是由公司或企业发行的，向他人借取一定数额资金并承诺于一定期限内还本付息的有价证券。这种债券以公司或企业的主体信用为支持，按照约定的期限与利率偿还本金与利息（见图3）。

---

① See NAIC, *Financial Guarantee Insurance Guideline*, §1（Q）（R）（T）, October 2008, p. 1626 – 11, 1626 – 12.

② 近年来，随着各国政府逐渐认识到公私合作模式（PPP）在发挥公私两种优势、推动实现共同繁荣方面的巨大作用，PPP日益受到重视和广泛运用。我国当前也在大力推广和探索这一模式。但由于各国政治、经济等各方面情况的差异，暂无统一定义。根据世界银行给出的定义，PPP是指“公共实体或当局和私营实体间为提供一项公共产品或服务而签署的长期合同安排，在此安排中，私营主体承担显著风险和管理责任”。See the World Bank, *Public-Private Partnerships Overview*, http://www.worldbank.org/en/topic/publicprivatepartnerships/overview#1, visited on July 21, 2021.

③ 狭义的ABS主要是基于某一类同质资产，如住房抵押贷款、汽车贷款、信用卡应收款、助学贷款、设备租赁贷款等，这类产品也包括短期的资产支持商业票据（asset-backed commercial paper, ABCP）；CDO则是基于“一揽子”债务工具，如企业债券、国家债券、银行贷款甚至结构化的MBS产品，因而该类产品可分为担保债券凭证（collateralized bond obligation, CBO）、担保贷款凭证（collateralized loan obligation, CLO）、担保合成凭证（collateralized synthetic obligation, CSO）、担保保险凭证（collateralized insurance obligation, CIO）以及不断衍生而成的CDO^2和CDO^3。

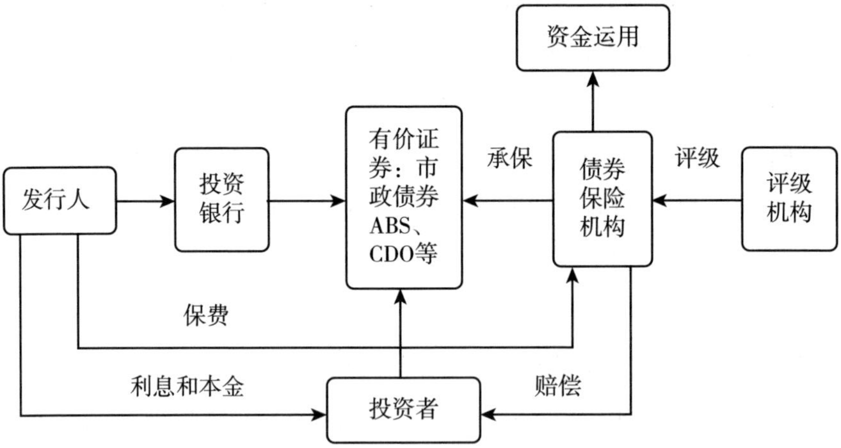

图3　债券保险公司承保示意

二、债券保险的法律性质

基于上述说明，有人会认为债券保险应当属于保证合同而非保险合同，因其系对债券权益及时偿付的保证，具有很强的第三人保证的特征。然而，其法律性质究竟为何，需从各方面加以认真衡量。

（一）债券保险采用保险合同形式

债券保险合同采用书面保险合同的形式，保险单是其合同成立并生效的基本凭证。债券保险单上明确写出了“financial guaranty insurance policy”（金融保证保险单）的标题，列明了保单发放人（issuer）、保险单号（policy number）、保险费（premium）等内容，并由保险公司签章，与其他类别的保险形式无异。因而，从合同形式来看，其属于保险合同，具有不同于保证合同的重要区别。

从合同主从关系来看，合同可分为主合同与从合同，保证合同是从属于主债权合同的从合同，须依赖于主合同而存在；而债券保险合同不依赖于主债权合同，是以债券义务履行信用为标的的独立合同。①

① 参见崔建远：《合同法》（第4版），法律出版社2007年版，第36页。

从当事人是否互负债务来看，合同可分为双务合同与单务合同，保证合同是单务合同，保证人对债务履行负有担保义务；而债券保险合同中双方均享有权利并履行义务，虽然保险人给付保险金具有条件性，但不可否认其为合同主体订立的双务合同。

从当事人履行合同是否应付出相应代价来看，合同可分为有偿合同与无偿合同，保证合同不以对价履行为要件，为无偿合同；而债券保险合同则是一方缴纳保费、一方给付保险金的有偿合同，虽然保险金给付具有不确定性和不等价性，但其仍属有偿合同。①

（二）承保主体为专业保险机构

在美国，一般由债券发行人与债券保险公司签订保险合同，若发行人无法偿付证券的到期本息，证券持有人的权益会受到损失。债券保险正是在证券发行人无法偿付证券权益时，对投资者的权益进行保障。债券保险法律关系的主体为金融保证保险人、证券发行人或承销商以及证券持有人（投资者）三方，他们依据债券保险合同行使权利并履行义务。② 最能体现其法律性质的应属承保主体，而债券保险的承保主体就是专业的金融保证保险公司。

金融保证保险公司，俗称为“单业保险公司”（monoline insurer），即专门提供金融保证保险业务的保险公司。美国各州一般规定，只有按照法定要求获得保险监管局的许可方能组建设立债券保险公司，且经营金融保证保险的保险公司只能经营此种单一业务。此处的“单一业务”是指保险人只能经营金融保证保险业务，而不能兼营其他保险业务如一般的人身保险、财产或意外保险，但可为经营债券保险之目的而经营履约保证险或信用保险，但须符合法律之其他规定，可以同时对市政债券、公司债券、资产支持证券等不同债券品种进行保险。可见，债券保险的经营主体是获得政府认可的专业保

① 参见王泽鉴：《债法原理》（第2版），北京大学出版社2013年版，第160、166页。

② 有人认为，此类保险的“被保险人为债券发行人或承销商，权利人为债券投资人”。此种观点有失准确，其未能正确认识和使用保险法中的主体用语。美国各金融保证保险公司的保单中一般都有说明，“持有人是指在债务凭证项下约定的本金与利息无法支付时有权接受相应付款的人，不包括证券发行人或其直接、间接债务构成债务凭证担保的人”。

险公司。

对于融资的担保，美国有各类不同的业务机构，大体可分为政策性与商业性两类。政策性融资担保机构主要包括中小企业融资担保机构和个人住房融资担保机构。[①] 前者就是由《1953年小企业法》授权的小企业管理局，后者则包括联邦住宅管理局（Federal Housing Administration，FHA）、退役军人管理局（Department of Veteran Affairs，VA）和农村住房服务署（Rural Housing Service，RHS）。[②] 这些政策性融资担保机构都有各自适用的法律规范，不受保险法调整。另外，美国也有一些商业性信贷担保机构，但也是受各州行业协会的自律监管和信用评级的市场约束，无法经营债券保险业务。

可见，债券保险的承保主体不同于政策性融资担保机构或商业性信贷担保机构，而是专业的保险业机构。

（三）合同内容为保险权利与义务

权利与义务是法律关系的内容，也是判断法律性质的关键依据。[③] 债券保险合同的内容，也即债券保险合同所规定的具体权利与义务。从法律规定与经营实践来看，其规定的主要合同权利与义务如下。

1. 债券保险公司的权利

首先，收取保费的权利。保险合同生效后，债券保险人有权按约收取保费，这是其依据合同所享有的主要权利。保费构成了保险人的主要收入来源和承担保险责任的基础。

其次，解除合同的权利。一般情况下，债券保险公司并不享有单方解除合同的权利。但在一定条件下，例如在投保人未履行如实告知义务、谎称发生保险事故或故意制造保险事故、未履行安全维护义务等情况下，保险人也有权解除保险合同。[④]

---

① 参见施继元等：《信用担保新论》，中国金融出版社2013年版，第168、173页。

② FHA是由《1934年国民住宅法》（National Housing Act of 1934）授权，VA是由《1944年军人再调整法》授权提供担保，RHS是由联邦农业部的农村住房服务条例授权。

③ 参见舒国滢主编：《法理学阶梯》（第2版），清华大学出版社2012年版，第107~108页。

④ 参见我国《保险法》第16条、第27条、第32条、第37条、第51条。

最后，代位求偿权。这是保险人享有的一项重要权利。在财产保险中，若因第三人对保险标的的损害而造成保险事故的，保险人在向被保险人支付保险金后，可在赔偿范围内代位行使被保险人对第三人的赔偿请求权。①

2. 债券保险公司的义务

首先，赔付保险金义务。该项义务关系合同目的的最终实现。在发生保险事故或保险合同约定的条件时，债券保险公司应当根据被保险人的赔偿请求，及时赔偿被保险人或保单持有人。

其次，保险条款说明义务。债券保险公司应当对保险合同的内容特别是预先设立的格式条款进行充分的说明，若保险人不予清楚说明的，应当承担不利的法律后果。

最后，解约金返还义务。若保险人解除合同，则其负有在扣除解约的相关费用后退还解约金的义务。所谓解约金，包括财产保险的剩余保险费或人身保险的保单现金价值。②

3. 投保人及被保险人的权利

我国《保险法》将保险合同的主体明确分为保险人、投保人和被保险人，但美国大多数州的保险法并没有对投保人和被保险人的明确划分，而且即便划分被保险人和投保人，两者的权利和义务也有较多重合之处，故而本书对这两类主体一起说明。

第一，合同变更权与解除权。投保人有权与保险人协商变更合同内容，并可解除保险合同，享有较大的自主空间。

第二，申请复效权。即在因投保人在合理期限内未缴纳保险费而导致合同中止时，投保人可与保险人协商补交保费而使合同效力恢复的权利。

第三，保险金请求权。这是保险合同订立的主要目的所在，即为了在满足保险合同约定条件时获得相应的保险金赔付。当然，保险金请求权的实现

① 刘少军编著：《金融法学》，清华大学出版社2014年版，第280页。

② 许多人身保险合同带有储蓄性质，保险人从早期收取的保费中提取了责任准备金，保险单的现金价值就是指在解除合同时从责任准备金中扣除相关费用后的剩余价值。

须符合保险合同约定的条件和程序。

4. 投保人及被保险人的义务

首先，如实告知义务。订立合同时，投保人须将与保险标的相关的情况如实告知保险人，从而使保险人能决定是否签约以及保费数额，不能有意隐瞒或编造虚假情况欺骗保险人。

其次，缴纳保险费义务。作为获得保险金的对价，投保人须按照约定的时间、方式和数额缴纳保险费，这也是其获得保险金赔付的前提。如果不缴纳保险费，则可能导致合同解除或中止的后果。

最后，通知义务。包括三个方面：一是危险增加①的通知。若危险程度显著增加而未履行及时通知义务，保险人可不承担赔偿责任。二是出险通知。在保险事故发生后，投保人、被保险人应当及时通知保险人，以使保险人能尽快核定事故并进行理赔。三是保险标的转让的通知。

5. 保证（warranty）、弃权（waiver）与禁反言（estoppel）

这三项内容是保险法“最大诚信”原则的具体要求，在保险合同中都有体现。在债券保险合同中同样也有相应的内容。

首先，保证。此处的“保证”并非担保法中的保证（guaranty），不是一种担保方式，而是投保人或被保险人对保险人的一种承诺，即保证做到特定事项或保证特定事项的真实性。保证是合同的重要内容，若违反保证事项，则应承担不利的后果。

其次，弃权与禁反言。理论上，弃权是指保险合同一方当事人放弃其可主张之权利的行为，禁反言则是指已经弃权的当事人不得再主张此种权利。实践中，这种制度主要用于约束保险人，即要求保险人在因相对方违反义务而具有相关权利时，若已明示或默示放弃权利，则其不得再主张该权利。

例如，债券保险商会在保险单中写明：“为保单持有人之利益，本公司兹承诺放弃所有依据合同明示条款可行使之拒绝或避免履行赔付义务之权利

① “危险增加”是指保险标的所面临的危险在保险期间内发生显著的增大，该种增大是订立合同时未估计并作为计算保费依据的，若依照原合同履行将导致显失公平的结果。

与抗辩（包括但不限于欺诈或事实上具有可使保证人解约效果之行为）。”①

（四）债券保险符合保险的实质特征

保险的基本特征主要应包括两个方面：可保风险的客观不确定性和投保人（被保险人）对保险标的具有保险利益。将债券保险与这两个基本特征对比后，可以发现以下内容。

（1）债券风险具有客观不确定性。与一般商业交易中的个别债务不同，债券义务履行的客观不确定性更强，因为债券义务的履行取决于融资主体或依托资产的盈利水平、现金流状况，而这依赖于市场状况、企业经营等各方面因素，不是债券发行人所能主观控制的，所以债券权益的偿付具有不确定的风险性。而且，不同主体的信用风险不同，这也导致了债券的利率各有差异。②

（2）被保险人对债券拥有保险利益。保险利益原则是保险法的基本原则，要求投保人或被保险人对保险标的具有法律上的利益。③ 从其本质而言，保险是对利益受损人的经济补偿，所以由保险利益原则加以保障。在人身保险中，投保人应当对被保险人具有保险利益，而财产保险中，被保险人应当对保险标的具有保险利益。④ 因此，不能以投保人对财产保险之标的没有保险利益而否认合同的保险性质。在债券保险中，被保险人对于债券义务之履行存在合法的得失利益，完全符合保险中的保险利益原则。

（五）债券保险适用保险法

调整债券保险的法律规范均规定在各州的保险法体系中，如纽约州将债券保险规定在纽约州保险法第 69 条，威斯康星州则是规定在保险法第 3.08 条，加利福尼亚州将其规定在保险法的第 12100 ~ 12122 条（见表 1）。债券保险公司的经营业务受到相应法律条文的规范，没有特别规定的适用保险法

---

① 本弃权条款来自笔者搜到的 Assured Guaranty Corp. 的债券保险单样张。

② 根据经济学理论，债券的利率正是对债券风险水平的价格或补偿，高风险者高利率，低风险者低利率。参见王宙洁：《信用风险是债券定价重要因素》，载中国证券网，http://news.cnstock.com/news/sns_jd/201406/3049865.htm，最后访问日期：2021 年 10 月 8 日。

③ 参见邹海林：《保险法教程》（第 2 版），首都经济贸易大学出版社 2004 年版，第 32 页。

④ 参见常敏：《保险法学》，法律出版社 2012 年版，第 36 页。

的其他规定。因而，债券保险法律规范是保险法体系的组成部分。

表 1　美国各州债券保险立法

州名	规定名称
阿拉斯加	Order No. 90 – 2（1990）
加利福尼亚	CAL. INS. CODE §§ 12100 to 12122（1991/2006）
康涅狄格	CONN. GEN. STAT. §§ 38a-92a to 38a-92n（1993/2014）
佛罗里达	FLA. STAT. §§ 627.971 to 627.975（1988）
伊利诺伊	ILL. ADMIN. CODE tit. 50，§§ 205.10 to 205.90（1987）（Municipal bond insurance）
艾奥瓦	IOWA ADMIN. CODE r. 191 – 22.1 to 191.22.2（1987）
马里兰	MD. CODE REGS. 5.1005（1999）（Authority to set risk limitations for financial guaranty insurance by regulation）；31.05.10.01 to 31.05.10.08（2003/2006）
新泽西	N. J. ADMIN. CODE §§ 11：7 – 1.1 to 11：7 – 1.5（1975/2003）（Municipal bonds only）
纽约	N. Y. INS. LAW §§ 6901 to 6909（1989/2004）；N. Y. COMP. CODES R. & REGS. tit. 11，§§ 63.0 to 63.5（Regulation 61）（1980/1997）（Municipal bonds only）；Circular Letter No. 12（1989）
威斯康星	WIS. ADMIN. CODE INS. § 3.08（1984/1986）（Municipal bonds only）

再以纽约州保险法和 NAIC 的示范法为例，关于债券保险的规定中明确将一些与其类似的担保、保证或保险排除在债券保险的范围之外。主要可分为如下几类。

（1）不符合债券保险要件的商业保险：依赖于意外物理事件的履约保证、保险单或损失补偿合同；租赁标的剩余价值保险（residual value insurance）。

（2）确实保证保险：① 商业合约保证，包括投标、付款、维护保证及担保合同履行的履约保证；一般的租赁、买卖或特许经营（concessionaire）履

① 确实保证保险，是以被保证人有履行合约的能力和意愿为标的的保险。参见郑云瑞：《财产保险法》，中国人民公安大学出版社 2004 年版，第 309 页。

约保证；公职官员履职保证（public official bond）；与司法审判、遗嘱执行、破产或衡平法程序如上诉、缓刑、禁令、弃权等法律程序有关的保证；向政府机构缴纳，作为营业许可前提条件的保证。

（3）诚实保证保险：[①] 法律规定的忠诚保险（fidelity insurance）。

（4）特定信用保险：在贷款或其他信用交易的债务人失业后无法支付到期的分期付款时赔付债权人的失业信用保险（credit unemployment insurance）；在制造商、经销商或教育机构日常经营过程中赊销商品或服务的应收款无法收回时对其进行补偿的信用保险（credit insurance）。

（5）信贷保险：总额不超过1000万美元的担保举债或其他金钱债务合同履行的保证；对超出联邦存款保险公司承保数额之存款的保证；按揭贷款保险；高等教育助学贷款担保。

（6）有关保险的保证：向职工补偿保险或责任保险的保险人支付保费的保证；保险合同保证。[②]

可以看出，纽约州保险法将债券保险与各类保证保险和信用保险做了明确区分，债券保险不属于上述种类的保证或保险。

综上，债券保险是采用保险合同的形式将债务人的违约风险转移给保险人，各方依据保险合同享有明确的权利和义务，是独立的双务有偿合同，其法律关系受到保险法而非担保法的规范调整，虽然都是对债务进行担保，但是不能简单将其认定为一般的保证合同关系，而仍是保险合同关系。

三、债券保险与相关概念的辨析

债券保险与很多概念十分相似，但又与这些概念有很多不同之处。厘清其相互之间的界限，对于准确设置监管制度十分必要。本节内容聚焦于债券保险与类似概念的辨析。

---

① 诚实保证保险，是对雇主因其雇员的不诚实行为（如盗窃、贪污、伪造文书等）遭受经济损失承担赔偿责任的保险。参见郑云瑞：《财产保险法》，中国人民公安大学出版社2004年版，第307页。

② 本部分内容系不完全列举与归纳，原始法律规定请参见：New York Insurance Law，§ 6901。

（一）债券保险与保证保险

保证保险，是由商品交易活动的债务人向保险人投保并缴纳保险费，保险人向债权人（被保险人）提供保险保护，当债务人不履行债务造成债权人损失时，由保险人对其进行赔偿的一种财产保险。[①] 债券保证保险属于保证保险的一种，二者存在极大的相似性：保险标的都是债权人对债务人履约所享有的利益，都是对债权人利益的保护。

但债券保证保险在保险标的、适用范围等方面比较特殊，与一般的保证保险有一定的区别。首先，债券保险的保险标的是债务融资工具持有人的信用利益，而不是一般的商品交易信用利益，其关注的是债务融资工具能否按时充分偿付债券持有人的权益。其次，债券保险适用于债务融资的金融领域，承保主体为专门的债券保险公司，而信用保险则适用于普通的商品或服务交易，其承保主体为一般的财产保险公司。最后，由于债券保险承保的是金融信用利益，往往更具有系统性风险的特征，因而对债券保险应当有专门的法律规定加以规范。

（二）债券保险与信用保险

信用保险，是以商业往来中的信用利益为保险标的之财产保险，在商业交易中未能按约履行债务时，由保险人给予债权人赔偿。其主要业务种类有：一般商业信用保险、出口信用保险、合同保证保险、产品保证保险和忠诚保证保险等。[②] 信用保险与保证保险具有很多共同之处，都是以债权人对债务人的信用利益为保险标的，甚至有学者认为，二者只是承保方式不同。[③]

美国的债券保险包括债券信用保险（投资者自行购买），其性质应属于信用保险的一种。但是债券保险的主要形式是债券保证保险（由发行人或承销商购买的债券保险），与信用保险十分相似，但其仍与信用保险有差异。

---

① 参见王卫国、马颖、王仰光编著：《保险法》，清华大学出版社、北京交通大学出版社 2010 年版，第 230 页。

② 参见贾林青：《保险法》（第 4 版），中国人民大学出版社 2011 年版，第 216～217 页。

③ 参见贾林青：《保险法》（第 4 版），中国人民大学出版社 2011 年版，第 213 页。

首先，投保人不同。债券保险的投保人一般是债券的发行人或承销商，他们为了赢得债权人的信任、获得债权人的投资而投保债券保险，而信用保险的投保人是商业交易的债权人为保护自己的利益不受债务人信用状况恶化的损失而投保。其次，债务人是否为法律关系主体不同。在债券保险法律关系中，债务人与保险人签订保险合同，为保险合同的正式法律关系主体；而在信用保险法律关系中，债务人不享有请求赔偿保险金的合同权利，也不履行缴纳保险费等义务，并不是保险合同的法律关系主体。再次，种类范围不同。信用保险主要包括出口信用保险、投资信用保险和国内商业信用保险，国内信用保险又包括贷款信用保险和消费信用保险。[①] 最后，信用保险人往往还会为投保人提供信用咨询与监控等服务。[②]

（三）债券保险与存款保险

存款保险，是商业银行业的保障机制，由各个吸收存款的金融机构按规定缴纳一定的保险费组成存款保险基金，当投保机构发生财务危机而无法向储户兑付存款时，由存款保险基金对债权人的存款进行部分或全部赔付，而后对投保机构依法实施清算、重整或其他处置行为从而维护金融市场稳定的制度。[③]

债券保险与存款保险的相同之处是：（1）都运用了保证保险的机制。债券保险是由债券发行人或承销商投保并缴纳保险费，债券保险公司承保，在发生规定条件时由债券保险公司赔付债券持有人的利益损失；存款保险也是由存款类金融机构投保并缴纳保险费，存款保险基金予以承保，在投保机构发生危机时赔付存款人的利益损失。（2）都可直接赔付债权人。债券保险公司在债券发行人违约时动用保险基金直接对债券持有人进行赔付，存款保险基金也有权在投保银行发生危机时直接对存款人的存款进行赔偿。

---

① 参见方乐华：《保险与保险法》，北京大学出版社2009年版，第180页。

② 参见赵明昕：《中国信用保险法律制度的反思与重构：以债权人的信用利益保障为中心》，法律出版社2010年版，第30页。

③ 参见马宁：《存款保险法律制度研究》，法律出版社2015年版，第13~14页。

两者的不同之处在于：（1）适用范围不同：债券保险适用于债券市场，包括市政债券、企业债券、资产支持证券等；存款保险适用于银行业，是对银行金融机构存款债权的保护。（2）保险人权限不同：债券保险公司是商业保险机构，对债券发行人具有市场约束功能，行使保险人的安全监督权利，但不享有监管性权力；而存款保险机构大多是国家设立的政策性机构，不仅对存款进行保护赔付，而且对投保的银行金融机构具有较为广泛的监督管理权、清算处置权。[①]（3）监管主体不同。债券保险一般由保险监管机构（如美国各州的保险监理局）负责监管，存款保险机构一般由中央银行主管或者为相对独立的管理机构。（4）强制性不同。债券保险不具有强制性，为自愿投保；存款保险一般为强制性保险，符合法律规定条件的银行业金融机构均应缴纳存款保险费用并接受存款保险机构的监督。

（四）债券保险与信用违约互换

信用违约互换（又称“信用违约掉期”），作为互换类金融衍生产品（swap）的一种，是由买卖双方私下协商签订的协议，由一方［称为“保护买方”（protection buyer）］向另一方［称为“保护卖方”（protection seller）］定期支付保护费用，若互换协议指向的企业［称为“参考实体”（reference entity）］或债务工具［称为“参考债务”（reference obligation）］发生约定的信用事件（如进入破产程序或无法偿付债务）时，由保护卖方对保护买方进行补偿。[②] 因其衍生于参考对象的信用表现，故而被称为“信用衍生品”。

债券保险与信用违约互换具有一定的相似性，体现在：都是两者之间订立的损失补偿合同，由买方向卖方定期缴纳保护费用，都是在特定条件下由卖方进行赔付，都取决于一定的信用事件。因而，从形式上看，信用违约互

① 如美国联邦存款保险公司（FDIC）依据《存款保险法》（Federal Deposit Insurance Act）享有广泛的现场检查与非现场监督权，可以对银行拒绝承保、发出禁令、中止或停止董事任职、终止保险等。

② See David Mengle, *Credit Derivatives: An Overview*, 92 Economic Review (FRB Atlanta) 1, 2007 (4).

换具有保险的特征。美国金融危机前后，有人认为应当将信用违约互换纳入保险监管范围之中。

虽然信用违约互换与保险在很多方面非常相近，但保险与信用违约互换还是具有较为重大的差别，其差别可简要概括为如下几点。

1. 是否具有保险利益。法律一般规定，要购买保险、获得保险金，投保人对被保险人或被保险人对其财产要有可保险的利益。① 被保险人要获得债券保险的保险金赔付，其必须因债券发行人违约或破产而受到财产损失；信用违约互换则不需要保险利益的存在，CDS 购买者不需要实际持有 CDS 指向的基础债券。

2. 风险性质不同。保险所面对的是真实的风险，或称“纯粹风险”，即发生实际财产损失的可能性，财产所有人/被保险人定期支付保费以防范实际财产损失；而 CDS 交易则不同，其面对的是投机的风险，即投机发生亏损的风险，而不是实际持有债券发生违约而不能兑付的风险。

3. 承保主体不同。债券保险的承保主体是债券保险公司，而 CDS 的保护卖方虽然有一部分是保险公司，但更多的是银行等金融机构，其大量出售 CDS。

4. 承保人享有权利不同。债券保险人对受保债券有一定的知情权和监督权，并可作为第三方受益人；而信用违约互换卖方的权利是来自与保护买方的合同约定，并不对参考债券享有直接权利。

5. 能否加速偿付不同。债券保险一般不会加速偿付，除非由保险人单方选择；而信用违约保险中的违约事件会导致债务的加速偿还。

6. 是否按市价计值不同。债券保险并不按照每日的市价计值，而信用违约互换则实行按市价计值，从而具有很大的波动性，有导致提前终止交易（early termination）的风险。

曾有 CDS 优先受偿的支持者主张，CDS 买方对债券保险公司是否履行保

---

① 参见任以顺：《保险利益研究》，中国法制出版社 2013 年版，第 53 页。

护付款义务具有利益，因而应当具有保险利益。但是，这种观点有欠妥当，原因在于：任何交易的双方之间都具有相互给付的义务，一方权利的实现都依赖于对方债务的充分及时履行，从合同法角度来说，这是双务合同的共同之处。因而，合同双方都对另一方履行债务有着切身利益，一方的不履行必会阻碍对方的权益，这并不是CDS交易所特有的性质。而保险法中的“保险利益”是指被保险人（保单持有人）应当与保险标的具有经济上的利害相关关系。具体到债券保险，就是保单持有人应当对保险标的债券具有经济上的利益关联，不持有标的债券的人不可算是有“保险利益”。而CDS买方并非对标的债券具有这种利益关系，仅以其依赖于交易对方义务履行而判断其具有“保险利益”是不恰当的。

第二节　债券保险的信用功能

一、信用理论与信用风险

债券融资是基于融资主体的信用状况进行的，信用对债券融资的成败有关键的影响。那么，什么是信用？信用的意义何在？

（一）信用的含义与分类

1. 信用的含义

常言道，人无信不立。“信用”一词在日常生活中经常被用到，是一个含义非常丰富的词语。《辞海》对其做了三种定义：“信任使用”；“遵守诺言，实践成约，从而取得别人对他的信任”；“以偿还为条件的价值运动的特殊形式，多产生于货币借贷和商品交易的赊销或预付之中，其主要形式包括国家信用、银行信用、商业信用和消费信用”。[①] 可以说，“信用”最基本的含义是指人与人之间因能遵守承诺而形成的信任关系。但随着现代社会的不

① 《辞海》，上海辞书出版社1989年版，第247页。

断进步，“信用”定义的重点日益转移到经济交往领域。

在经济交往过程中，“信用”则可指代基于信任关系形成的交易形式或交易行为。由于在经济交易中，当事人可能无法即刻进行交付，基于双方之间的信任关系，一方允许另一方在未来一定时期内履行偿还义务。典型的信用交易如借贷融资、赊销或预付交易。当然，现代社会中的信用交易不再局限于金钱借贷或商品赊销、预付，金融市场各类产品也大多是约定于未来还本付息的信用交易。

从经济学来看，“信用”是一种用契约保障商品或货币价值回归的价值运动。货币银行学认为，信用是以按期偿还本金与利息为条件，暂时让渡货币的借贷行为。信用创造学派则认为，信用就是货币，货币就是信用；信用创造货币，信用形成资本。此外，还有人将“信用”定义为一种资本，并划分为广义与狭义，认为广义的信用是“获得信任的资本”，包括诚信度资本、合规度资本、践约度资本，而狭义的信用则是“获得交易对手信任的经济资本，主要是指在金融借贷、有价证券交易、商业贸易往来等交易活动中信用主体所表现出来的成交能力与履约能力”。①

从法学角度看，“信用”是指合同一方当事人出于信任，将合同标的（商品、服务或金钱）交付给对方当事人，允许对方在一定时期内履行给付义务的债权债务关系。信用交易的法律关系是债权债务关系，授信者是债权人，受信者是债务人。债务人及时完全履行债务，则合同目的达到，信用交易完成；若债务人不能或拒绝履行债务，则构成违约，信用被破坏。因而，信用是一种在获得商品、服务或资金后按期偿还债务的能力。一直受人关注的“信用状况”实际上是对市场主体偿还能力、履约状况的评价，偿还能力强、履约状况好的被称为“有信用”或“信用好”，而偿还能力弱、履约状况差的则被称为“没信用”或“信用差”。

综合上述理论观点，本书认为通常所说的“信用”一词有三重含义，它不

① 吴晶妹：《现代信用学》，中国人民大学出版社2009年版，第2页。

仅是人们相互之间遵守诺言的信任关系，也是基于信任而形成的不同于传统交易的非即时交付交易关系，更是对受信主体履约能力的评价（见图4）。

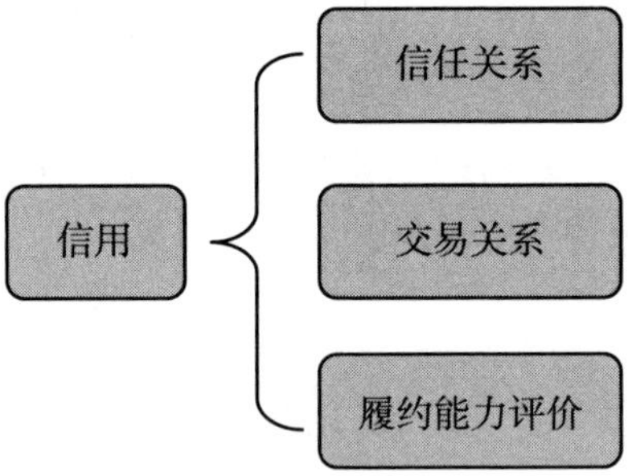

图4　信用的三重含义

2. 信用的分类

信用可按照不同的标准作不同的分类。

首先，根据信用主体的不同，可将信用分为公共（政府）信用、企业信用、个人信用和资产信用。公共（政府）信用，是由履行公共管理职能的政府为了弥补财政赤字、支持各项公共财政支出而发售信用工具（如中央政府债券、地方政府债券）以筹集资金的信用类型。企业信用是由企业为了生产经营而向其他组织、个人或银行通过赊销、借贷、股权或债权融资等方式获得的信用类型。企业间的借贷、赊销，银行贷款，股票和债券融资均属于此类。个人信用，是个人（消费者）为了满足生活需求而向银行申请借贷或向商品、服务提供者申请赊销而获得的信用。

其次，根据信用用途的不同，可将信用分为商业信用、投资信用和消费信用。商业信用，是为了获取商品和服务交易所需要的资金而开展的信用活动；投资信用，是为满足投资需求而进行的信用活动；消费信用则是为消费者购买商品和服务而提供资金借贷的活动。

从信用的发展史来看，信用经历了从个别的赊销与借贷到大规模信用交易的过程。特别是货币借贷的持续发展，导致了银行业的产生，银行是从事吸收存款、发放贷款业务的金融中介机构，起到了信用创造与维持的作用。

社会也从直接融资时代走向了间接融资时代。在间接融资时代，银行的信用授予在很大程度上取代了传统的企业之间授予信用，由银行为经济发展输送血液。然而，在股票、债券等直接融资方式繁荣发展后，间接融资的比重减少，银行授信的地位下降。在20世纪70年代后，以资产证券化为代表的结构化融资日益兴盛并风靡全球，资产的信用发挥了日益重要的作用，信用模式日渐多元化（见表2）。

表2　融资方式、类别与信用分类

融资方式	融资类别	信用模式
股票、债券	直接融资	企业信用
银行贷款	间接融资	企业信用
资产支持证券	结构化融资	资产信用

（二）信用对市场经济的意义

信用对社会经济有巨大的意义，信用是市场经济的根源与基础，市场经济的本质是信用经济。正如学者所言，"'信用'的伦理对整个经济社会来说不仅是必要的最高伦理，而且对个人来说也不得不如此"。①

从信用作为信任关系的维度来说，交易的开展依赖于交易各方之间的信任关系，具备充分的信任关系可以使交易得以顺利进行并逐步发展，缺乏信任关系，交易就没有坚实的基础。

从信用作为交易方式的维度来说，信用交易可以使无法即时交付的当事人在未来的一段时间内履行自己的义务，从而突破了传统的"一手交钱、一手交货"的交易模式，大大扩展了市场交易的范围与规模，激发了市场的活力。现代市场经济中，信用交易已随处可见。

从信用作为履约能力评价的维度来讲，在微观上，单个企业良好的信用状况能为市场主体带来更多的收益，是市场主体的立身之本和获利之源；在宏观上，良好的社会信用状况也是市场经济健康发展的根本条件，如果市场内信

---

① ［日］川岛武宜：《现代化与法》，申政武等译，中国政法大学出版社2004年版，第37页。

用垃圾积累过多，就会阻塞经济的血管，拖累经济发展甚至导致经济萎缩。

因而，构建全面有效的信用制度体系，能够稳定社会公众的预期，减少交易的不确定性，降低市场交易成本，显然具有重要的意义。[①] 有效的信用制度体系，不仅包括失信惩戒与守信激励制度，而且包括维护市场信用的信用服务制度，如保险制度、担保制度、保理制度等，这些制度对于维护市场信用具有不可替代的重要作用。

（三）信用风险及其管理

1. 风险的含义、要素与特征

世界上存在各种各样的风险，给人类社会带来了不同程度的不确定性，造成了大大小小的损失。所谓风险（risk），从广义上讲，是指不确定事件发生的可能性，最终结果并不一定是消极负面的；而从狭义来讲，是不确定的危害或损失发生的可能性。从认知学的角度看，风险应是人们的预期目标与实际后果之间存在差异的可能性。因而，风险并不等同于危害（hazard）或损失（loss），损失是实际发生的人身或财产受损的后果，危害是导致损失的不利状态，而风险则是危害发生并导致损失的可能性。[②] 因而，我们经常使用的“道德风险”（moral hazard）一词翻译有所偏差，更准确的翻译应当是“道德危害”，指在有合同或法律保护时作出不顾及他人损失之行为的情形。[③]

风险一般由三个要素构成：（1）风险因素。风险因素是导致风险事故发生、增加其发生可能性或增大其损失程度的各种原因条件。（2）风险事故。风险事故是由风险要素累加或组合而导致的、产生损失的偶然事件。（3）损失。损失是由风险事故导致的人身伤害或财产价值减少。三者之间是引起与被引起的因果关系。风险因素导致或加剧风险事故，风险事故导致损失发生。

---

① 参见关伟：《关于中国证券市场信用体系构建的思考》，载《资本市场》2007 年第 11 期，第 37～40 页。

② 简单举例说明，果树上有虫是危害，果树被虫咬致损是损失，而果树有生虫的可能则是风险。

③ 诺贝尔经济学奖获得者保罗·克鲁格曼将其定义为“一人决定承担多大风险，事故发生时却由他人负担代价的情形”。See Paul Krugman, *The Return of Depression Economics and the Crisis of 2008*, W. W. Norton Company Limited (2009), p. 63.

总结起来，风险具有如下几个特征。

首先，客观性。风险是不以人的意志为转移的，风险事故的发生并不在风险相对方的意志控制范围内。如各种自然灾害、战争、罢工、政局变动等，都是人们无法控制的。即便带有“故意”性质的违约违法等行为，也不是风险相对方（受该行为损害的主体）所希望或能控制的事件。

其次，普遍性。风险是普遍存在的，无论是自然中还是社会中，无论是生产或生活过程中，大到国家、政府，小到社会组织乃至个人，都时时刻刻面临着各种不确定事件或意外事故的可能。因而，我们处于“风险世界”“风险社会”的说法可谓十分恰切。

再次，不确定性。这是风险的本质属性。存在不确定性，才可称为“风险”。不确定性主要体现在：第一，发生与否不确定。风险事故是否发生，具有偶然性，而非必然发生。第二，发生时间不确定。即便是必然的死亡，其何时发生也并不能被人准确预知。第三，损失程度不确定。事故发生给人们的生命、健康或财产权益造成多大的损失，无法事先知晓。

最后，可测性。这一点与不确定性相对，是指在经过一定时期的观察、记录、监测、统计后，可以发现风险的时间或空间分布规律。这需要运用数据统计和概率计算的方法。但这样的测算只能做到相对准确，并不能完全精准地发掘风险分布规律。①

不同的机构也有不同的风险分类，对于金融市场。《巴塞尔协议》将金融机构的风险分为市场风险、信用风险与操作风险 3 类。安达信会计师事务所则是将风险分为市场风险、信用风险、流动性风险、作业风险、法律风险、会计风险、资讯风险、策略风险 8 类。

2. 信用风险及其管理

（1）信用风险及其特征

信用风险，又称违约风险，是债务人（受信人）由于各种原因陷入破产

① 参见 James S. Trieschmann、Robert E. Hoyt、David W. Sommer：《风险管理和保险》（影印版），北京大学出版社 2006 年版，第 4 ~5 页。

或失去履约能力而违约从而造成债权人（授信人）经济损失的风险，是在银行信贷和证券投资等金融领域中最为常见的基本风险类型。

造成信用风险的原因有很多种，既可能是宏观经济衰退，也可能是行业产能过剩，又可能是债务人自身的经营失误或重大纠纷等事件，它们均可能导致债务人丧失及时、足额偿还债务的能力。

信用风险除具有风险的一般属性外，还具有其独有的特征。其特征如下。

首先，非对称性。预期收益与可能损失之间并不对称。预期收益只是债权带来的利息，而信用风险的最大可能损失则是债权本金与利息之和。这一特征决定了信用风险爆发会有破坏性后果。

其次，累积性。又称为传染性。市场体系是由各市场主体间互相联系的交易关系构成的体系，某一环节上的违约可能引发连锁反应，导致其后的一系列违约，使损失不断累积，达到一定程度时则会产生经济危机。

再次，周期性。信用风险虽一直存在，但会随着经济周期的起伏而呈现出周期性特征。在经济处于兴旺期时，信用风险会较低；而经济处于衰落期时，信用风险则较高。

最后，系统性。虽然信用风险的直接原因是债务人经营状况或债权人内部管理不佳，具有非系统性，但实际上，信用风险受宏观经济因素影响较大，且往往会因为不断累积而形成影响范围广的系统性风险。

（2）信用风险管理——以银行信贷为例

由于普遍存在的信用风险会给市场信用状况带来巨大的冲击，信用风险管理就显得至关重要。如果不对信用风险进行有效的管理控制，必然会造成信用风险的大范围传播蔓延，带来严重的后果。

以商业银行为例，商业银行的信贷风险管理是金融领域较为典型的风险管理体系。在监管层面，巴塞尔银行监管委员会先后制定的三部《巴塞尔协议》对银行监管作出了相关的要求，以求防范银行业风险，维护国际银行业的稳定发展。该系列协议逐步得到各国的认可与采纳，作为本国银行监管与银行监管国际合作的准绳。《巴塞尔协议Ⅰ》规定了以风险加权资产计算的

8%的最低资本充足率标准。《巴塞尔协议Ⅱ》则不仅提出了最低资本要求、监管部门监督检查和市场约束的“三大支柱”，还规定了度量信用风险的两种基本方法——标准法和内部评级法，允许银行采取一定的自主测量方法。最新的《巴塞尔协议Ⅲ》则再次提高了商业银行的资本充足率要求，一级资本充足率由4%上调至6%，同时计提2.5%的防护缓冲资本和不高于2.5%的逆周期准备资本。①

目前，银行贷款信用风险管理的方法主要如下：②

①贷款审查标准化。通过建立一整套标准化的贷款审查程序和指标，根据借款人的各项财务指标、宏观经济环境和行业状况判断借款人的偿债能力，并实行不同职能部门和人员之间的分工与制约的审批程序，控制信用风险。

②贷款组合多元化。贷款集中于某一行业或地区会导致风险集中，银行对授信对象进行不同地区、不同行业的多元化组合，避免地域或行业集中度过高导致的风险集聚，从而降低贷款的整体风险水平。

③风险定价管理。银行可在信用风险计量的基础上，根据风险的大小决定是否发放贷款、贷款的额度大小及利率高低等。利率可视为对信用风险的补偿，一般来讲，信用风险较高者的利率会较高，而信用风险较低者的利率会较低。

④转让出售。贷款出售是将信用风险转移给其他银行或金融机构，由受让机构对债务人行使债权。例如，我国在1999年成立了四大资产管理公司，专门收购四大国有商业银行的不良资产，资产管理公司受让之后，可通过出租、转让、重组、债转股等方式加以处置。③

⑤资产证券化。信贷资产证券化是将信贷资产重组包装成证券的形式发

① 参见巴塞尔银行监管委员会：《巴塞尔协议Ⅲ》（综合版），杨力、吴国华译，中国金融出版社2014年版，第13页。

② 参见［美］乔埃塔·科尔基特：《信用风险管理》（第3版），杨农、周瀛等译，清华大学出版社2014年版，第2~4页。

③ 这四大金融资产管理公司是华融资产管理公司、信达资产管理公司、长城资产管理公司和东方资产管理公司，分别收购处置工商银行、建设银行、农业银行和中国银行的不良资产。

售给广大投资者，贷款的信用风险因而随之分散、转移。这是贷款信用风险管理的一种重要方法。

⑥信用保险与信用衍生品。信用保险与信用衍生品的发展对于信贷信用风险的管理产生了深远影响。信用保险是指由保险公司承保的、在债务人无法履行到期债务时对债权人遭受的损失进行补偿的保险；信用衍生品则是指用于分离和转移信用风险的各类互换或期权等金融合约，典型如信用违约互换、信用联结票据（CLN）等衍生合约产品。[1]

二、固收证券的信用属性与信用风险——以 ABS 为例[2]

固收证券，是由发行人发行并承诺在一定期限内按照约定的利率支付利息并到期偿还本金的有价证券，其信用属性非常明显。[3] 首先，从交易方式来看，投资人购买固收证券，履行了债权本金的交付义务，而发行人的还本付息义务则是在未来的一定期间内分次履行，这正是“以偿还为条件的价值运动”或者“用契约保障商品或货币价值回归的价值运动”的特征，属于典型的信用交易。其次，从信任关系来看，投资人与发行人签订债券协议是基于双方之间的信任关系，特别是投资者对发行人的信任，没有信任关系的存在，也就不会有证券交易。最后，从履约能力来看，发债主体或基础资产的履约能力决定着固收证券能否得以按期足额付息还本，履约能力的高低影响着固收证券融资能否达到预期效果、融资目标能否有效实现。此处以资产支持证券为例，说明其信用属性与信用风险。这既是因为资产支持证券是近年来广泛讨论的热点，也是因为资产支持证券系美国债券保险的重要承保对象。

---

① See ISDA, 2003 ISDA Credit Derivatives Definitions, § 1.1 “*Credit Derivative Transaction*”, p. 1.

② 最早的资产证券化是指抵押贷款支持证券，包括住宅抵押贷款支持证券和商业地产抵押支持证券，其他的资产证券化产品则统称为 ABS。ABS 大致上可以分为狭义的资产支持证券和担保债务凭证两大类。此处的 ABS 则是指包括 MBS 在内的广义“资产支持证券”。

③ 参见冯果等：《债券市场风险防范的法治逻辑》，法律出版社 2016 年版，第 3 页。

（一）ABS的信用属性与历史佐证

1. ABS的信用属性

对于资产证券化，学界已有众多的定义，这些定义的侧重点有所不同。美国的资产证券化实务专家苏莱曼·贝格和莫拉德·乔德里认为，资产证券化是机构将其拥有的可形成未来现金流的资产出售给另一个专门成立的公司，然后由后者发行证券，这些证券是由原始资产产生的现金流来抵押。[①] 国内专业人士郑磊认为，资产证券化是将缺乏流动性但具有与其稳定现金流的资产汇集起来，形成一个资产池，通过结构性重组，使之成为可以在金融市场上出售和流通的证券的过程。[②] 法学学者洪艳蓉认为，资产证券化，是指发起人将缺乏流动性但能在未来产生可预见的稳定现金流的资产或资产集合（在法学本质上是债权）出售给SPV（特殊目的机构），由其通过一定的结构安排，分离和充足资产的收益和风险并增强资产的信用，转化成由资产产生的现金流担保的可自由流通的证券，销售给金融市场上的投资者。[③]

由上述定义可以看出，资产支持证券不仅具有一般债券的信用性质，而且其信用属性相较于一般债券更为明显。资产支持证券正是以能产生稳定现金流的资产组合为基础发行的证券，基础资产的履约状况是其基本的信用来源。为了保障ABS的发行，发行人或承销商往往都采取一定的措施以提高债券的信用水平，被称为“信用增进”或“信用增级”（credit enhancement）。

2. ABS信用属性的历史佐证

资产证券化的信用属性可从其历史发展中得到验证。回顾美国资产支持证券的发展历程，大体经历了以下三个阶段。

（1）第一阶段：发源与起步

资产证券化源于20世纪70年代的美国，而实际上可追踪至20世纪30

---

① 参见［美］苏莱曼·贝格、莫拉德·乔德里：《资产证券化实务精解：资产抵押证券交易架构及交易（项目）实施指南》，陈丽霞、林东译，机械工业出版社2015年版，第4页。

② 参见郑磊编著：《资产证券化：国际借鉴与中国实践案例》，机械工业出版社2015年版，第55页。

③ 参见洪艳蓉：《资产证券化法律问题研究》，北京大学出版社2004年版，第6页。

年代。罗斯福时代，为解决居民买房的问题，先后成立了联邦住宅管理局和退役军人管理局，它们根据相关法律授权分别负责向中低收入家庭买房贷款提供保险和向退役军人买房贷款提供担保。[①] 为了促进银行放贷，政府于1938年成立了联邦国民抵押贷款协会（Federal National Mortgage Association，FNMA或Fannie Mae，即“房利美”）。FNMA以政府机构的信用为担保发行低利率债券进行融资，收购了FHA保险和VA担保的住房抵押贷款债权，从而使银行能够进一步发放贷款。[②] 贷款合同在这一阶段已经同质化，又有政府机构的信用担保，虽然尚未重新组合包装出售，但已经初步具备了开展证券化的条件。后来，《1968年住宅与城市开发法》将政府国民抵押协会（Government National Mortgage Association，GNMA或Ginnie Mae，即“吉利美”）从FNMA中拆分出来，GNMA成为以政府信用为支撑的独立实体，FNMA则是收购非政府担保的、符合特定认购标准的抵押贷款。1970年，GNMA首次发行了第一只以住房抵押贷款为担保的抵押贷款支持证券，并为其本息偿还提供担保，开辟了资产证券化的道路。[③]

为了将证券化范围扩大，1971年联邦住房抵押贷款公司（Federal Home Loan Mortgage Corporation，FHLMC或Freddie Mac，即房地美）成立，专门收购各种住房抵押贷款，并推出了第一单参与凭证（participation certificate，PC）。1981年，FNMA也开始发行住房抵押贷款支持证券。[④]

（2）第二阶段：发展与繁荣

进入20世纪80年代后，住房抵押贷款担保转递证券（mortgage pass-through securities）由于面临贷款提前偿还的风险而不再风光，于是更新的证券化产品便应运而生。1983年，房地美首次发行担保按揭债务凭证

① FHA是依据《1934年国民住宅法》设立并受权进行管理，VA是根据《1944年军人再调整法》授权提供担保。See The National Housing Act of 1934，The Servicemen's Readjustment Act of 1944.

② See Fannie Mae's website：http://www.fanniemae.com/portal/index.html，visited on Mar. 18，2021.

③ See Ginnie Mae's website：https://www.ginniemae.gov/pages/default.aspx，visited on Mar. 18，2021.

④ See Freddie Mac's website：http://www.freddiemac.com/，visited on Oct. 18，2021.

（collateralized mortgage obligation，CMO），用一组按揭贷款为基础资产，对提前还贷的现金流进行了组合整理，发行了期限和偿付顺序不同的多组债券。但因其违反了“消极性质”而不能享受联邦的免税待遇。1986 年，美国通过了《1986 年税收改革法》（Tax Reform Act of 1986），其中规定了房地产抵押贷款投资通道（Real Estate Mortgage Investment Conduits，REMIC）的免税待遇，也允许其主动对现金流进行管理。[①] 从此，CMO 获得了较大发展空间，资产证券化进入快速扩张阶段。

在住房按揭支持证券市场壮大的基础上，其他的 ABS 产品也迈出了步伐，银行也逐渐将其他类型的贷款资产做证券化产品。1985 年，Sperry 公司将电脑租赁收入进行证券化，成为首单非抵押担保的 ABS 产品。同年，Marine Midland 银行发行了购车贷款支持证券。1987 年，特拉华州立银行推出了第一笔信用卡应收款的资产支持证券。[②] 至20 世纪80 年代末，商业银行的不良贷款率上升，证券化也运用到不良贷款的处理中。

到 20 世纪 90 年代，由商业银行和债券、股票基金管理人发行的担保债务凭证上市，受到投资者的欢迎。1997 年 CDO 市场发行额约 240 亿美元，2006 年已升至 3320 亿美元。同时，1996 年，美国制定通过了《小企业就业保护法》（Small Business Job Protection Act of 1996），[③] 在《1986 年税收改革法》的基础上做了进一步发展，规定了金融资产证券化投资信托（financial asset securitization investment trust，FASIT）可作为所有类型资产支持证券的 SPV，其基础资产范围从现金或类似资产、固定利率或合格的浮动利率债券、被取消赎回权的担保资产，到利率或汇率互换等对冲工具（hedging instrument）、购买债券和对冲工具的合同权利等。

自 20 世纪 90 年代至 21 世纪初期，资产证券化业务获得了全速发展。在

---

① See Real Estate Mortgage Investment Conduits，26 U. S. C. A. Subt. A，Ch. 1，Subch. M，Pt. Ⅳ，Pub. L. 99 – 514，Oct. 22，1986，100 Stat. 2085.

② Anand K. Bhattacharya，Frank J. Fabozzi，*Asset-backed Securities*，Wiley Press（1996），p. 4.

③ Small Business Job Protection Act of 1996，Pub. L. 104 – 188，Aug. 20，1996，110 Stat. 1755.

次贷危机发生前，美国的资产证券化市场总量从1980年的1108亿美元上升到2007年的11.1万亿美元。[①]

（3）第三阶段：打击与低落

繁荣之中往往潜藏着危机。美国资产证券化借助房产市场的火热而崛起，却同样因为房产市场信用状况的恶化而受挫。由于住房按揭贷款支持债券所依托的按揭贷款已不再是信用状况良好的优级贷款或准优级贷款，各投资银行早已将基础资产扩展至还款能力不佳的次级房贷。随着房地产泡沫的破灭，房产市场下行导致贷款风险暴露，按揭贷款支持债券以及各类由其衍生的担保债务凭证随之出现大面积违约。2007～2008年，美国的次贷危机爆发，资产支持证券市场受到剧烈打击，并蔓延至整个金融体系，导致全面危机。2009～2011年，资产证券化的发行量呈大幅下降趋势。

从资产支持证券的上述发展史来看，信用增进对资产支持证券发挥了巨大的推动作用，资产证券化在很大程度上就是依靠有效的增信措施而得以繁荣，而同样是由于不良信用状况的暴露，资产支持证券遭受了前所未有的大衰退。可见，以ABS为代表的债券融资具有明显的信用属性。

（二）ABS的信用风险

信用风险是金融市场中最基本的风险种类，而资产支持证券的信用风险更加具有明显的特征，主要如下。

（1）隐藏性。信用风险本就不易准确测量，而相比于传统债券，ABS的结构化安排更加复杂化，更加延长了信用风险的链条，将原有的信用风险转移和分散后，投资者由于远离基础资产池，缺乏有效的相关信息，更加难以有效发现和评估其中的信用风险。

（2）传导性。ABS依托于一定的基础资产池，将基础资产池打包重组后向市场公开发售，数量众多的投资者购买和持有这些资产支持证券，表面上基础资产池内的资产信用风险得以在广阔的市场内分散开来，但实际上是会

① 参见张晓凌：《美国资产证券化法律问题研究》，中国商务出版社2015年版，第5～6页。

由基础资产池传导到ABS证券权益的信用风险，进而通过投资者传导到市场的各个角落。

(3) 多因性。ABS的信用风险，既可能来自基础资产池债务人的无法偿付，也可能来自发行人的操作不当，抑或宏观经济周期的衰退恶化，甚至外部的信用评级机构也可能不当地加剧信用风险。导致信用风险的原因具有多样性。①

三、债券保险的信用支持功能

(一) 常见的债券信用增进方式

债券的发行与交易往往需要一定的信用增进措施来提高债券的信用等级，降低债券的融资成本，促进债券偿付的有序进行。归纳起来，除债券保险外，主要的债券增信方式还有如下几种。

1. 第三人保证

保证，是指保证人与债权人约定，在债务人不履行或不能履行自己的债务时，由保证人履行债务、承担责任的行为。这是债券市场中最为基本、最为常见的增信方式。根据主体不同，保证又可分为政府保证、企业保证、其他人保证。

2. 抵押或质押

抵押或质押，即物的担保，是用一定的物权作为债权的担保，通过将一定的不动产或动产设定抵押权或质押权，在债务人无法履行债务时，可将其不动产、动产折价、拍卖或变价偿还债权人。

3. 债券信托

由债券持有人将其债权与物上担保权委托给信托公司，信托公司作为受托人对由债权与担保权形成的信托财产进行管理，所得收益归属于债券持有人，在债务人不能履行到期债务时，信托公司可代表委托人处置担保物从而使债权受偿。这一机制在英美法系国家尤为流行。

---

① 参见王晓：《资产证券化对系统性风险的影响机制》，载《金融论坛》2012年第4期，第43~48页。

4. 优先/次级结构分级

将债券划分为优先级、中间级、次后级等不同的层级，不同层级依次接受偿付，优先级首先得到支付。若发生违约，首先由次后级承担损失，而优先级最后承担损失。债券发行人自己持有劣后层级的证券，就能为优先级证券投资者提供信用支持，这也是一种“风险自留”机制。

5. 追索权条款

追索权条款，是指对由一定资产支持的债券，发行人做出承诺，在债券本息无法偿付时投资者可突破基础资产，向资产的原始权益人追索，由其原始权益人回购债券以偿还债券持有人权益的机制。[①]

（二）债券保险对债券的信用维护

保险机制自其产生之日起，就肩负起了风险管理的使命。无论是一般的财产损失保险还是责任保险，都是维护人们权益安全的重要途径。[②] 在交易活动中，由于交易相对人无法履行合同约定债务的主客观风险存在，会导致交易当事人的利益受损，危害交易的信用乃至社会的信用，故而人们也将保险制度运用到信用风险的保护中，产生了以交易信用风险为保险标的的保险类型，如信用保险、保证保险。通过对交易信用的投保，用保险公司的力量为其提供交易债务履行之保障。同样，在债券的发行过程中，信用水平的高低起着根基性作用。信用都会面临相关权益无法收回的风险，用保险制度为其护航保驾，则债券的发行与交易会得以保障，对市场信用会有维护与修复的效用。因而，从宏观的价值层面看，保险对于债券发行具有正面的价值。

1. 防控信用风险

信用风险是债券融资的基本风险，债券保险则是用保险方式为债券发行提供信用防护，防范和降低信用风险，提高债券的信用等级。债券保险走向公众视野应当是1983 年的一起大型市政设施项目债券违约事件：华盛顿州公共供电系统（Washington Public Power Supply System，WPPSS）债券违约案。

---

① 参见周沅帆：《债券增信》，北京大学出版社2010 年版，第4 ~5 页。

② 参见赵旭东主编：《商法学》，高等教育出版社2007 年版，第624 页。

1983 年，WPPSS 因两个核电项目受困而导致收入债券（revenue bonds）违约，3 万名债券持有人中大多数人的投资都损失了 60% ~90%。另外，债券保险的小部分持有人得到了 Ambac 的及时完全偿付，总额约为 0.25 亿美元。该案初步向公众证明了债券保险的重要意义。

2. 提供市场信号

债券市场上广泛存在信息偏差，债券发行人对自己的经营状况、盈利能力有充分的认识，而作为投资者的债券持有人则并没有关于发行人的太多信息，因而难以判断债券发行人的情况和债券的投资价值。债券保险公司作为专业的保险公司，可以扮演信息发掘者的角色，能够通过承保前的尽职调查，运用自身的知识和技能搜集、挖掘和分析债券发行人的信息，了解和掌握相关信息起到筛选、甄别债券品种和提供信用评价的作用。债券保险公司对债券的承保与否，在很大程度上体现了其对该债券产品质量与信用水平的判断，极大节省了投资者的信息成本，为市场提供了一种明确的信号，为广大投资者指出了投资的选择，从而使市场更为有效，更加体现出平等与公平的市场精神。

3. 降低交易成本

交易成本，是新制度经济学中常用的概念。自罗纳德·H. 科斯的《企业的性质》一文提出“交易成本”理论①以来，交易成本逐渐成为新制度经济学关注的核心。新制度经济学认为，制度设计会影响交易成本，进而影响经济效率，而这一观点也构成了法经济学的重要理论基础。② 后来，科斯又写了另一篇著作《社会成本问题》，③ 国内外学者将其中的思想归纳为“科斯定理”：第一，如果市场交易成本为零，不管权利初始安排如何，都会产生资源配置效率最大化的安排；第二，在交易成本大于零时不同的权利界定会

① See Ronald H. Coase, *The Nature of the Firm*, Economica (November 1937), p. 386 - 405.

② 参见钱弘道：《法律的经济分析》，清华大学出版社 2006 年版，第 5 ~8 页。

③ 参见［美］罗纳德·H. 科斯等：《社会成本问题》，载陈昕主编：《财产权利与制度变迁——产权学派与新制度学派译文集》，上海三联书店 1994 年版，第 3 ~58 页。

带来不同的资源配置结果；第三，不同的产权制度将产生不同的交易成本，造成不同的经济效率。①

债券保险通过为债券添加一道保险的屏障，有效防控了信用风险，向市场发出了信号，降低了交易成本。债券保险为发行人降低了债券发售的利息支出。由于债券市场定价与信用风险水平密切相关，高风险债券的利息水平也会高，而债券保险降低了债券的信用风险、提高了债券的信用等级，债券保险所节省的利息一般在发行人与保险人之间分摊，保险人从该部分中提取保费。2008 年 7 月，债券保险公司协会（AFGI）宣称，自 1971 年始，债券保险业已为市政债券发行人节省了 400 亿美元。

综观美国债券市场可以发现，债券保险得到了广泛的应用。债券保险的广泛应用极大降低了债券融资的成本，提高了债券发行的成功率。在 2008 年金融危机前，债券保险人很少有重大损失。金融危机后，近年来的市场事件帮助投资者和发行人再次关注到债券保险的益处。例如，在底特律市政破产案中，Assured Guaranty 和国家公共融资担保公司（National Public Finance Guarantee Corp. , National）债券保险的保单持有人得以保全，且节省了谈判的时间与费用；由信用受损主体包括底特律和波多黎各发行并由 Assured Guaranty 和 National 承保的债券表现出了比同样发行人但未受保险的债券更大的价格稳定性。这些案例都凸显了债券保险仍然具有的重要价值。

第三节　债券保险监管制度的失灵

虽然债券保险在理论上具有充分的正当性价值，但现实中的情况却与其理论意义大相径庭。债券保险业在 2007 ~ 2008 年的美国金融危机中不仅自身损失惨重，而且推高了系统风险，成为危机蔓延网络中的重要环节。而这一

① 参见［美］约瑟夫·费尔德：《科斯定理 1 - 2 - 3》，李政军译，载《经济社会体制比较》2002 年第 5 期，第 72 ~ 79 页。

状况也反映了债券保险监管制度的失灵，没能真正发挥起维护安全与秩序的效用。

一、债券保险监管制度的现有框架

债券保险获得发展的同时，相关的监管制度也得以逐步确立。这些制度为债券保险提供了规则框架，其中以 NAIC 的示范法与纽约州保险法最具代表性，两者的内容基本相同，它们构成了债券保险监管制度的模板，主要内容如下。

（一）主体资格要求

1. 保险公司应按保险法规定的方式组建与许可，同时满足以下条件：

（1）为经营金融保证保险之目的，可根据保险法所有可适用之规定被许可经营如下额外保险：剩余价值保险、履约保证保险、信用保险。

（2）金融保证保险公司仅可经营其被许可的业务范围。

（3）在下发许可证之前，除非运营计划之前已被主管机关批准，否则应当向主管机关提交运营计划，详细说明保险的类型、承保程序、管理监督方式、投资方针及主管机关要求的其他事项。

2. 保险公司须具备一定的财务实力：

（1）金融保证保险公司只有实收资本达到 250 万美元、实收盈余达到 7250 万美元时方可经营业务，且须一直保持保单持有人盈余（surplus to policyholders）[①] 至少 6500 万美元。

（2）在新法生效前仅经营金融保证保险业务，实缴资本达到 250 万美元、保单持有人盈余达到 4500 万美元的保险人应在自本条生效之日起 36 个月时间内完全合规。

---

① 保单持有人盈余，是指认可资产与认可负债的差额，即资本与盈余项目之和减去相应损失，与我国银保监会《保险公司偿付能力管理规定》中的“实际资本”含义相同。See New York Insurance Law § 107 (a) (42).

（二）准备金要求

金融保证保险公司的准备金除了损失准备金和未到期责任准备金外，还有应急准备金（contingency reserve）。

1. 应急准备金

（1）公司应当建立并维持应急准备金以保护被保险人和索赔人对抗恶劣经济周期下过度损失的影响。

（2）对于在新法生效之前已生效的金融保证保险，保险公司应按之前适用于市政债券的要求，从保单的已赚保费中提取50%建立并维持应急准备金，并且若新法生效时所维持的应急准备金少于市政债券保险要求的数额，保险公司应自该日起3年内将其应急准备金合规。

（3）对于在本条生效后对市政义务债券、特别收入债券、产业发展债券①（industrial development bonds）和公用设施第一按揭担保债券②（utility first mortgage obligation）承保的金融保证保险，保险公司应每年为每种债券建立并维持应急准备金。应急准备金应在20年内每季度平均交纳，若适用于未付本金的总准备金超出了规定的比例，则交款可中止（见表3）。

表3　公共债券应急准备金提取比例

单位：%

类别	提取比例（受保本金）
市政义务债券	0.55
特别收入债券	0.85
有担保或期限在7年以下的投资级产业发展债券，以及公用设施第一按揭支持债券	1.00

① 产业发展债券，是指由政府机关创设发行，为服务私营工商业、制造业的项目进行融资，而不由政府机关偿还的债券。

② 公用设施第一按揭担保债券，是指对公用设施运营公司的公用设施（如水、电、煤气）拥有第一优先权按揭担保的发行人发行的债券，该公用设施财产或其收费受到政府部门监管。

续表

类别	提取比例（受保本金）
其他投资级产业发展债券	1.50
其他产业发展债券	2.50

注：准备金额应为各类债券50%的承保保费或以上数额中较高者。

（4）对于所有其他在新法生效日及其后承保的金融保证保险，保险公司应每年为每种债券建立并维持应急准备金。应急准备金应在15年内每季度平均交纳，若适用于未付本金的总准备金超出第（i）~（v）项规定的比例，则交款可中止（见表4）。

表4　私营债券应急准备金提取比例

单位：%

类别	提取比例（受保本金）
有担保或期限在7年以下的投资级债券	1.0
其他投资级债券	1.5
非投资级消费债务凭证	2.0
非投资级资产支持证券	2.0
其他非投资级债务凭证	2.5

注：准备金额应为各类债券50%的承保保费或以上数额中较高者。

（5）应急准备金可扣除担保品及再保险后计算。① 对于所有新法生效后生效的金融保证保险，应急准备金可扣除一定的款项。②

（6）多余的应急准备金可按其交纳方式予以释还，主要有监理官书面批

① 例如，再保险合同要求再保险人于再保险生效后建立并维持一项准备金，则保险公司可将其应急准备金的数额减少同样数额。

② 例如，已完成的或者由联邦政府支付或保证的债务作担保的退款、再融资，或者单位投资信托或共同基金出售的已受保证券。单位投资信托（unit investment trust），是指不设董事会或管理层，有固定寿命和固定的投资组合，一次性公开发行一种固定数量的可赎回证券（“单位”）的信托。See *Unit Investment Trusts*（*UITs*），SEC website：https://www.investor.gov/introduction-investing/investing-basics/glossary/unit-investment-trusts-uits，visited on Nov. 5th，2021.

准和提前通知监理官两种方式。在实际损失达到一定程度或应急准备金额较早达到充足水平时须监理官批准，而准备金在一定时期后达到充分水平则书面通知监理官即可。①

（7）金融保证保险公司可将应急准备金投资于税收损失债券，除非免除的联邦所得税额等于应急准备金的年度缴纳额，否则，应急准备金只能投资于该法许可的联邦及地方政府债券。

2. 未决损失准备金（loss reserve）

（1）保险公司应按照法律的规定用逐案分析法或监理官规定的其他方法建立与维持损失准备金（扣除已报告但未付赔款的担保品价值）。应允许从损失准备金中按一定折扣率扣除金钱的时间价值，该折扣率等于保险公司在计算损失准备金之日认可资产的回报率。该折扣率应在每年年底调整。

（2）若到期违约债券的受保本金与利息在违约日后任 3 年内超出保险公司保单持有人盈余和应急准备金的 10%，其建立的准备金应有保险监理官认可的独立主体报告认可支持。

3. 未到期责任准备金（unearned premium reserve）

保险公司应从所有金融保证保险的保费中提取并维持未到期责任准备金。若保费为分期支付，则未到期责任准备金应在扣除再保险价值和担保品价值后每日或每月按比例计算。所有其他保费应按到期风险敞口的比例计入满期（已赚）。

（三）经营限制

1. 许可经营规则

只有根据该法获得许可的公司才可经营金融保证保险业务，未经许可不

① （1）监理官书面批准的适用情形是：

a. 对适用第 3 款的各类债券，年度实际损失超出已赚保费的 35%；对适用第 4 款的各类债券，年度实际损失超出已赚保费的 65%；或者

b. 虽然第 3 款规定的应急准备金存续时间少于 40 季度，或第 4 款规定的应急准备金存续时间少于 30 季度，但有充分证据证明其数额已超过其承保项下的未付债务。

（2）提前 30 日书面通知监理官的适用情形：

若第 3 款规定的应急准备金存续时间达到 40 季度，或第 4 款规定的应急准备金存续时间达到 30 季度，有充分证据证明其数额已超过其承保项下的未付债务。

得从事该类业务。

2. 承保行为限制

（1）允许承保的保险

保险公司只能经营前文提到的10类债务证券保险。其中值得注意的是，保险公司可承保资产支持证券产品，特别是可以承保满足一定条件的MBS产品。① 因而，这一规定成为资产证券化双重保险机制的法律依据与来源。

此外，保险公司也可承保金融衍生品，包括信用违约互换、利率互换、汇率互换或其他互换协议项下发生信用事件或终止事件时的应付款额，条件是信用违约互换指向的任何单笔债务或其他种类互换项下的累计债务的加速赔付的预期款项不超过第5类的单项风险上限。另外，承保信用违约互换的保单应被视为保险人对互换项下债务的直接承保。需要注意的是，在决定该债券是否为可保标的时应适用互换项下所欠保护费用额而非项下的债券债务额。②

（2）对公共债券的承保

即便市政义务债券、特别收入债券和产业发展债券为非投资级，若保险公司对这些债券的累计净责任额（aggregate net liability）95%以上为投资级，保险公司即可承保。③

（3）重复保险规则

保险公司可承保法律规定的债务偿付，即使该债务已由其他保险公司承保。在某一债券有多于一个保险公司承保的情况下，每份保单可在其条款中规定其在受保债券或其他保单违约时的赔付优先次序。如果保险公司的保单规定只有在受保债券和另一保单的偿付均违约时方可赔付，则该公司有权在

---

① MBS须满足如下条件：

（1）贷款价值比超过80%的按揭：由不动产所在州许可的按揭保险人承保，且累计本金额少于法律规定的单一风险上限。或者

（2）本金余额的额外按揭、其他的市价担保物或超额利差作为ABS的附加担保，每种担保的覆盖率都不低于第（1）段中按揭保险的覆盖率。

② See NAIC Financial Guarantee Insurance Guideline, §5（A）; NY Insurance Law, §6905（a）.

③ 累计净责任额，是指承保债券的受保未付本息总额减去分出再保险额和担保额后的数额。

建立损失准备金时将另一保单的赔付纳入考虑。

（4）对外币债券的保险

保险公司也可承保非美元债券或用外币标值或支付的金钱债务：

①该货币所属国须为经济合作与发展组织（OECD）成员国或该国主权评级为投资级，或主管机关在收到书面通知后30日内未予否决；

②应对这些债券建立相关准备金并在每季度按当时汇率调整；

③这些债券数额不超过保险公司累计净责任额的25%；

④累计风险上限与单一风险上限须按当时汇率计算。

3. 累计风险上限

保险公司必须一直将保单持有人盈余与应急准备金的总和维持在不低于累计风险上限的水平。若保险公司同时经营必要的剩余价值保险、履约保证保险与信用保险，则应有监理官认为足以支持承保这些保险的保单持有人盈余（见表5）。

表5　累计风险上限之构成

承保类别	限额（占累计净负债额之比例）
市政债券及投资级公用设施第一按揭担保债券	1/300（0.3333%）
投资级资产支持证券	1/150（0.6666%）
有担保或期限在7年以下的投资级产业发展债券及其他投资级债券[1]	1/100（1%）
其他投资级债券	1/66.67（1.5%）
非投资级消费债务凭证及非投资级资产支持证券	1/50（2%）
商业地产第一按揭担保且LTV < 80%的债券	1/40（2.5%）
其他非投资级债券	1/25（4%）

［1］若本项要求的担保未得以维持，则其累计净责任额应按下一类项计算。

4. 单项风险上限

金融保证保险公司应将其在扣除担保品价值和再保险价值后的损失风险

敞口做如下限制（见表6）：

表6　单项风险上限要求

项	承保类别	风险参数	风险限额（占保单持有人盈余及应急准备金总和的比例）
1	市政义务债券、特别收入债券	任一实体发行、单一收入来源支持的受保平均年度偿债额	不超过10%
		单一实体发行、单一收入来源支持的受保未付本金	不超过75%
2	消费债务凭证和单一实体发行的资产支持证券[1]	若基础资产池中直接受保的资产均不超出第5类项的单一风险上限，则以下两者中较低者：（1）受保平均年度偿债额；（2）受保未付本金（减去基础资产及投资级债券超出受保未付本金的超额利差）的1/9	不超过10%
3	单一实体发行并由商业地产担保、但不是资产支持证券的债券	减去该商业地产评估价值50%后的受保未付本金	不超过10%
4	公用设施第一按揭担保债券	受保年均偿债额	不超过10%
5	所有其他由单一实体发行、单一收入来源支持的债券	受保未付本金额	不超过10%

［1］如果该受保资产支持证券发行人为特殊目的实体，且发行人有其他资产池的现存负债，该其他负债应有权受到同一保险人的保险保护，或应：①完全或者写为“劣后”于受保债券或对受保债券的基础资产无追索权；②对支持该其他负债的资产池无关的发行人及受保债券的超额收益无追索权；③该其他负债的基础资产池或超额收益不足以支付该负债时，该其他负债不构成对发行人的债权。

5. 超限应对措施

若保险人超出了上述累计或单项风险上限，均须在超限后30日内向监理官提交计划详述其将采取或已采取的降低风险敞口的措施，若监理官聆讯后认定保险人已超限，其可命令保险人停止承保新业务直至保险人的风险敞口不再超限。

6. 禁止商业贿赂

经营金融保证保险业务的保险公司不得向潜在保险购买人的雇员、代理、代表支付佣金或赠予金钱、财物以引诱其购买保险，潜在保险购买人的雇员、代理、代表也不得接受此种支付或赠予。但违反本规定并不会导致保单无效。

7. 投资限制

对任一被保险实体的投资不应超过其上一年末认可资产的4%，但这一限度不适用于联邦政府或州政府支付或担保的投资，若该投资获得监理官认可的证券评级机构的最高两档评级之一。

8. 衍生品交易限制

除保险人可依保险法从事和维持的交易之外，金融保证保险公司还可从事和维持以下金融衍生品交易：外币远期交收、利率期权、购买信用违约互换，以及满足一定要求的其他产品，但只能出于避险目的。①

（四）保单表格与费率

（1）保单表格及其修改应在投入使用后30日内提交监理官。每份保单

---

① 应满足的条件如下：

（1）交易是为控制金融保证保险或再保险合同因利率、汇率波动或因信用违约互换项下的金融违约、破产及其他信用事件而遭受损失的风险；

（2）交易在保险单或再保险合同期限之外不超过12个月；

（3）交易欲购买之外汇数额不超过以外币表示的保险单或再保险合同所承保的数额；

（4）利率对冲交易数额不超过保险单或再保险合同所承保的数额；

（5）控股公司的长期无担保债务评级或偿付能力评级为投资级以上，交易对手方是该控股公司的主要运营子公司；

（6）交易非为套利之目的；

（7）交易系根据金融保证保险公司董事会通过并获监理官批准的计划而达成。

均应规定，债务人违约或丧失偿付能力时保险赔付不会加速，除非保险公司单方选择加速赔付。

监理官可规定对保护保单持有人、索赔人、债权人或受补偿人必要或恰当的保单基本条款。

（2）费率不应过高、过低、不公歧视、破坏竞争、损害保险人偿付能力或有其他不合理情形。在判断费率是否符合此规定时，监理官应考虑保险人的所有已赚收入。保险人建立收费分类与费率范围的标准与指南应在其投入使用前提交监理官备案。

（3）信息公开：所有提交材料应能供公众在保险局查阅。

（五）再保险规定

金融保证保险公司可实施再保险。若再保险合同在当事人依照合同或法律规定才可终止或修改，[①] 且分入保险人为满足一定条件的主体时，[②] 原保险

---

① 再保险合同只有在如下情况时才可终止或修改：（1）由再保险人或分出保险人选择，且再保险合同规定，再保险人对原保单之责任在合同终止后依然存续直至每份保单到期或撤销；或者（2）经分出保险人同意，且再保险合同允许再保险于终止日中断；或者（3）担任分出保险人或分入保险人的整顿人、清算人、接管人的监理官裁量决定。

② 再保险人是：

（1）依据本法获得许可的金融保证保险公司，或

（2）财产/意外保险公司或受许可的财产/意外再保险公司，且该保险公司：

第一，维持3500万美元以上的保单持有人盈余；

第二，建立并维持要求的各项准备金；

第三，符合累计风险上限的规定（其扣除转分保和担保品后的风险敞口应为金融保证保险公司要求的一半）；

第四，保险人的母公司、母公司的另一子公司或保险人的子公司，它们分入的所有风险额不应超过保险人扣除转分保和担保品后风险敞口的10%（直接或间接持有50%以上的所有权益应视为母子公司关系）；

第五，关联公司分入保险额占保险公司扣除转分保和担保后总风险敞口的比例不得超过其对保险公司的股权比例；

第六，与其他再保险人共同从金融保证保险公司及其相关的公司分入少于上述公司承保风险敞口（除去担保价值，并扣除上述公司以外的金融保证保险公司已承担的再保险价值）的50%；或

（3）未获许可但符合本款相关规定的再保险人，但分入数额不超过作为分出公司负债的存入分保准备金额或分入公司的存出分保准备金额。

（4）分给未获许可但符合本款相关规定的再保险人，且数额不超过作为分出公司负债的存入分保准备金额或分入公司的存出分保准备金额。

公司可将再保险作为其资产或负债减少。

（六）其他法律规范之适用

与该条不冲突的适用于财产/意外保险的规定同样适用于金融保证保险公司。

（七）与保险保障基金的关系

金融保证保险的保单及其说明书都应清晰披露，保单不受财产/意外保险公司保障基金的保护。

二、债券保险监管制度的效用缺损

美国的债券保险监管制度可谓全面，在形式上具备了包括主体准入许可、准备金提取、承保及投资限制、保单格式与费率、再保险规则等基本内容。然而，美国的金融危机形成了一股巨大的风暴，给整个世界的经济都带来了深远的影响。本应对债券市场起到安全阀作用的债券保险业在此次风暴中也不再“保险”，甚至成为系统风险中的重要一环，加剧了金融市场的动荡与踩踏。债券保险业整体受困的现实撕去了监管制度的美好“面纱”，暴露出债券保险监管制度效用的缺损。

（一）金融危机的大体过程

自发生“9·11”恐怖袭击和互联网泡沫破灭后，美国政府便寻找新的经济增长点，开始刺激房地产经济发展。政府鼓励民众买房，美联储降低贷款利息基准。在政府的政策导向下，商业银行与贷款公司都积极开展住房贷款业务，大量发放住房按揭贷款。与此同时，华尔街的金融机构也瞄准了住房按揭市场，不断扩展以按揭贷款为基础的证券化产品，即按揭贷款支持证券。由于房地产价格持续上升，市场一片大好，MBS 产品获益丰厚，于是证券化经营机构持续拓展基础资产范围，而作为基础贷款权益人的银行或贷款公司也随之降低借款人信用标准，为信用评分较低、还款能力较弱的人大开方便之门，也就是所谓的“次级住房按揭贷款”（subprime mortgage）。这些贷款不符合房利美与房地美之前的贷款标准，也没有它们提供的担保。次级住房贷款率在2006年达到20%。[①] 后来证券化又衍生出以MBS为基础资产的再证券化产品，证券与原始资产的距离越来越远，层级越来越多。各类资产证券化产品发行量在2006年达到了2万亿美元的顶峰。[②] 而类似于金融保证保险的信用衍生品——CDS也在这一阶段被大量买卖甚至滥用。由于次级按揭贷款往往是可调整利率（adjustable rate），虽然初始利率较低，但在一段时间后，利率会回归到较高水平。贷款人在审查贷款申请时过于宽松，预期能通过证券化将信用风险转移，借款人也期望房价上涨能为家庭的房贷进行再贷款，从而选择了暂时的低成本融资。在市场繁荣时期，次级按揭贷款的风险并未被市场各方重视，房价的日渐高涨也使按揭贷款支持证券的发行持续热烈，从而形成了巨大的房地产泡沫，房地产价格和家庭负债率同时飙升，房地产价格比1997年上涨了124%，家庭负债率最高则达到127%。[③]

然而泡沫终会破灭，泡沫破开之日就是危机开始之时。2006年中期，由于房地产市场的过量供应，美国的房价开始下跌，而次级贷款的利率也调整至较高水准，购房者还款能力缺陷暴露，拖欠率乃至违约率随之升高，次级贷款违约率达到了历史最高水平。[④] 从而，房地产市场下行压力传导到贷款市场，次级和次优级按揭贷款市场的状况溢出到了更广阔的证券化市场。次级按揭贷款支持证券随之发生大面积违约和贬值，进而引发了持有和投资资产支持证券的金融机构的巨额损失。投资者要求追加担保或收回现金，进一

---

① See Joint Center for Housing Studies of Harvard University, *The State of the Nation's Housing (2008)*, *p. 2*, *available at*: http://www. jchs. harvard. edu/sites/jchs. harvard. edu/files/son2008. pdf, visited on July 19th, 2021.

② See Mark Zandi, Written Testimony before the Financial Crisis Inquiry Commission, *The Causes and Current State of the Financial Crisis*, p. 2, available at: https://www. economy. com/mark-zandi/documents/FCIC－Zandi-011310. pdf, visited on July 19th, 2021.

③ 形成房地产泡沫也有其他方面原因，如新兴国家、产油国家大量资本的涌入，增加了美国信贷市场的货币供应，助推了信贷成本的降低，扩大了金融市场泡沫。

④ 次贷借款人的违约可能是还款能力不足导致的被迫违约，也可能是因房价跌落导致还款意愿丧失的主动违约。违约率上升导致房屋拍卖率上升，房价进一步跌落，排除了借款人在一定时期后用标准按揭贷款为其放贷再融资的可能性，形成恶性循环。

在20世纪末期和2001年也有类似的次级贷款违约率上升记录，在一段时期的低放贷标准和高贷款规模后，次级抵押贷款的违约率超过了以往年份水平，但那时的风险并未广泛传播。

步加剧了金融机构的困境。

2007 年，以新世纪金融公司为代表的 100 多家贷款公司倒闭破产、中止营业或被出售。2007 年 2 月，汇丰银行将其持有的次级按揭贷款支持证券减值 105 亿美元。2007 年 8 月，贝尔斯登公司宣布旗下两只对冲基金因投资次级按揭贷款证券化产品而爆仓倒闭，投资者损失超出 15 亿美元。贝尔斯登公司因面对巨大的财务困境而于 2008 年 3 月被摩根大通银行低价收购。2008 年，各大金融机构接连将自己持有的证券化资产减值，资本空间被压缩，市场状况持续恶化。2008 年 9 月，房利美和房地美两家政府支持企业被联邦财政部接管，雷曼兄弟公司宣布申请破产，美林证券公司被美国银行收购。保险业巨头 AIG 公司因大量的 CDS 赔付（其中对 MBS 的赔付多达 4.4 亿美元）而丧失了资本基础，美联储对其提供了 850 亿美元的紧急贷款。高盛和摩根士丹利获得了商业银行存贷业务许可，改为银行控股公司。美国最大的存贷银行华盛顿互惠银行被联邦存款保险公司接管并出售给摩根大通集团。美国的次贷危机蔓延为整体的金融危机，侵蚀到信贷、证券、保险等金融市场的各个领域；并且延伸至全球的实体经济，形成全球经济危机，各大经济体在这一时期都遭遇了增速放缓乃至负增长。美国陷入了“大萧条”之中，2008 ~2009 年，大约 900 万人失业，占到了总劳动力的 6%。据估计，金融危机产生的损失至少达到了 2007 年 GDP 的 40%；平均房价下跌了 30%，股市市值下降了 50%。①

为应对金融危机，欧美各国都采取了一系列救助、复兴或刺激措施。以美国为例，美国用立法方式缓解危机、拉动经济。2008 年 2 月通过了《经济刺激法》（Economic Stimulus Act），实施总额达 1680 亿美元的退税以刺激经济；② 2008 年 7 月通过了《住房与经济复兴法》（Housing and Economic

① See Simon Johnson, *Three Unlearned Lessons from the Financial Crisis*, Bloomberg. com: http://www. bloomberg. com/view/articles/2013 - 09 - 26/three-unlearned-lessons-from-the-financial-crisis, visited on July 18th, 2021.

② Economic Stimulus Act of 2008, Pub. L. 110 - 185, Feb. 13, 2008, 122 Stat. 613.

Recovery Act)，用3000亿美元为贷款逾期家庭做担保，防止房地产市场过度衰退;[①] 2008年10月，议会通过了《紧急经济稳定法》(Emergency Economic Stabilization Act)，政府提出的7000亿美元救市设想得以实施，开展了问题资产救助计划以帮助金融机构纾困;[②] 2009年2月通过了《美国复兴与再投资法》(American Recovery and Reinvestment Act)，实施7870亿美元的减税措施及政府开支计划;[③] 最终于2010年7月通过生效的《多德－弗兰克法》，对金融监管体系做了广泛深度改革。[④]

(二) 债券保险业遭受重创

造成市场风声鹤唳、哀鸿遍野的金融危机，除了让次级贷款、投机性借贷、过度证券化、信用评级失灵等重大金融症结浮出水面外，作为资产证券化重要环节的保险增信存在的问题也被摆上了台面。不仅金融保证保险业遭受了巨大创伤，而且该行业的业务模式、增值意义也受到了社会公众的质疑与讨论。

债券保险在很多证券市场发挥了积极作用，包括市政债券市场和资产支持证券市场。2007年，美国次级按揭贷款的巨大危机从结构化融资市场的溢出对债券保险业产生了巨大的影响。当房地产市场下跌时，次级抵押贷款及可调整利率抵押贷款（ARM）的违约率飙升到创纪录水平。由于住房抵押贷款支持的结构化融资违约率升高，单业保险公司都提高了损失准备金。

对债券保险公司的评级是一个关键参数，因为其业务模式本质上是将自身评级按一定费用借给债券发行人。它们的高评级支撑着保险或信用保护的价值，评级的降低不仅会对债券保险公司自身的业务前景产生不良影响，而

① Housing and Economic Recovery Act of 2008, Pub. L. 110 - 289, July 30, 2008, 122 Stat. 2654.

② Emergency Economic Stabilization Act of 2008 (Bailout Bill) (EESA), Pub. L. 110 - 343, Div. A, Oct. 3, 2008, 122 Stat. 3765.

③ American Recovery and Reinvestment Act of 2009 (Stimulus Bill), Pub. L. 111 - 5, Feb. 17, 2009, 123 Stat. 115.

④ Dodd - Frank Wall Street Reform and Consumer Protection Act, PL 111 - 203, July 21, 2010, 124 Stat. 1376.

且很可能传导到其承保证券的评级，对债券保险公司的交易相对方也有不良影响。特别是弱小债券保险公司的问题尤其严重。

2007 年 11 月，唯一的 A 级保险人 ACA 报出了 10 亿美元的损失，摧毁了所有者权益，导致净值为负。ACA 在 11 月 19 日的季度报告中指出，如果被降级至 A－级以下，就必须要追加担保以符合标准保险合同的要求；基于当时的公平价值，公司便无能力再追加担保。12 月 13 日，ACA 股票因低市价和负净值而被纽约证券交易所退市。12 月 19 日，标准普尔将其评级降为 CCC 级。

由于大型债券保险公司的财务健康状况对整个金融体系的重要性，大部分人的关注焦点都集中在最大的两家公司（Ambac 和 MBIA）的股价下跌上。在整个 2007 年度，它们的股价表现就差于市场指数，尤其是在陷入金融漩涡后的 2007 年 10 月。大的 AAA 级债券保险公司降级始于 2007 年 12 月，导致了成千上万市政债券和结构化债券的降级。债券保险公司协会在 2008 年的报告中全面记录了评级机构自 2007 年 7 月至 2008 年 6 月与债券保险有关的行动。2008 年，债券保险公司因受 RMBS 及 CDO 产品风险暴露的影响而被评级机构降低评级。

降级引来了市场的忧虑，这些债券保险公司的信用违约保护费用也变得更加昂贵。例如，指向两家主要债券保险人的 CDS 费用从 2007 年早期的不到 30 个基点上升到后来的几百个基点。其他同行的情况也大致相近。500 基点的 CDS 费用意味着承保 100 万美元的 5 年期高级债券每年需要支付 5 万美元。保护债券保险公司风险敞口的 CDS 的高额费用揭示了市场参与者认为这些机构短期内违约的概率极大。同时，这也在一定程度上体现了交易相对方希望以此对冲债券保险公司的风险敞口，反映了信用保护的供求不平衡（见图 5）。

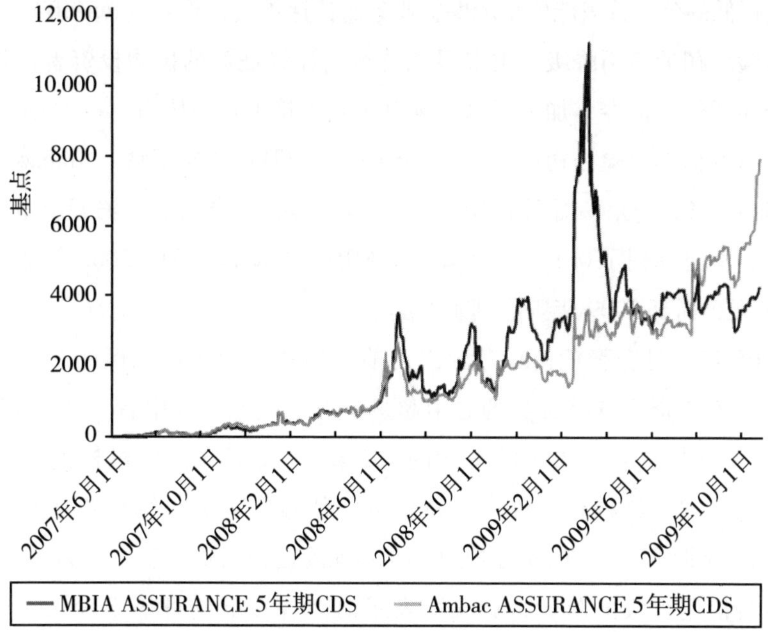

图 5 2007～2009 年 MBIA 公司与 Ambac 公司信用利差变动

资料来源：Thomson Reuters DataStream：http://financial.thomsonreuters.com/en/products/tools-applications/trading-investment-tools/datastream-macroeconomic-analysis.html, visited on Feb. 21，2021。

然而，债券保险公司发售的 CDS 产品却报出了低于投资级信贷产品 CDS 的价格，这与指向债券保险公司的 CDS 价格高升形成了鲜明对比。结构化信贷产品停止了发行，许多市政债券发行人不再信任债券保险，市场也不再愿意支付传统的保费。到 2008 年 1 月，许多市政债券和机构债券将债券保险大打折扣，其交易价格如同没有保险一般。评级机构对此情况的缓慢反应也印证了它们一年前对次级抵押贷款降级的缓慢反应。

债券保险公司评级降低对其自身业务前景和受其保险的金融产品都有巨大影响，评级的降低会产生一系列不良后果，一方面，会导致其承保证券信用评级降低，影响发行人和投资者；另一方面，一家债券保险公司的问题会通过声誉效应和再保险安排溢出到其他公司。一般认为，AA 级公司仍可承保新业务，但评级再低的公司就只能停止承保新业务而让保单责任终止（run-off）。[①] 由于债券保险公司的信用降级，很多只能持有高评级证券的机构投资者出售债券保险公司承保的债券，加大了这些金融工具价格下跌的压力。

上市的债券保险公司如 Ambac 和 MBIA 的股价急剧下跌。Ambac 股价在 2007 年达到 96 美元，而到了 2008 年中期，其股价降到了 1 美元上下。2010 年年底，更是降到了 0.1 ~0.13 美元。MBIA 的命运类似，2007 年股价高达 60 多美元，而到 2009 年则降到了 6 美元。

2008 年 9 月金融危机高潮到来之前，债券保险机构承保的 2.4 万亿美元债券总额中资产支持证券的总值超过 1 万亿美元，其中有大约 2000 亿美元的按揭支持证券、4250 亿美元的 CDO。主要债券担保机构的投资中有 30% ~35% 投向结构化的资产支持证券。债券保险业是继投资银行之后损失最大的行业之一。[②] 巨额亏损致使债券保险公司的资本偿付能力大为衰退，导致自身信用评级的降低，这又引发了其承保债券的评级下滑，形成恶性循环。

债券保险业在 2008 年急速下滑，受保的市政债券发行数额降至 721.8 亿美元，规模减少了 64%。市政债券受保比率也从 2005 年的 57% 减缩至 2011 年的 3.5%。2012 年美国的债券保险行业继续衰退，根据东森路透统计，债券发行总量从 2011 年的 2878 亿美元猛增至 2012 年的 3762.4 亿美元，而受保的长期债券发行总量却由 2011 年的 152.6 亿美元下降至 2012 年的 132.7 亿美元。

此外，美国国内债券保险行业还殃及国际金融体系。例如，2008 年上半年，德意志银行在单线保险业务上减记 5 亿欧元；[③] 受对债券保险公司投资

① 停保新业务不一定意味着其会破产。公司现有偿付能力可能依然充足而能支付相应赔付款。为了克服流动性问题，公司可能会加速收取未付保费。

② 参见牛播坤：《债券保险公司为何成为新“金融地雷”》，载新浪财经网，www.finance.sina.com.cn，最后访问日期：2021 年 10 月 16 日。

③ 德意志银行同期的住房按揭支持债券资产减记达 10 亿欧元，商业地产方面减记为 3 亿欧元。参见曹咏：《德银二季度净利下滑 63%》，载金融界网，bank.jrj.com.cn，最后访问日期：2021 年 10 月 16 日。

的影响，瑞银集团在2011年度的净利润从75.3亿瑞士法郎下滑至41.6亿瑞士法郎，并将净利润目标调降至7400万瑞士法郎。①

（三）债券保险业缓慢复苏

虽然如此，债券保险还是让人们看到了债券保险业务的必要性和恢复发展的可能性。在公共债券领域，金融危机后许多广为人知的市政债券违约、破产和重组事件发生，再次证明了债券保险对公开融资市场的重要价值。例如，在底特律市、杰斐逊县、哈里斯堡和斯托克顿市的破产案中，Assured Guaranty承保债券的持有人权益得以保全。

纽约州、威斯康星州等也采取了一系列措施恢复债券保险业的往日繁荣。如纽约州保险局②就采取了三项计划以求重振债券保险行业：一是寻求对已有债券保险公司注入新资本，并引入新的市场参与者。例如，纽约州批准了MBIA发行1亿美元的优先票据（seniornote）；沃伦·巴菲特的Berkshire Hathaway集团进入债券保险市场，设立了Berkshire Hathaway Assurance公司。二是解决债券保险公司的财务困境，如接管陷于困境的债券保险公司，使其进入复原程序。三是改变原有规则，改进监管要求。纽约州保险局于2008年2月发布第19号通告，对债券保险公司的承保条件、资本与盈余、风险管理标准等方面提出了更高的要求。③

2009年，Assured Guaranty收购Financial Securities Assurance（FSA）为子公司，将其名称改为Assured Guaranty Municipal（AGM），从而旗下拥有了两家评级最高的债券保险公司（AGC与AGM）。MBIA在2009年也将其市政债券保险业务与其他资产支持证券保险业务分割而形成National公司来承

① 参见翊海：《瑞银集团将2011年奖金池规模削减40%》，载腾讯财经网，http://finance.qq.com/a/20120315/006023.htm，最后访问日期：2021年10月10日。

② 2011年10月，纽约州保险局与纽约州银行局合并成为纽约州金融服务局（New York State Department of Financial Services）。

③ 但这一通告似乎只是监管机构的通告（circular）而不具备足够的法律强制力。虽然纽约州保险局也希望能修改债券保险法，但最终并未获得实质成果。See New York insurance department, Circular No. 19（2008），September 22，2008.

担MBIA原有的投资级市政债券保险业务。2010年，Ambac停止承保，最终分为根据威斯康星保险监理处复原令而设的“隔离账户”（对资产支持证券保单和基础设施债券保单及其他问题保单的负债）和“一般账户”（对市政债券保单的负债）。按照Ambac的“隔离账户”复原计划，交易对手方将获得25%的偿付。Ambac将资产支持证券保险及其他问题业务置入隔离账户的做法产生了相应的诉讼争议。

根据纽约州保险局的命令，金融担保保险公司（Financial Guaranty Insurance Company，FGIC）于2010年停止支付，后又开始了部分赔付。2010年11月，Ambac的控股公司申请了破产重整。2011年6月，Radian Asset保险公司收购了一家由Macquarie集团设立却从未承保的债券保险公司MIAC。2012年1月，Assured Guaranty从Radian Asset那里收购了MIAC公司，改为Municipal Assurance Corp.（MAC）。2013年7月，MAC作为只承保市政债券的保险公司正式营业。2013年，MBIA解决了关于创立National作为与MBIA资产支持证券风险隔离的业务单元的重大诉讼争议。2014年，标准普尔将National的评级升为AA-级，从而使其能再经营新的债券保险业务。2014年12月，Assured Guaranty收购了Radian Asset公司。Syncora Guarantee Inc.公司、CIFG公司、Radian Asset公司和Ram Re公司仍有偿付能力，它们没有申请破产，但一般不再承保新业务。Radian Asset公司于2015年被整体合并入AGC公司。Ram Re公司被改为American Overseas Re.公司并将注册地转移至巴巴多斯岛。2018年2月，Ambac Assurance公司完成隔离账户的复原程序。

要实现债券保险业的重建和复苏，一方面需要债券保险行业自身的努力和监管机构的政策支持，从而恢复其资本充足性和偿付能力，重建其优良信用和市场信心；另一方面则需要在监管制度方面进行反思：正是债券保险业整体受困这一严峻现实与债券保险在理论上的美好设想形成了巨大差异，暴露出债券保险监管制度的失灵。因为危机爆发的原因绝不仅是整体经济形势的恶化击溃了市场体系，更是监管制度自身的全面不密导致了监管体系未能经得起检验。看似严密的债券保险监管体系却未能让所谓的“保险”真正起到“保险”的作用。令人叹惜与遗憾的同时，也更加激发我们去探究债券保险背后的监管制度存在的具体问题，并思考如何进行矫正与补强能使其能克服失灵，发挥出应有的安全屏障功能。

第四节　债券保险市场的整体风险

从上节的论述可以发现，在金融危机面前，债券保险监管制度发生了失灵，导致了灾难性的后果。如此巨大的教训揭示出债券保险领域高于一般保险业领域的整体性风险，也凸显出完善债券保险监管制度的必要性。

一、美国保险业的整体风险有限

（一）保险业整体风险有限的证据

此处从保险业的危机实例说起。美国国际集团公司（AIG）曾经是美国最大的保险公司集团，其控股公司设立于特拉华州，股份于纽约证券交易所上市交易，其业务范围遍布世界 130 多个国家，共有 71 家保险公司和 176 家其他金融服务公司，主要业务包括财产保险、人寿保险和退休金、理财服务、资产管理等。在 2007 年年底，AIG 的总资产多达 1.06 万亿美元，股东权益为 958 亿美元，总市值为 1507 亿美元，盈利额达到 62 亿美元（2.39 美元/股），股价曾高达 58.3 美元。AIG 在 2007 年财富 500 强中排行第 10 位，在同年全球 500 强中排名第 23 位。然而，这么庞大的保险业巨头并不是无懈可击，相反可能是漏洞众多而会导致一击致命。AIG 通过子公司进行的 CDS 交易和融券交易（securitieslending）看似对 AIG 集团盈利居功至伟，却导致了 AIG 这座大山的轰然倒塌。为了挽救这个倒下的“巨人”，同时也为保全其数以千万的保单持有人，美国政府不得不施以援手。一时间，对 AIG 的政府救助成为舆论的焦点。

但是，AIG 的失利并不能完全代表保险行业的整体状况。有人认为，

AIG 的失败是由于集团内其他公司的原因而出问题的。[①] 这样的观点虽不完全准确，但也在一定层面上说明了保险业在金融危机中的整体风险状况并不高。在危机发生前后，除了与投资银行业务联系紧密的保险业分支外，保险业整体仍然持续承保，保费收入也在增长。不可否认，保险公司的投资确实遭受了不小的损失，2008 年的实际损失达到了 596 亿美元，人寿保险公司的净收入从 2007 年的 319 亿美元下降至 2008 年的负 522 亿美元（亏损）；财产保险公司的实际损失为 255 亿美元。但保险业的总体状况还是相对稳定的，在政府与市场的积极努力下，保险业的资本与业务在 2009 年得到了较快恢复：人寿保险公司的资本增长到 2919 亿美元，2011 年的未实现收益达到 208 亿美元；财产保险公司的资本在 2009 年和 2010 年分别增长了 11.6% 和 8.3% 。[②]

（二）保险业整体风险有限的原因

综合看来，保险业能维持整体平稳的主要原因如下。

1. 保险业的资产与负债期限大体匹配

保险业与其他金融业务的一项重大区别是其资产与负债的期限较为匹配。银行业出现挤兑危机的原因是其资产与负债的“期限错配”（maturity mismatch），即作为银行负债的存款期限较短与作为银行资产的贷款期限较长之间的矛盾。这会导致银行业的流动性困境。相反，保险业的资产与负债往往都期限较长。保费一般情况下只有在保险合同约定的事件发生时才能退回，因而不会由于负债的短期性而产生“退保潮”。资产方面，各个保险公司特别是人身保险公司的各类投资大多为长期性投资，一般不会产生短期急售的现象。而且，即便在其或有负债转为实际负债时，保单持有人获得了赔付，可减少市场的冲击。因此，有人将保险业称为金融市场的“稳定因素”。[③]

---

① See Joseph Torti，Ⅲ，Testimony on Hearing before the Subcommittee on Insurance，Housing and Community Opportunity of the Committee on Financial Services，U. S. House of Representatives，p. 9.

② See GAO，*Insurance Markets：Impacts of and Regulatory Response to the 2007 – 2009 Financial Crisis*，p. 10 – 15，available at：http://gao. gov/assets/660/655612. pdf, visited on Sep. 15，2021.

③ See Sebastian Schich，*Insurance Companies and the Financial Crisis*，OECD Journal：Financial Market Trends 2009（2），p. 17.

2. 普通保险业与其他金融领域的互联性不强

互联性（interconnectedness）是构成系统重要性的重要因素，它关注的是一个机构财务困境由于合同关系的网络而导致其他机构财务困境的可能性，金融稳定委员会（FSB）也将其作为认定系统性风险的主要指标之一。[①] 正是由于保险公司的负债中大部分都是来自长期的保险费，而短期性负债所占比例较低，这也反映出保险业与银行业和证券业的关联并不密切，因而避免了过多受到其他金融领域的影响，特别是通过金融衍生品产生的相互影响。根据日内瓦协会对28家银行和28家保险公司的统计，在金融衍生品的名义价值方面，28家银行持有的金融衍生品规模是28家保险公司持有衍生品规模的219倍，28家银行中排名最后的银行持有的金融衍生品规模都是保险公司平均持仓规模的66倍；在负面风险敞口方面，银行所面临的风险敞口规模是保险公司的68倍，排名最后的银行也是保险公司风险敞口水平的28倍。而正面风险敞口方面，银行平均规模是保险公司的70倍，排名最后的银行也是保险公司正面风险敞口水平的28倍。[②]

3. 保险业的偿付能力监管较为严格

由于保险公司担负着在意外事故发生时赔付保单持有人的义务，因而维持充足的偿付能力就尤为必要，甚至可被称为保险公司的“首要美德”。[③] 各州对保险公司偿付能力一般都做了如下方面的规定：（1）保险公司设立的资本（capital）与盈余（surplus）要求，即规定各类保险公司设立须满足的初始资本及其盈余的规模；[④]（2）提取各类准备金的要求，主要包括损失准备

---

① See Financial Stability Board, *Guidance to Assess the Systemic Importance of Financial Institutions, Markets and Instruments: Initial Considerations*, p. 9 – 10, available at: http://www.fsb.org/wp-content/uploads/r_091107c.pdf.

② See Geneva Association, *Cross Industry Analysis* 28 *G-SIBs vs.* 28 *Insurers Comparison of Systemic Risk Indicators* (February 12, 2013), p. 9 – 14, available at: https://www.genevaassociation.org/media/472982/ga2013 – updated_cross%20industry_analysis.pdf.

③ See Kenneth S. Abraham, *Insurance Law and Regulation* (fourth edition), Foundation (2005), p. 108.

④ See e. g., N. Y. Insurance Law, §4103: “Stock Companies; Financial Requirements”; §4202: “Capital and Surplus Requirements of Life Insurance Companies”; §4204: “Financial Requirements for the Organization of Stock Accident and Health Insurance Companies and Stock Legal Services Insurance Companies”; §6402: “Organization; Financial Requirements”; §6502: “Financial Requirements”.

金（lossreserve）、未赚保费准备金（unearnedpremiumreserve）等；[①]（3）投资限制措施，即要求保险公司投资应限于较为安全的对象类别；（4）财务报告的要求，如年度报告、季度报告等以供监管者检查。

4. 各州保险公司破产法与保障基金的保护

即便是发生偿付危机的保险公司，各州的保险公司破产法除规定了清算程序外，也规定了接近于重整（reorganization）的复原程序（rehabilitation），可发挥预防破产、保护保单持有人的功能。另外，由保险公司共同缴纳形成的保险保障基金（security funds orguaranty funds），在保险公司破产时直接对保单持有人于一定限额内进行赔付，也可以起到保单债权人的功能。[②]

5. 保险公司的规模不够大

规模大小（size）同样是金融稳定委员会确定金融机构是否系统重要性的重要标准。[③] 从这点来看，保险公司确实没有银行业和证券业金融机构的规模大。根据之前的统计，2012 年美国保险公司的账面资产约为 7.3 万亿美元，而银行的账面资产则达到 14.5 万亿美元，约为保险业的两倍。到 2015 年，美国保险业的总资产约为 8.5 万亿美元，与银行业相比仍有较大差距。[④]

二、债券保险的巨大风险性

但是，AIG 为代表的保险集团公司并非导致系统性风险的唯一因素，本书所研究的债券保险同样也是系统性风险的重要角色，在其无法按约赔付债券保单持有人的权益时，资本市场的动荡随之加剧。虽然债券保险公司与

---

① See e. g., N. Y. Insurance Law, §4117: “Loss and Loss Expense Reserves”; §4218: “Minimum Reserve”; §6405. “Reserves”.

② 保险保障基金，是指由保险行业的众多保险经营者依法缴纳形成的基金，在个别保险经营者出现财务危机或陷于破产困境时，用该基金对其进行救助或直接对保单持有人和保单受让公司进行赔付，而不是将钱给受困的保险公司。

③ See Financial Stability Board, *Guidance to Assess the Systemic Importance of Financial Institutions, Markets and Instruments: Initial Considerations*, p. 9 – 10, available at: http://www. fsb. org/wp-content/uploads/r_091107c. pdf.

④ See FIO annualreport 2013 & 2016, available at: https://home. treasury. gov/policy-issues/financial-markets-financial-institutions-and-fiscal-service/federal-insurance-office/reports-notices; See also FDIC, available at: http://www. fdic. gov/.

AIG不同，无论是总体资产还是分布范围都没有AIG那样的规模，然而这并不代表债券保险公司不具有系统重要性。相反，其对债券市场的影响已经得到了证实。

（一）债券保险“低风险幻觉”破灭

澳大利亚国民银行（National Australia Bank）于2001年发布的研究报告称，债券保险的经营方式非常稳健，系统性事件是很遥远的概念：（1）债券保险公司在承保之前都会审查每笔交易的可回收性，其一直严格遵守“零损失”承保标准。例如，由于这种高标准，MBIA的损失率极低，在26年的历史中仅有40单交易损失了3‱。另外，债券保险公司一般要求每笔债券交易须达到投资级以上，并会对债务人的财务状况进行监控。（2）AAA评级是其业务的独有价值，“难以遮挡其无可挑剔的高可信度”。债券保险公司的高评级彰显了其零损失标准、较低的风险状况、强大的财务实力。该报告乐观地认为，债券保险公司被降级的风险十分有限，比其他AAA级机构的降级风险都要低。即便在遭遇巨大事故的压力情境下，债券保险公司也能缩减新业务的费用而渡过难关。（3）风险敞口比例很低。单项风险敞口大的债券保险公司比风险敞口多样的债券保险公司更易于受到损失。然而，根据其对债券保险行业的考察，MBIA最大10笔交易的风险敞口仅占其现存净票面值的4.6%，FSA的最大10笔交易仅占其现存净票面值的7.6%。[①]（4）关联风险有限。通过穆迪公司的数据，其认为债券保险所面对的行业（能源、交通、公用设施等）的违约关联度和历史违约率都很低，因而不会有大范围的不利影响。[②]

然而，现实的无情打击却给了这种乐观的观点一记响亮的耳光。债券保险行业不仅遭受了巨大损失，而且暴露出了极大的系统性风险。据统计，2007年，Ambac与MBIA两个债券保险公司所面对的CDS风险敞口就与

---

① FSA于2009年被Assured Guaranty收购，并将其改名为Assured Guaranty Municipal，成为Assured Guaranty的子公司。

② See National Australia Bank, *Monolines Deserve a Good Wrap*, Credit Research April 2001, p. 13 – 19.

AIG 保险集团相差无几。[①] 此时，债券保险业审慎监管的意义也就显现出来。正如纽约州州长斯皮策（Spitzer）所说，债券保险市场的偿付能力将最终影响到许许多多的普通美国人，无论是间接地通过各州提高税收还是直接地通过提高费用。[②]

（二）债券保险巨大风险的表现与起因

总结而言，债券保险业面临系统性风险的成因有如下几点。

1. 债券保险与整个金融市场的紧密互联性

债券保险本身就是对资本市场信用风险的保护，债券保险公司不仅对结构化债券进行承保，而且还积极地出售 CDS 产品，因而承接了结构复杂的次贷支持债券和担保债务凭证的风险敞口。虽然单个债券保险公司的规模不足以成为“系统重要性金融机构”，但却联结了更广阔的金融市场，在债券市场发生动荡时会产生巨大的赔付需求，这会给债券保险行业施加巨大的流动性压力。其承保的债券风险敞口会损害本身的资本充足性，而自身的财务状况恶化又会加剧债券市场的动荡，债券保险公司的资本金或准备金不足会导致其难以应对债券市场急剧下滑的连锁反应。[③]

2007 年年底至 2008 年，债券保险公司信用评级的接连降低导致了由其承保的各类债券信用评级的降低，从而导致了这些债券市价的降低，债券的贬值又进一步加剧了各类金融机构所持资产的减值和损失，形成了恶性循环。

---

① 这两个债券保险公司出售的 CDS 各约 300 亿美元，而 AIG 出售的 CDS 为 720 亿美元。See Congressional Oversight Panel, June Oversight Report: *The AIG Rescue, Its Impact on Markets, and the Government's Exit Strategy* 31 (2010), available at: http://cop. senate. gov/documents/cop-061010 - report. pdf.

② See Eliot Spitzer, Testimony Regarding Bond Insurance, Hearing before the Subcommittee on Capital Markets, Insurance, and Government Sponsored Enterprises of the Committee on Financial Services U. S. House of Representatives, p. 262.

③ 可惜的是，准备金提取不足和风险定价过低一直是财产保险领域的顽疾，出于市场竞争的考虑，保险公司往往表现出对承保风险的“过度乐观”。See US Department of Treasury Financial Research Advisory CommitteeResearch Subcommittee, *OFR Study on the Insurance Sector Recommendation* (Feb. 24, 2014), availableat: https://www. financialresearch. gov/frac/files/FRAC_Research_OFR_Study_on_the_Insurance_Sector_Recommendation. pdf.

同时，也使投资于债券市场的银行等金融机构不得不提高准备金水平，导致信贷规模降低、信贷市场收缩。另外，市政主体的债券融资也会变得更加困难，成本更加高昂，公共设施建设受阻。① 此外，债券保险业与市场信心的关系在股市之中也有所体现。在2008年年初，美国传出政府计划救助债券保险公司的消息时，股市的支撑与反弹即体现了市场公众信心与债券保险行业间的密切关联。②

2. 债券保险经营模式的趋同性

除了与债券市场的紧密关联性外，债券保险业在承保与投资的风险管理方面所具有较大的一致性更加构成了对金融体系的重大风险，这也恰恰是债券保险公司需要被纳入联邦金融监管的基本原因。

首先，承保标准的趋同性。由于法律对其规定了相应的承保标准（特别是信用评级的标准），于是各债券保险公司均按其法定标准予以大量承保。以MBS的承保为例，《纽约州保险法》第6904条规定的承保标准是：(1) 其贷款价值比大于80%，基础资产受到了合格的按揭保险，本金额符合单项风险限额；(2) 其他类别担保的覆盖率不低于前述按揭保险的覆盖率。对于其他类债券，债券保险公司也多偏向于投资级的标准。这就在无形之中增大了债券保险对各类债券的风险敞口范围和规模。例如，某些表面具有投资级以上信用评级的资产支持证券实际具有较高的风险性，在市场向好时难以出现损失，而在市场下跌时风险就会显现，导致债券保险公司要承担大面积的债券权益赔付义务。

其次，投资行为的趋同性。债券保险公司作为金融市场中的投资者，通过购买金融资产而获利。而这些投资会受到法律的约束，包括资本盈余投资、准备金投资以及其他投资的各项要求。例如，在资本盈余投资方面，根据

---

① See Excerptsfrom Letters Sent to House Subcommittee on Capital Markets re: Bond Insurers, Hearing before the Subcommittee on Capital Markets, Insurance, and Government Sponsored Enterprises of the Committee on Financial Services U. S. House of Representatives, p. 218.

② 参见孙晓辉：《纽约州政府巨资解救债券保险商》，载《证券时报》2008年1月25日，A04版。

《纽约州保险法》的规定，保险公司在投资其他对象前须按法律规定的最低资本数额要求或最低盈余数额要求投资，仅能投资于本息支付未违约的产品，且投资标的仅限于法律允许的类别（主要是联邦及州政府债券）。投资不得涉及担保权争议或负担，但为保单持有人利益或债权人利益的信托除外。[①]对于债券保险公司的最低资本盈余投资，《纽约州保险法》第69条同样做了明确的要求。[②] 由于法律的要求，债券保险公司也就倾向于购买各类投资级的资产支持证券、公司债券和市政债券等。这样的趋同化投资，使债券保险公司在危机发生前的几年时间里集聚了大量的投资风险，后来这些风险的爆发给它们造成了较大的财务压力。

最后，投资与承保的重叠性。这一点是指，债券保险公司（集团）往往会投资于其自己承保的各类债券。这不仅使债券保险公司（集团）的利润收入被叠加或夸大，而且使其风险被不当地叠加，在债券市场下行时，债券保险公司的财务压力愈加扩大。[③]

3. 债券保险的集团性

这一点是指债券保险公司往往不是单独的单个法人，也是属于保险集团的子公司。原有理论设想的集团内部收入和风险的多样化可带来巨大好处，但本次金融危机表明，金融集团内部各个主体的风险会溢出，使多元化经营的收益难以与扩散的风险相匹配。保险集团内其他公司的风险会与债券保险公司相互传染，这使债券保险业的风险状况更加复杂和隐蔽，而主要针对单个公司的风险监管则无法充分发现和防范。债券保险也是如此，主要的债券保险公司如Ambac、MBIA、Assured Guaranty都是集团内的保险公司，沃伦·巴菲特在金融危机发生后成立的Berkshire Hathaway Assurance公司同样也是

---

① 法律允许的资本与盈余投资类别有：（1）美国联邦担保的联邦政府及其机构的债券；（2）该州及其地方各级政府的债券；（3）其他州政府的债券；（4）满足特定要求的第一按揭支持债券。其中，投资于前两类的数额不得少于法定的最低资本数额要求或最低盈余数额要求的60%。See N. Y. Insurance Law, §1402. “Minimum Capital or Minimum Surplus to Policyholder Investments”.

② See N. Y. Insurance Law, §6902（b）（3）.

③ See Pamela Peterson Drake, Faith Roberts Neale, *Financial Guarantee Insurance and the Failures in Risk Management*, available at: http://ssrn.com/abstract=1703602.

属于 Berkshire Hathaway 控股的保险公司。[①] 我们也看到，债券保险公司是通过其特殊目的子公司（被称为“变形公司”）出售 CDS，导致 CDS 的巨大风险从其子公司蔓延到债券保险公司。由此可见，债券保险的集团性放大了债券保险公司面临的系统风险。[②]

4. 债券保险业的互保性

债券保险业的风险积聚的一个重要原因就是行业内的互保性，即各个债券保险公司之间以再保险的形式相互分保。Ambac Assurance 公司就与 Assured Guaranty 公司、Blue Point 再保险公司、FSA 公司，MBIA 公司以及 Radian 公司、RAM 再保险公司和瑞士再保险公司等经常有相互分保的合作。其中，Ambac 与 MBIA 自 1995 年起就签署了关于再保险的互惠协议。[③] 虽然再保险在理论上具有释放风险资本、增强赔付能力的功能，债券保险公司也宣称通过再保险可以将其承保的风险分散从而减小风险敞口，但实际情况是它们分保的对象范围十分狭窄，基本上局限于债券保险行业内部的相互再保险。这不仅没有很好地分散原有风险，反而使风险在行业内部不断积累发酵，各个债券保险公司的风险会相互影响，不仅分入公司（assumingcompany）的问题会影响分出公司（cedingcompany）的赔付能力，而且分出公司的风险暴露也会通过再保险蔓延到分入公司，导致风险的相互联结与强化。此外，由于专业再保险公司的信息不透明，再保险公司的风险状况很难为公众准确知晓和评估。[④] 这些因素都使债券保险业的整体风险无法得到缓解。

5. 债券保险不受保险保障基金的保护

保险保障基金是在保险公司陷于破产时对其保单持有人进行赔付的“安

---

① 有些债券保险公司虽然由母公司控股，但母公司只有这一个子公司，如 FGIC、Syncora 公司即是这种情况。

② 正如 OECD 在其报告中所言，这种金融集团是系统重要性银行的交易相对方，使其本身也具有系统重要性。See Sebastian Schich, *Insurance Companies and the Financial Crisis*, OECD Journal: Financial Market Trends 2009 (2), p. 2.

③ See Ambac Annual Report 2007 (Form 10 – K), p. 21, available at SEC website: https://www.sec.gov/Archives/edgar/data/874501/000119312508043920/d10k.htm#toc14420_18.

④ See Group of Thirty, *Reinsurance and International Financial Markets* (2006), p. 13, available at: http://group30.org/images/uploads/publications/G30_ReinsuranceInternationalFinancialMarkets.pdf.

全防护网”，对防范保险业的风险具有非常重要的作用。债券保险本身属于一种财产保险，但是却受到了“与众不同”的待遇，NAIC 的示范法和《纽约州保险法》都将其排除在保障范围之外。根据美国《纽约州保险法》第 69 条的规定，在不与第 69 条规定冲突的情况下，财产/意外保险的相关规定也适用于债券保险。然而，第 6909 条却规定，债券保险的保单须明确说明其并不受该州财产/意外保险保障基金的保护。这样规定有其合理的原因：债券保险行业与其他保险业有所不同，由于较高的市场准入条件，其行业成员数量较少，无法将风险有效分散；此外，若将债券保险公司纳入财产保险的保障基金保护范围之内，就会出现由低风险经营者补贴高风险经营者的窘境，使债券保险公司在这道屏障的保护下更加大胆地从事高风险业务，导致道德风险。[①] 但是这样的规定却使债券保险业在面临危机时难以获得有效的缓冲与保障。

总之，债券保险监管制度的失灵以及该领域的整体性风险是债券保险业所面临的严峻现实，也正是我们对债券保险监管制度进行反思的起点。接下来，本书将基于此展开对债券保险制度各个方面的反思和探讨。

---

① See New York Insurance Department, Letter to Paul E. Kanjorski, “The State of the Bond Insurance Industry”, Hearing Before the Subcommittee on Capital Markets, Insurance, and Government Sponsored Enterprises of the Committee on Financial Services U. S. House of Representatives, p. 391 – 392.

第二章

债券保险监管的基本原则

如前一章所述，债券保险行业的失陷暴露出的不仅是宏观经济周期的问题，更是债券保险监管制度体系的失灵。正如广为人知的“木桶理论”所揭示的，一个水桶能装多少水，并不取决于最长的那块木板，而是取决于其最短的那块木板，如果木板长短不一或存有破损，那么水桶的容量必将有限。这一理论启示我们，对于债券保险监管制度，我们同样应找出其中的“短板”，并对这些缺陷加以补强。

对债券保险监管制度的补强，也应遵循一定的法律原则，在这些原则的指导下合理实施。“规则之所以有意义，在于它们都要与某个更为一般性的规则相一致。”这种一般性的规则就是法律原则。[①] 法律原则对于法律的创设、解释与实施都具有基础性作用，决定着法律制度的性质和内容，也是法律制度改革的导向。债券保险监管制度的基本原则体现了法律的一般原则，也体现了经济法的原则，更加体现了金融监管法的特殊原则。[②]

---

① 参见［英］尼尔·麦考密克：《法律推理与法律理论》，姜峰译，法律出版社2005年版，第149页。

② 金融法的本质应当是监管之法（或称“规制之法”），这不仅是由于金融市场广泛存在市场失灵，也是由于其自身的巨大风险属性和公共信心属性，对其进行有效的监管，方可实现金融市场的健康有序。参见韩龙：《金融法为何是规制与监管之法?》，载《甘肃政法学院学报》2008年第3期，第1~8页。

第一节 债券保险监管制度的理论基础

公共利益理论是规制经济学的经典理论。根据该理论，市场失灵（marketfailure）现象是政府规制监管的前提条件，市场失灵产生的原因主要有信息不对称、负外部性、公共产品和存在垄断，监管的意义就在于克服由这些原因造成的市场失灵，从而维护市场与社会的公共利益。① 结合债券保险业的情况，可将债券保险行业存在的导致市场失灵的原因分别阐明如下。

一、公共利益：债券保险的市场失灵

信息不对称理论自20世纪70年代便获得了美国三位经济学家的关注，它指出了市场中普遍存在的一个问题，即市场主体所掌握的信息资源并不对等，由此可能带来一系列的不公后果，如逆向选择与道德风险。信息不对称是金融市场中的普遍问题，解决这一问题成为金融监管的重要任务。

（一）债券保险面临的信息不对称

1. 信息不对称理论

市场交易各方的地位并不是完全对等的，他们在所占有的信息方面就极不均衡。拥有较多信息的一方具有优势，往往会利用其优势地位侵害相对方的利益。最早的信息不对称理论研究者是乔治·阿克洛夫，他以美国的旧车市场为例展开，认为由于旧车买家并不了解旧车市场中车辆的信息，因而会趋向于根据平均质量购买车辆，卖家便会故意用次品车辆假充质量较好的车辆，当买家们逐渐发现自己的不利地位后，就会压低旧车的价格，这导致质量较好的旧车退出市场，旧车市场中的车辆质量愈加变差，最终使市场日益

---

① 参见［英］安东尼·奥格斯：《规制——法律形式与经济学理论》，骆梅英译，中国人民大学出版社2008年版，第30页。

萎缩。这就是逆向选择问题。[①] 斯蒂格利茨则首次将这种理论应用到保险市场领域，他指出了被保险人在获得保险之后很可能会不再那么爱护保险标的，使保险标的处于更大的风险中，使保险公司面临更多赔偿，也即产生了道德风险；同时，由于被保险人面临的风险程度不同，但往往适用相同的保费标准，低风险者所交保费与所得收益并不成比例，久而久之，低风险者就会退出保险，导致保险公司的收入降低，从而不得不提高保费标准，低风险者也就更会退出市场。信贷市场道理基本相同，也会产生劣质企业驱逐优质企业的逆向选择问题。

经过多年的实践，信息不对称理论得到了广泛的认可，成为研究和解决市场失灵的重要切入点，在金融市场监管中，信息监管都会被视为最重要的内容之一。各国的证券法也都将信息披露作为规范证券市场、保护投资者利益的基本手段。美国的《1933 年证券法》（Securities Act of 1933）即规定了证券发行需要依法注册，并披露相关的信息。[②] 2010 年的《多德 - 弗兰克法》改革也将信息披露作为一项重要的改革举措，例如，对 ABS 规定了报告与披露的义务，[③] 信用评级机构也应披露其评级的数据与历史等信息。[④] IAIS 制定的《保险核心原则》中也将信息披露作为保险监管的核心之一，要求保险公司应及时、完全、充分地披露相关信息。[⑤]

2. 债券保险的消除信息鸿沟功能

信号理论，大意是指在信息不对称条件下，市场主体通过一定行为传递出的信号能够提供较大的帮助，促进交易获得收益。该理论源于经济学家斯宾斯，其对信息不对称理论的研究主要关注于劳动市场，在其论文中提出了

---

① George A. Akerlof, *The Market for "Lemons": Quality Uncertainty and the Market Mechanism*, 84(3) Quarterly Journal of Economics 488, 488 –500 (1970).

② See The Securities Act of 1933 (Fletcher-Rayburn Securities Act of 1933) (Securities Act) (Truth in Securities Act), May 27, 1933, ch. 38, Title Ⅰ, 48 Stat. 74.

③ See Dodd – Frank Wall Street Reform and Consumer Protection Act, PL 111 – 203, July 21, 2010, 124 Stat. 1376, §942.

④ Id., §943.

⑤ See IAIS, Insurance Core Principles, ICP 17.

市场信号理论：由于劳动市场潜在的逆向选择问题，就必须借助一定的“信号”来区分人才的素质，在无法直接获得有效信息时，通过一定的市场信号（如教育水平）也可起到较好的指示功能。[①] 这一理论对后来的研究产生了较大影响。此后，市场信号理论研究扩展到其他市场领域。例如，有学者对上市公司的股利分配进行了研究，认为股利政策是一种可传达公司对未来收益和发展前景预期的信号。

债券保险作为一种专业的金融信用保险，其对各类债券进行承保的基础就是获得了足够的信息，并用自己的承保标准对债券融资进行认真审查和判断，这在很大程度上代替了投资者对债券的判断，而债券发行人也通过购买债券保险向市场发出一种较为明确的信息，起到了一种提供市场信号的作用，缩小了投资者与发行人之间的信息差距，减少了投资者面临的不确定性。

3. 债券保险自身的信息偏差

债券保险业虽然本身是为了消除债券市场的信息偏差，但其本身又包含巨大的信息鸿沟。市场信号总有失灵之时，债券保险也不例外。债券保险业的经营模式无法为公众准确知晓，内部的承保标准往往也并不明朗。这导致其真实的风险敞口难以为他人了解和把握。当然，这种不透明性与信用评级机构以及信用衍生品有很大关系。就信用评级而言，信用评级虽然是债券保险业的业务依据与尺度，但却体现出了较大的非准确性，其未能充分发挥尺度功能。在其从事的信用衍生品交易方面，虽然信息披露能够有一定的改善信息偏差的效果，但由于衍生品的复杂本性与衍生特征，信息披露的功用还是比较有限的。要去除这种信息偏差，就应着重对这两方面的弊端进行变革。

（二）债券保险的负外部性——风险传导性

1. 金融市场的负外部性

负外部性，是市场活动对交易之外的他人和社会产生的消极影响。[②] 负

① See Michael Spence, *Job Market Signaling*, 87 (3) Quarterly Journal of Economics 355, 355 – 374 (1973).

② 参见徐晓慧、王云霞：《规制经济学》，知识产权出版社2009年版，第19～20页。

外部性的存在，具有增加市场交易成本的不良作用。在金融市场中更是如此：一般的工商业往来中，交易主体相对稳定，且交易范围有限，并不会与不特定、不熟悉的市场主体发生太多关联，而金融市场的风险传染则不同，交易一方是作为市场主要参与者的金融机构，而另一方则是广泛散布的客户，而且金融机构之间也存在互相渗透、互相影响的关系，[①] 因而形成了一个巨大的关系网络。由于市场参与者之间紧密关联，风险传导性就成为对他人造成负外部效应的重要表现，一个机构出现问题，不仅会使其自己的债权人受到威胁，而且会使其他的众多主体受到影响。这一点已在金融危机中表现得非常充分。

2. 债券保险的风险传导性

债券保险业将其自身与债券市场（特别是资产支持证券）以及信用衍生品相联系，无形之中增大了相关市场的互联性，使债券的风险与债券保险的风险相互传导，债券市场的风险暴露会导致债券保险随之受损，而债券保险业的受损又会反过来推动债券市场的风险。正是这种性质使债券保险成为金融危机的“推手”。此外，债券保险公司集团内部也存在极大的风险传染性，不同的子公司之间的风险传染使原本风险程度不同的消费者陷入同一化的高度风险中，特别是承保 RMBS 与 CDS 的子公司风险暴露会影响到承保公共债券业务的子公司。

（三）债券保险的准公共产品性

公共产品，是指一种产品，单个个体消费这种产品并不会影响其他人的消费，单个个体从这种产品中受益也不会妨碍其他人受益。[②] 公共产品具有不可分性、非竞争性和非排他性的特征。典型的公共产品如国防、外交、环保执法、市场秩序维护等。准公共产品，是指不完全是公共产品，如受益范围有限、消费具有竞争性等，但仍具有其他方面公共属性的产品，如教育培训、广播电视、高速公路等。

---

① 如相互持股参股、担保借贷以及相互进行金融资产交易的关系。

② 参见［英］安东尼·奥格斯：《规制——法律形式与经济学理论》，骆梅英译，中国人民大学出版社 2008 年版，第 34 页。

债券市场投资者众多，既有各类机构投资者，也不乏分散的个人投资者，债券保险对广大投资者的债券权益进行保护。因此，虽然其并不真正属于传统的公共产品，但却具有强烈的公共产品属性，影响市场公众的信心。债券保险公司用自己的超高信用评级（AAA 级）为债券发行提供便利，降低债券发行的成本，并为债券持有人提供偿付保证，具有极大的公共利益。然而，这种准公共产品却也遭遇了市场失灵难题。虽然债券保险能提高债券的信用等级，但不购买保险的债券消费者也可得到信用风险的防护，因而它的市场价格并不一定能反映其真正的社会价值，导致债券保险这种准公共资源的错配。因而，对债券保险实施监管、确保其充分发挥金融市场稳定器的作用，可谓意义重大。

二、制度变迁：债券保险发展的制度需求

（一）制度变迁理论发展梳理

制度供给是国家的基本职能之一，由国家为社会提供制度这种公共产品。但政府在“生产”和“供给”制度时，也要根据社会对相关制度的现实需求进行。从新制度经济学角度看，人类社会广泛的制度需求催生了不断丰富的制度供给。各项法律制度不断确立的过程就是日益积累的制度需求引发新的制度供给从而导致制度变迁的过程。制度供给是对制度需求的回应和满足，不同的制度需求会产生不同的制度供给。形成制度均衡的必要条件是制度供给与制度需求相吻合。因而，制度的供给要有充足的制度需求，对制度变迁的研究离不开制度的供给与需求分析。

科斯在其代表作《社会成本问题》中首先提出了交易成本理论，为制度变迁理论奠定了基础。此后，阿尔钦和德姆塞茨提出了“团队生产理论”，对企业和企业制度进行了研究，认为企业与企业制度能降低交易费用，提高交易的收益。[1] 道格拉斯·诺斯是制度变迁理论的集大成者，在前人基础上

---

① See Armen A. Alchian, Harold Demsetz, *Production, Information Costs, and Economic Organization*, 62 (5) The American Economic Review 777, 777 – 795 (1972).

提出了较为系统的制度变迁理论，其代表作是《经济史中的结构与变迁》。他认为，制度变迁是由制度需求引发的，但制度确立是有成本的，只有在新制度的成本低于既存制度成本或者新制度的收益高于既存制度的收益时，新制度才可能确立。① 也就是说，制度的确立同样应有成本—收益的分析。

根据新制度经济学的分类，制度可分为正式制度与非正式制度。正式制度是由国家作为垄断主体供给的法律法规等规范，而非正式制度则是社会中自发形成的道德准则、伦理观念、风俗习惯等。本书所说的制度是正式制度。我国学者林毅夫在《关于制度变迁的经济学理论：诱致性变迁与强制性变迁》中将制度变迁划分为强制性制度变迁与诱致性制度变迁，并提出交易成本不仅包括微观的生产成本，还包括更为宏观的组织、维持及执行该项制度的社会成本。强制性制度变迁是由政府主导的制度供给，而诱致性制度变迁则更多的是一种制度的自然演进。②

我国许多学者在研究制度变迁时，也将西方的传统理论与我国的实际情况结合起来。传统的制度变迁理论认为，制度需求导致制度供给的演进，并强调制度供给相对于制度需求的滞后性。我国的学者逐渐意识到了中国的实际国情，并对制度供给予以更大的关注。如杨瑞龙认为，在权力中心主导的自上而下的制度变迁框架下，研究制度供给更具意义。③ 卢现祥认为，在制度供给不足受到很多人关注的时候，政府主导的制度变迁中的制度供给过剩也同样值得思考。在金融体系领域，孔凡保将发达国家与发展中国家做了区分，认为发展中国家的金融市场并没有发达国家的先天优势，内在制度动力不足，因而更加需要外部制度的供给加以引导。④

总之，制度变迁理论是考察社会制度的重要切入点，对于分析制度的合

---

① 参见［美］道格拉斯·C. 诺思：《经济史中的结构与变迁》，陈郁等译，上海三联书店 1994 年版，第 11～12 页。

② 林毅夫：《关于制度变迁的经济学理论：诱致性变迁与强制性变迁》，载陈昕主编：《财产权利与制度变迁——产权学派与新制度学派译文集》，上海三联书店 1994 年版，第 371～409 页。

③ 杨瑞龙：《论制度供给》，载《经济研究》1993 年第 8 期，第 45～52 页。

④ 参见孔凡保：《制度供给与金融系统的演变》，载《国际商务（对外经济贸易大学学报）》2005 年第 1 期，第 36～39 页。

理性十分必要。对于债券保险监管制度，也应从制度的需求进行讨论。

（二）债券保险监管制度的现实需求

美国债券保险发展的同时，相关的法律制度也得以逐步确立。这些制度是对债券保险发展客观需求的回应，为债券保险提供了规则框架，也为其开辟了发展空间。

在金融保证保险的早年，其被视为财产/意外保险，适用各州关于履约保险（如建筑合同履约保证）的法律规范。但在20世纪80年代，若干起债券违约事件导致了保险公司破产，引起了公众对风险在保险行业内部蔓延的忧虑。因而，保险监管者们开始寻找新的规范方式。1986年，美国保险监理官协会通过了《金融保证保险示范法》（后来改称《金融保证保险指引》），作为各州对金融保证保险立法规范的示范和引导。该示范法宣称的目的包括，将金融保证保险作为独立的保险种类，禁止多业务公司承保该类保险，并规定金融保证保险公司的设立与许可。

在NAIC通过示范法后，若干个州相继采纳该示范法。美国各州中，纽约州金融业最为发达，银行、证券、保险各类金融机构都在纽约集聚，特别是金融保证保险业务大多集中于此。因此，纽约州的立法相对重要。纽约州的金融立法较为发达，保险法体系非常完整，也是最早将NAIC示范法纳入保险法的州之一。纽约州保险局于1980年发布了第61号规章，为市政债券保险的准备金设立了标准。1986年对该规章做了修改。1989年《纽约州保险法》根据NAIC的示范法加入了第69条（Article 69）“金融保证保险公司”，对金融保证保险业务的相关定义、主体资格、财务要求、投资行为准则、准备金提取、控制权变动和再保险等各个方面作了较为全面的规定。① 该条规定，债券保险机构必须是专营债券保险业务的公司，不得从事其他无关的财产保险业务，其他多业务保险（multiline insurance）公司也不得从事债券保

① 由于1989年的《纽约州保险法》第6903（a）（2）条和第6907（b）条都规定了在新法生效前的保险适用原有的准备金标准，因而，第61号规章仍得以继续适用。

险业务。纽约州金融保证保险业的发展，使其保险法第 69 条也获得了持续的改进，在 2006 年之前共做过 6 次修改，并在一定程度上推动了 NAIC 示范法的完善。[①] 此外，威斯康星州也有若干重要的金融保证保险公司，因而也较早规定了市政债券保险的内容。

根据当前的监管体系，债券保险机构受各州保险法规范，接受各州保险监管机构的管理。各州法律对债券保险机构的市场行为和偿付能力有所规定，而且要求债券保险机构定期披露其被保险人名单、保险费率、财务状况等信息，并对债券保险机构的投资额比例有所限制。此外，各州法律一般都规定债券保险机构的控制权变更需要监管机构的事先批准。而且，债券保险机构还应按 NAIC 的要求定期提交相关报告。

然而，之后的债券保险监管制度却无法适应金融市场风险大范围扩散的客观现实，债券保险公司大都介入了高风险的次贷相关业务，而监管体系却没有及时进行回应。2007 年爆发的金融危机暴露出之前监管体系的薄弱，为了对金融危机进行反思，防止危机的再度发生，美国政府开始了大规模全面化的金融监管改革计划。2009 年，奥巴马政府提出了金融监管改革蓝图，后经参议院和众议院分别两次表决，其间也经过参众两院法案版本的协商整合，2010 年 7 月，《多德 - 弗兰克法》经奥巴马总统签署后正式生效，该法被称为“大萧条”以来最为严厉的金融改革法，“堪与《格拉斯 - 斯蒂格尔法》比肩”。

可见，监管制度的变迁是顺应行业发展和时代进步的要求，其目标应当是防范金融体系的重大风险，维护金融行业稳定。然而，以《多德 - 弗兰克法》为代表的美国金融监管体系改革却未能将债券保险监管充分考虑在内，这是其金融监管体系改革的一大缺憾，难以满足债券保险业健康发展的需要。这就促使我们进一步思考债券保险监管制度如何改进的问题。

---

① 如 NAIC 示范法后来即将纽约州和加利福尼亚州关于应急准备金的规定作为两个可选的版本。See NAIC, *Financial Guaranty Insurance Guideline*, Section 3: “Contingency, Loss and Unearned Premium Reserves”, available at NAIC website: https://content.naic.org/sites/default/files/GL1626.pdf, visited on July 18th, 2021.

三、金融脆弱性：金融市场的危机根源

2007 年的经济危机让人们看到了金融体系带来的重大危害。然而，金融危机早已不是新闻，从 20 世纪至今，世界各国在取得巨大发展成就的同时也总是时不时地遭受金融危机的侵害，如梦魇般环绕在世界的上空。1929～1933 年的“大萧条”、第二次世界大战之后的英镑危机、布雷顿森林体系的崩溃、拉丁美洲债务危机、日本经济泡沫破灭、1997 年亚洲金融危机乃至 2007 年爆发的次贷金融危机，都体现出了金融市场系统的脆弱性。① 这正是金融体系与实体经济的重大差异之处，实体经济并不具有与金融体系同等的不稳定性。这也就决定了对实体经济和金融体系应当采取差别化的监管立场。

（一）金融深化理论下的自由化

金融自由化正是这种危机频发的重要诱因。虽然各种金融自由化的经济学理论看上去都是冠冕堂皇、令人眼花缭乱，但往往是只见树木不见森林，只看到表面上的效益而忽视实质上的风险。例如，对于发展中国家的经济发展，有学者提出了金融深化理论，认为金融抑制是发展中国家经济发展落后的原因，要实现经济发展就必须采用金融自由化的方式，金融深化的程度决定着经济的发展程度。② 金融工具和金融机构以及它们组合的种类越多、范围越广、规模越大，金融发展程度就越高，经济也就越发达。这种理论推动了世界各国的金融自由化进程。自 20 世纪 70 年代起，金融自由化迅速发展，金融创新大潮一浪高过一浪。在这种形势下，金融行业竞争愈加激烈，并且竞相规避利率和汇率波动等产生的市场风险，各种金融工具不断涌现。

（二）金融市场的脆弱性

然而，金融系统具有极大的脆弱性，这一点已为一些经济学家所认识和

---

① 参见［美］查尔斯·P. 金德尔伯格、罗伯特·Z. 阿利伯：《疯狂、惊恐和崩溃——金融危机史》，朱隽、叶翔、李伟杰译，中国金融出版社 2011 年版，第 286 页。

② See Edward S. Shaw, *Financial Deepening in Economic Development*, Oxford University Press (1973); Ronald I. McKinnon, *Money and Capital in Economic Development*, Washington, Brookings Institution (1973).

研究，“金融脆弱性”的含义可从不同层面予以理解。

1. 金融脆弱性是金融危机的起源

关于金融危机的起因，目前已有比较充分的探讨研究，这方面的文献成果已然汗牛充栋，在此仅举两例。美国金融危机调查委员会总结的原因是：金融监管的广泛失灵，包括美联储未能阻止劣质贷款涌现；公司治理的巨大崩溃，包括众多金融机构的不计后果与过度冒险；私人家庭与华尔街的风险；政策制定者对危机的准备不足，对金融体系缺乏充分理解；全方位违背责任与道德。2008 年 11 月的二十国集团领导人峰会在其《金融市场与世界经济宣言》中则将起因总结为：在前几年全球经济与资本流动的持续稳定增长期间，市场参与者追求更高收益而没有恰当评估风险，未能审慎尽责。同时，经营标准糟糕、风险管理不当、日益复杂而不透明的金融产品以及随之而来的高杠杆率，这些因素导致了系统脆弱性。一些发达国家的政策制定者、监管者未充分认识和处理金融市场中累积的风险，未跟上金融创新的脚步，也未考虑到监管行动的系统性后果。①

2. 金融脆弱性的原因

解释金融脆弱性起因的理论有多种，有从货币体系脆弱性出发的解释，有从信用脆弱性出发的解释，还有从金融市场的不稳定性出发的解释。明斯基提出了“金融不稳定性假说”，开启了金融脆弱性理论。他认为，金融体系具有内在的不稳定性，这是由资本主义的本质决定的。本书则从以下几个方面入手说明，形成金融脆弱性的主要原因如下。

（1）金融经营高负债性产生的高风险。金融行业依靠融入他人的资金进行经营，广大投资者构成其债权人，因而具有高于一般行业的负债性特征，这种高负债性使其面临的失败风险也大为提高。

（2）金融制度、结构非均衡性导致的风险积聚。由于对业绩的追求、存

---

① See G20 summit (2008), *Declaration of the Summit on Financial Markets and the World Economy*, available at OECD website: https://www.oecd.org/g20/summits/washington-dc/declarationofthesummitonfinancialmarketsandtheworldeconomy.htm, visited on July 28th, 2021.

款保险等制度的背书以及业务来源的不断集中，金融机构的经营过程难以做到低风险，甚至会进行高风险的经营活动，使风险不断积聚。[①]

（3）金融业的虚拟性。金融业作为虚拟经济，其运行具有虚拟性，即与实体资产相分离，甚至成为一个独立运行的系统。这种脱离实体资产的属性使其价值更具有波动性和不确定性，受诸多宏观与微观因素的影响。也正是这种虚拟的属性，使金融资产容易产生泡沫，让大家都关注其买卖交易的收益而非资金的真实用途，期望从资产价值的变动中获取更高的收入。[②] 这就加剧了金融市场的联动效应。

金融危机的屡次发生，已经证明了金融市场脆弱性的真实存在，而金融自由化在其中扮演了不可替代的角色。金融自由化既是自由主义立法的结果，也反过来推动了立法的“自由化”。宽松的自由主义立法使金融自由与创新的浪潮难以遏制。无论是金融工具、金融业务还是金融组织机构都出现了急速创新和拓展。[③] 虽然人们常用“金融革命”来形容金融自由化的发展，但却很少有对这种金融行业狂飙突进的有效制约，而且金融监管也随之被不断冲击而放松。从表面上看，这种趋势推动了金融业的发展，但实际上，这种变迁带来的却是金融风险的不断扩大和累积：不仅是微观层面的风险扩散，也导致了货币供需机制的变化，使国家的货币调控受到极大的影响。

3. 金融脆弱性的体现

（1）金融工具的脆弱性

现代的金融工具已经形成了债权融资工具、股权融资工具和衍生金融工具。由于市场的非完全有效性，各种金融工具的价值呈现极大的波动性，在价格下跌时，市场参与者竞相抛售形成“踩踏”。

---

① 参见黄金老：《金融自由化与金融脆弱性》，中国城市出版社2001年版，第52页；伍志文：《金融脆弱性：理论及基于中国的经验分析（1991—2000）》，载《经济科学》2002年第3期，第96~100页。

② See Joseph E. Stiglitz, *Symposium on Bubbles*, 4 (2) The Journal of Economic Perspectives 13 (1990).

③ 参见尹龙：《金融创新理论的发展与金融监管体制演进》，载《金融研究》2005年第3期，第7~15页。

（2）金融机构的脆弱性

商业银行、投资银行、保险公司等金融机构由于其业务模式、经营结构的影响，其资产与负债存在非均衡性与错配性，加之以银行为代表的金融机构具有强烈的信用特征、信心特征，一旦失去了公众的信心，就会导致大面积的损失。

（3）金融市场的脆弱性

无论是货币市场利率和汇率的波动性，还是资本市场的虚拟性、衍生性，都导致了金融市场的不稳定性。另外，金融市场存在的市场缺陷与失灵现象，加之欺诈客户、内幕交易等诸多不法行为，也加剧了金融市场的脆弱性。

上述三点相互交织，从微观到宏观的不同层面共同构成了金融体系的脆弱性，使金融系统一直处于不稳定状态，对各国经济乃至世界经济都有巨大的负面效应。

4. 金融脆弱性的危害

20 世纪 90 年代，已有一些经济学家意识到了金融自由化可能产生的巨大恶果。法国的阿莱曾一再警告，世界金融交易中与实物贸易有关的不到 2%，世界经济已经成为“赌场”。美国的拉鲁什也预言世界金融体系的崩塌，并指出，只有美国与其他国家政府采取行动对金融体系进行控制，才能阻止这一后果发生。德国的泰纳鲍姆认为，世界经济形成了一个“倒金字塔”结构，物质产品和实物贸易位于底层，再往上层是基本的融资工具，最上层是各种衍生工具和虚拟资本（见图 6）。这个体系不同层级之间增长速度差异很大，越在上层的虚拟资本增长越快，导致了不同层级之间的扭曲失衡。这种失衡使金融体系的崩溃并不遥远。①

可见，金融自由化过度带来的是经济系统的“本末倒置”。要解决这种脆弱性带来的问题，就必须动用法律和监管的手段，对金融市场进行必要限制，才能防止以“金融深化”为名的虚拟化、衍生化侵蚀经济体系的根基。

---

① 参见［德］乔纳丹·泰纳鲍姆：《金融癌症：世界金融和经济秩序总危机》，载《经济社会体制比较》1996 年第 1 期，第 40～44 页。

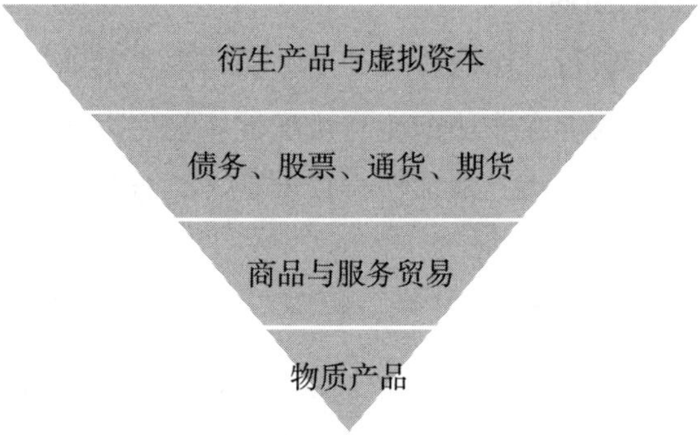

图 6　世界经济体系的倒金字塔结构

第二节　债券保险监管制度的价值取向

自由与监管是长久以来关于市场经济的争论焦点，公平与效率也是人类社会永恒的话题，它们虽是老生常谈却又常说常新。自由是人类的价值追求，监管则是为了维护市场的有序运转。公平是法律最基本的价值原则，效率又是现代市场经济的精髓所在。它们之间是否具有不可调和的矛盾？又该如何处理相互之间的关系？实际上，金融市场中的自由与监管、公平与效率是一个问题的两个侧面，自由与监管的争论在很大程度上也体现了公平与效率的争论。本节内容即对这两个主题争论展开探讨。

一、自由与监管：适度监管是法律的立场

综观美国的金融立法史，自由主义立法与监管主义立法相互交替更迭，编织成了一幅波澜壮阔的法制画面。可以发现，自由主义在大部分时间里占据了优势，但在金融危机之后，则多是监管主义盛行之时。然而，事后的挽救总不如事前的预防。如果金融立法能多一些监管的约束而少一些自由的放任，那么金融危机的危害或许可得到较好的预防。

（一）自由主义深入人心

自由主义历史悠久，自亚当·斯密开始，自由主义便在人类的经济社会生活中崭露头角，对西方国家产生影响。那时的自由主义被称为“古典自由主义”。根据自由主义理论，市场通过自由交易和充分竞争即可调整市场主体的活动，实现资源的优化配置，即便经济发展中出现问题，也可以凭借自身力量恢复正常，政府无须过多干预市场，而应做好“守夜人”的工作。[①]在这一理论的引导下，资本主义社会确立了自由平等的法律体系。无论是宪法还是民商事法律中都体现出了对自由的追求。

自由是美国的立国宗旨，体现了美国人甚为重视的价值追求。自美国独立战争时起，自由的观念便是其最为信奉的理想信念。在《美国宪法》的“序言”中，“自由”即被置于崇高的地位：“我美利坚合众国人民，为形成更完善联盟、建立正义、维护国内安宁、提供共同防务、增进普遍福利、保护自己及后代的自由之福，为我国确立此宪法。”宪法的多条修正案都与人的自由有关，如第1条是关于宗教、新闻和表达的自由；第2条是关于携带武器的自由；第3条规定军队不得随意驻留民居；第5条则规定了未经正当法律程序，人的生命、自由和财产不得被剥夺。[②]可以说，自由观念深入美国人的心中。

但是，自由主义条件下的市场失灵与经济危机，给美国带来了一次次的教训。凯恩斯主义理论与罗斯福新政曾为解决这种问题提出过对策。[③]而在后来，这种监管主义的思路却被放弃。这一思路的放弃源于金融资本集团的极力倡导，他们对美元与黄金挂钩的布雷顿森林体系发起冲击，而一些新自由主义学者也借“滞涨”之机向监管主义发难。因而，在美国这段时期的金融立法历史上，我们看到了持续放松管制的自由化过程。20世纪30年代前

① 参见［英］亚当·斯密：《国富论》，杨敬年译，陕西人民出版社2011年版，第367～368页。

② See U. S. Constitution, Preamble, Amendments 1, 2, 3 and 5.

③ 凯恩斯主义的内容较多，除了对经济实施政府干预外还有其他内涵，与本书所称的“监管主义”并不等同。参见［英］约翰·梅纳德·凯恩斯：《就业、利息和货币通论》，高鸿业译，商务印书馆2014年版。

的金融立法相对宽松，虽然30年代的若干立法加强了对金融行业的限制，但在70年代后的几十年时间里，金融自由再次取得明显优势。特别是自80年代里根执政时期的诸多自由化改革令金融资本愈加活跃。新自由主义重新占据理论舞台。《1999年金融服务现代化法》便是自由主义立法的代表之作，取消混业经营的限制，凸显了金融自由的精髓。在这几次反复之中，每当谈及加强监管之时，各方人士总会以“妨碍创新”“降低效率”“增加负担”等为由予以阻击抵抗。

（二）过度自由主义导致的恶果

不可否认，新自由主义具有其积极意义，减轻了企业的负担，增强了市场的活力，但对于金融领域的过度自由化举措，却滋生了巨大的威胁。新自由主义的主要论据是70年代发生的经济“滞胀”。然而，真实情况是，“滞胀”的原因并不仅是政府干预过多，也有其他重要因素，如资本的过剩、生产的周期性、资本市场挤压实体经济空间等。就金融监管方面而言，无论是华尔街为代表的金融机构还是许多专业的学者，都认为自由化立法可以推动金融市场的繁荣和效率，监管过度会造成金融市场的低效率，妨碍金融业的发展，降低市场竞争力。

但是，美国作为世界上自由主义思潮最为盛行、金融自由度最高的国家之一，其金融业的规模与层次已经是世界领先水平，对重要的金融业分支强化监管，并不会对其竞争力产生过大的影响，反而是过度追求效率的自由化实践带来了非理性的繁荣。自由化推动了美国的金融创新和发展，但金融创新带来的“繁荣”在本质上是一种资本力量不断扩张的结果，金融创新的产品往往是不断杠杆化、虚拟化的，助长了泡沫滋生，而并没有真正增加社会财富。特别是各类金融衍生品的出现，令市场风险充溢其中，加剧了市场风险。可惜的是，各大金融机构都投身于金融欺诈或高风险的“赌博”中。这正是过度奉行自由主义立法倾向的后果，导致其金融业风险失控。自金融危机发生后，标榜自由的《金融服务现代化法》被视为“直接推手”，而新自由主义也再次受到公众的广泛质疑。追求减少政府干预的金融业却不得不依靠政府的救助而渡过难关，这无疑是对自由主义的一大反问。

（三）金融法律应当注重适度监管

如上文所述，金融体系与实体经济并不相同，实体经济的“放松管制”可以为其松绑减负，但金融体系的去监管化却会给金融市场造成巨大的不稳定风险，犹如打开了“潘多拉的盒子”。因而，作为规范调整金融市场关系的法律不能与金融市场保持“步调一致”，如果其与金融市场的“创新”步调一致，则无法对金融过度创新起到制约作用，只会更加推波助澜，扩大市场风险，产生系统性后果，20 世纪先后发生的几次金融危机就是明证。故而，金融法应发挥政府对市场的监管功能，以防范金融市场系统性风险和保护金融消费者利益为己任，抑制金融市场的弊端，促进金融市场稳步发展。[①] 综上所述，金融立法应当注重对市场的适当监管与规制，而不是简单的保护与宽容，这才是金融监管法的应有立场与性质。

保险业作为处理各类风险的行业，本身即需要严格谨慎的监管，世界各主要国家都已认识到这一点。[②] 而作为保险业组成部分的债券保险业，本身是保险行业创新的成果，是对债券市场风险的防范抵御。但在其发展的过程中，由于与高风险性的结构化融资和信用衍生产品联系紧密，而相关立法并未对其风险作出有效规制，导致其成为金融体系风险中的重要一环，在 2007 ~ 2008 年发生的金融危机中损失惨重，并在之后的时间里缓慢恢复元气。这一教训发出的警示是，债券保险相关立法同样应注重有效监管，才能防范其不稳定性，防止市场的过度震荡，从而维护市场的有序安定。

二、公平与效率：保障公平是法律的根本

正义，是法律所追求的重要目标。古今中外的众多哲学家、社会学家、法学家都在谈论这一话题。从古希腊的柏拉图、亚里士多德，到近代的大

---

① 参见应寅锋：《金融结构、政府行为与金融稳定》，中国社会出版社 2009 年版，第 70 ~ 71 页。

② 例如，英国在 20 世纪 70 年代后也改进了原有的自律监管为主的模式，加强了政府对保险业的监管。美国近年也发起了“偿付能力监管现代化项目”。后文还会对各国保险监管模式进行论述。

卫·休谟、边沁、马克思，再到现代的罗尔斯、诺奇克，都发表了对公平正义的理论看法。由于公平往往与“公正”“正义”等同，它们具有相近的含义，本部分会将这几个词语混合使用，不再加以严格区分。对于公平正义，不同时代、不同国家和不同条件下的人有不同的定义与认识，这也导致关于公平正义的学说丰富多样。近代以来，形成了对公平正义的若干种经典学说。可以说，随着时代的发展，对公平正义的思考愈加多元，也给了我们越来越多的启发。

（一）公平是法律的传统价值

1. 经典的公平理论观点

（1）边沁的功利正义观

18 世纪末期的英国哲学家边沁，是功利主义哲学的代表性人物。其关注人们行为的结果，认为人的一切行为都以幸福的增加与否为标准，凡是能最大化增加人的幸福的行为都是善的、正确的；若结果是与幸福相反的，则为错误的。从功利主义法学角度看，无论是政府还是法律，都应当促进最大多数人的最大化幸福值，这是其最为根本的宗旨。在边沁心目中，公平正义就是为社会谋求幸福的增加。这种观点与注重社会整体利益的观点暗相符合，都意识到了大多数人幸福快乐最大化的重要意义。其认为，个人都对自己的幸福有最好的判断，每个人都是进行理性的选择，这对后来的经济学理论也产生了重要影响。

这种观点也有其局限，其单纯地把幸福快乐的增加作为公平正义的唯一标准，没有充分考虑现实情况的差异以及人类动机的多样性；将多数人幸福利益视为正义，为多数人侵夺少数人的利益大开理论上的方便之门。虽然如此，但不可否认其强调“最大多数人的最大幸福”的启蒙意义。

（2）罗尔斯的公平正义观

美国的政治哲学家约翰·罗尔斯，通过《正义论》一书奠定了自己在政治哲学界的大师地位，其对正义的论解也成为学界持续讨论的热点。他认为，人是自由、平等、理性、合理的，而社会应当是一个公平的合作体系。[①] 他对前人的功利主义和直觉主义理论的立场并不赞同，而是认为正义即公平，是基于社会契约论的公平正义。他否定那种为一部分人的更大利益而损害其他人利益的正当性，认为受正义保障的权利不能与社会利益之间进行交换。正义应当包含两个原则：一是自由平等原则，即“每个人都有权享有与他人的自由共存的同样的自由，包括公民的各种政治权利、财产权利”；二是合理差别与机会均等原则，即“对社会和经济的不平等应作以下安排，即人们能合理地指望这种不平等对每个人有利，而且地位与职位对每个人开放”。[②] 他认为，正义是社会的最高价值，迫害他人、歧视他人、剥夺个人自由都是违背公平的。[③] 这些思想观点是对资本主义进入垄断阶段后社会强弱分化严峻现实的批驳警示，引导人们去追求更为自由、合理的公平正义，深刻影响了当代社会的思潮。

（3）罗伯特·诺齐克的自由正义观

罗伯特·诺齐克的代表作《无政府、国家与乌托邦》标志着其建立了分配正义理论。罗伯特·诺齐克认为，分配正义的原则可以分为两类：模式化原则与模式比原则。所谓模式化原则，是指按照确定的标准、方向或总额进行收入分配；模式比原则，是指在充分尊重个人权利的前提下进行分配，不用按照其他的特定标准。他反对过于模式化的分配正义观，认为只要能保障个人的选择自由，那么即使出现不平等，分配也是公平的，政府的责任就在于惩罚各种违法行为、保障经济正常运行，而不是依靠自身力量干预社会分配。[④] 罗伯特·诺齐克的分配正义观是对罗尔斯的公平正义论的批判与改变，但过于强调自由选择，而忽略了政府干预的合理价值，也否认了考虑资源分

---

① 参见［美］约翰·罗尔斯：《作为公平的正义——正义新论》，姚大志译，中国社会科学出版社2011年版，第12页。

② 同上书，第56页。

③ 同上书，第39~40页。

④ 参见［美］罗伯特·诺齐克：《无政府、国家与乌托邦》，何怀宏等译，中国社会科学出版社1991年版，第235~237页。

配具体差异的意义。

上述关于公平的政治哲学理论，体现了人类对公平的不同认识。然而，不管对公平的认识或定义如何，都有一层共同的含义：人们的人格、权利或需求应当得到充分的尊重和维护，不能因为少数人追求自身利益而损害他人的利益。作为社会公器的法律与公平正义的关系从来都是密不可分的，也就应当十分重视对人们利益的保护。

2. 公平的体现与分类

对公平的不同认识形成了不同的公平观，在各种公平观下，公平可做不同的分类，如可分为：起点公平与过程公平、竞争公平与发展公平、机会公平与结果公平等。较为经典的理论分类有两种，下面简单对两种经典分类进行说明。

首先，形式公平与实质公平。形式公平与实质公平，基本可认为是形式正义与实质正义的另一种变体，体现了形式与实质的两分法。

形式公平，是指人与人之间在法律地位、法律程序等方面的公平，属于抽象上、表面上的公平，起点的公平。形式公平是一种抽象意义上的公平，往往会忽视各个主体在禀赋、能力、资源、经验等方面的差异，因而容易造成实际上的不公平，形成各类主体的差距。传统的民商事法律即形式公平的集中代表，“意思自治”“地位平等”“私权神圣”等理念原则都是形式公平的最好诠释，与自由市场的精神相吻合。虽然现代民法经过了一定的改革，如“诚实信用”“公共利益”等原则的确立，所有权相对化、契约义务社会化和归责原则严格化，但这些改进并未摆脱作为私法规范的局限性，难以应对复杂多变的市场实践。

实质公平，则是立足于人们事实上的不公平，用差别化对待的方式，如对一定主体施加更重的义务、赋予一定主体更多的权利，以取得最终的公平，是追求结果的公平，是对形式公平的校正与补足，是法律的最终目标。因此，带有规制与调整性质的监管型法律也就应运而生，并逐渐承担起日益重要的角色，发挥着以国家力量保障实质正义的功能。这些法律在很大程度上克服了传统民法的不足，构成了市场经济法律体系不可分割的一部分。

形式公平与实质公平二者之间是对立统一的关系，形式公平是实质公平的前提，实质公平的目标须建立在形式公平的基础之上；实质公平是形式公平的升华，形式公平经由实质公平体现出其效用。二者共同发挥作用，才能实现法律的公平价值。

其次，分配公平与矫正公平。这一划分最早源于古希腊的亚里士多德。分配公平，是指正常条件下对资源分配所体现出的公平要求，如分配原则的公平与分配方法的公平。[①] 分配公平既包括形式上的公平，也包括实质公平的内容，要求考虑到各个主体间的差异性。例如，在宏观调控过程中，政府运用财政和税收手段对个体差距、地区差距、行业差距等问题进行调节，从而实现协调发展。又如，国家运用法律方式界定和分配不同主体的权利与义务，对市场主体的地位与状态进行公平规范，使其按照法律规定开展自己的活动，这就是分配的公平。

矫正公平，是指针对分配过程中出现的偏差和冲突进行矫正，从而促使分配过程正常进行，维护正常的社会关系。[②] 在财富、资源、权利受到侵夺时，对受害人进行补偿和恢复就是矫正公平。矫正公平是对分配公平过程中所出现问题的救济。例如，当个人的人身、财产权利受到他人不法侵害时，通过法律程序要求赔偿损失、恢复原状、消除影响等，这是传统民法的矫正公平；当市场主体滥用市场优势地位、破坏市场秩序、危害市场安全时，除了对受损者进行赔偿外，还应承担监管者的处罚后果，这是市场监管法的矫正公平。

因而，无论是初次分配的公平还是事后矫正的公平，都是公正合理价值的不同阶段与层次，二者统一于追求公正价值的法律体系与法律进程之中。公平的实现既要依靠分配公平的实施，也要依靠矫正公平的保护。[③]

法律视野中的公平正义，不仅应着眼于形式层面，更应重视实质层面，

---

① 参见［美］E. 博登海默：《法理学——法律哲学与法律方法》，邓正来译，中国政法大学出版社 2004 年版，第 280 页。

② 同上书，第 281 页。

③ 张文显主编：《法理学》（第 2 版），高等教育出版社 2004 年版，第 414～415 页。

这就是学界经常提到的"实质正义"原则，通过对资源分配和权利义务的调整，实现人们之间的真正公平，以金融监管法为代表的法律制度就是为了达到这种目标；不仅应重视分配公平的价值，也应注重矫正公平的价值，使人们的资源与权利分配达到合理的状态，而不能只重视少数人的利益所得或者忽视多数人的利益。

（二）效率是市场经济的内在需求

我国改革开放初期，一句"时间就是金钱、效率就是生命"的口号在短时间内迅速传遍大江南北，成为风靡一时的流行观念。也正是这样的价值取向激发了人们锐意进取、开拓致富的精神，加快了我国经济社会发展前进的步伐。追求效率的原则也就为人所追捧。那么，到底什么是效率呢？它与法律的关系如何？

1. 效率在法学研究中的应用

效率，是经济学中常用的概念，是指最有效地配置社会有限的资源以满足人们的需求。效率可按一定的标准加以衡量，经济学家们提出了许多效率标准，经典的效率标准有"帕累托改进"（Pareto Optimality）与"帕累托最优"、[①]"卡尔多－希克斯标准"[②]（Kaldor-Hicks criterion）。效率的衡量需要使用一定的方法，较常见的方法即成本—收益分析法。随着学科的发展，效率分析方法也已被纳入法学研究，成为一种重要的工具，甚至也成为法学研究的重要标准："一是效率原理决定着国家是否运用法的手段干预经济生活，二是权利的保护方法也往往是根据效率原理确定的。"[③] 法律本身也具有"效率"的属性，成本－收益分析法成为许多学者推崇的科学立法手段，以有效

---

① 简单地说，"帕累托改进"标准就是如果社会资源配置在没有使任何人境况变坏的前提下，使至少一个人变得更好，那么这就是有效率的变化；"帕累托最优"，是指不再存在帕累托改进的空间，即在不损害其他人的情况下也不可能使某些人的福利变得更好。

② "卡尔多－希克斯标准"，是指第三者的总成本不超过交易的总收益，或者说从结果中获得的收益完全可以对所受到的损失进行补偿，那么资源配置就是有效率的。

③ 卓泽渊：《法的价值论》，法律出版社1999年版，第203页。

配置立法资源，实现法律的最大化社会效益。①

就法律与效率的关系来看，由于法律价值中纳入了效率的标准，因而改变了法律的传统观念，使人们越来越关注法律对经济社会效率的推动作用，希望用法律规范和调整社会经济资源的最优化配置，降低社会运行成本，实现社会有序发展。法律实现效率的方式有所不同，一般的民商事法律着眼于微观的效率，重视意思自治、权利平等；而监管法则落脚于整体的效率，注重市场规范与秩序维护。② 应当注意，整体效率不是个体效率的简单加总，也不是单纯的、片面的短期经济收入最大化，而应该是宏观经济发展、长期经济进步以及社会安定、人民安居乐业、生态环境优美等各方面因素的综合。这才是整体效率的真正含义所在。

2. 金融监管的效率存在自身界限

对监管的研究也可借用效率分析的方法。政府监管固然有其重要意义，但监管效率与监管强度并非完全呈正相关。在一定条件下，甚至可能会出现监管强度增大、监管效率下降的情况。不妨用模型来加以简单说明。

如图 7 所示，横轴 X 代表政府监管强度，纵轴 Y 代表监管收益和成本值，三条曲线分别代表监管的成本、收益和净收益，净收益等于收益与成本之差。监管的收益曲线会呈边际收益递减的趋势，而监管的成本则会在初始成本的基础上呈边际成本递增的趋势，净收益也就相应呈现先增后减的趋势。因而，在一定的监管强度内，监管才是有效率的，且监管在某一强度点上达到净收益的最大值。

就金融监管而言，理论上也可以用成本 - 收益分析的方法进行评判。监管的成本不仅包括直接成本，即监管者为实施监管而消耗的各种资源支出，以及受监管者为遵守监管规定而付出的成本，也包括间接成本，如监管导致

① 参见刘少军等：《立法成本效益分析制度研究》，中国政法大学出版社 2011 年版，第 37 ~ 39 页。

② 有些经济法学者将这种区别概括为经济法与民商法的差异。参见吕忠梅、陈虹：《论济法的工具性价值与目的性价值》，载《法商研究（中南财经政法大学学报）》2000 年第 6 期。

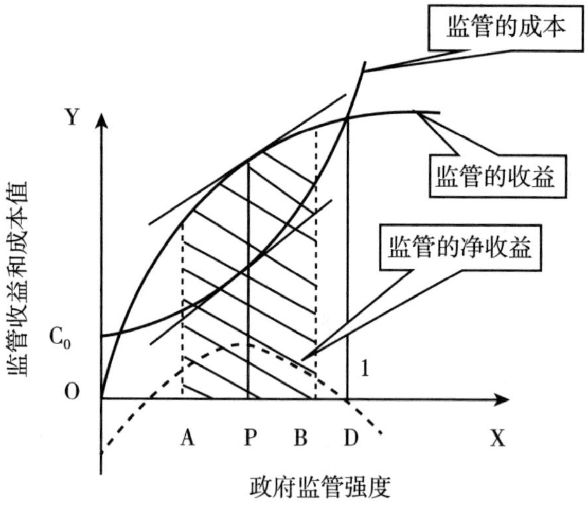

图 7　监管的成本收益曲线

的收益损失和福利损失。而监管的收益则是金融行业稳定所带来的经济增长与社会安定。虽然这种收益似乎难以量化，而放松监管给金融机构带来的巨大金钱"收益"能够有所体现，但这并不意味着放松监管的真实收益远超其成本，因为金融危机带来的经济风暴已经足以让人们看到放松监管造成的巨大"负收益"。因而，适度强化金融监管是必要之举，债券保险监管就是集中体现。

一方面，由于受金融资本的推动和放松管制的立法倾向，之前的债券保险监管制度并未达到充分的程度，也就未能对债券保险发挥应有的防护功能，监管的收益并未超出监管成本，甚至被巨大的成本所湮没。因而，加大监管的强度、保持充足的监管压力对于债券保险业的未来发展十分必要。

另一方面，监管强度并不是越大越好，更不能完全遏制、取消该行业的存在。从危机后债券保险对新发行债券的保护作用来看，无论是公共债券还是资产支持证券，都仍然需要这种形式的信用保障。所以，加大监管强度也应保持在一定限度之内。这个限度就是能让债券保险公司足以应对金融系统的风险。例如，在对债券保险公司出售的 CDS 产品监管方面，立法不能禁止债券保险公司出售这类产品，而应对这类产品的风险要素进行限制，从而避免过度的风险。下文还会有所论述，此处不再赘述。

（三）债券保险监管的公平与效率取舍

法的各个价值之间出现冲突是难免的，公平与效率就是一对基本的矛盾。[①] 虽然人们一直希望能将公平与效率的原则相协调，但这样的美好愿望往往会遭遇现实的障碍。学者在倡导立法的成本－效益分析方法时也意识到了“效率优先”的局限性：未能实现最大的综合效益。[②] 不少学者也曾对效率与公平之间的价值冲突提出一定的建议或想法。

1. 公平与效率的关系

首先，公平与效率的具体对立。从微观层面看，公平与效率是一对矛盾。如果过于强调效率，势必会使公平受到损害，产生各类问题；如果只强调公平而忽视效率，则会导致平均主义泛滥，阻碍社会财富的增长。二者之间似乎是一种此消彼长的关系。不同的国家（地区）在处理公平与效率的关系时会采取“效率优先”或“公平优先”等不同立场。

其次，公平与效率的宏观统一。从宏观层面看，公平与效率可以实现统一，共同实现社会整体利益。明确稳定的法律制度可以实现各个主体之间的公正，为各方提供确定的预期与指引，也就降低了社会的交易成本，提高了资源流转的收益，从而提高了社会的效率。但在各个具体的领域，公平与效率的均衡点需要具体情况具体分析。

2. 处理公平与效率关系的不同立场

第一，效率优先论。持此观点者多为自由主义学者，如亚当·斯密、弗里德曼、哈耶克等。他们认为，效率离不开市场竞争，而市场竞争的前提是自由，市场会自发调节相关问题。政府为追求公平的分配行为只会损害自由，破坏市场机制，使人们怠于竞争，从而使社会经济丧失动力。

---

① 参见卓泽渊：《法的价值论》，法律出版社2006年版，第593页。

② 参见刘少军等：《立法成本效益分析制度研究》，中国政法大学出版社2011年版，第38页。

第二，公平优先论。代表人物有庇古、罗尔斯等。他们认为，公平的标准不是金钱，由于市场机制本身的缺陷，效率不会产生公平，反而会导致不公平。此外，如果财富的增加与劳动不成比例，会挫伤人们的工作劳动热情，使社会陷入低效率的境地，因而有必要以公平为基准进行干预和调配。

第三，并重论。抱此立场者如凯恩斯、奥肯、萨缪尔森等。他们的主要观点是，公平与效率都很重要，“平等与效率二者都有价值，而且其中一方对另一方没有绝对的优先地位”。① 代表公平的权利是不能用金钱衡量的，因此，应当放弃完全自由放任的经济体系，在市场机制之外寻找其他约束机制，建立起个人与国家共同作用的“混合经济体制”，从而将个人利益与社会利益相协调。

本书较为赞同并重论，但同时也认为，公平与效率这两者不可能完全等同，而应根据具体情况有所侧重。对于风险性、脆弱性较低的领域，可在不忽视公平的前提下倡导效率的标准。对于杠杆性、脆弱性和风险性较强的领域，就需要通过更加强调公平实现二者的均衡。

3. 债券保险监管应以公平为先

就金融行业而言，金融经营与金融创新强调的是效率，而金融监管则更应注重公平。公平正义是金融监管的基础，效率固然也是重要的原则标准，却不宜作为其首要目标。这在金融危机中已得到了充分印证，正是金融市场参与者以效率为重的业务模式推动了“去监管化”的步步实现，使金融监管也过于重视效率，最终导致市场风险逐渐演变为系统性风险，导致了金融危机发生；也正是金融危机让各国政府认识到了金融市场内效率与公平的持久冲突，为了克服只重效率的市场弊端，金融监管必须树立公平为本的理念。

特别是对于债券保险这类需要安全稳健经营的金融行业，更应注重公正为先。如果监管制度不能很好地维护其安全稳健性，必将导致债券保险“不

① ［美］阿瑟·奥肯：《平等与效率》，王奔洲译，华夏出版社1999年版，第86页。

再保险”。当然，这种重视公正的立场并不代表放弃效率或轻视效率，而是说金融监管应当以更为稳健的姿态实现整体效益，而不能以推动金融效率为首要追求，整体效率应当建立在整体秩序与安全的基础上，缺乏秩序与安全的效率必将是脱缰之马，最终给整体经济效益带来莫大的灾难。这是对监管制度必要性的另一方面体现，说明自由主义无法有效实现社会公平，要实现真正的社会公平，就必须使用监管的手段加以矫正。

美国的金融监管改革法与欧洲各国的改革思路相一致，法国的拉加德称赞美国的思路转变给人留下深刻印象。① 但欧洲的金融监管改革更为严格：英国主张分拆传统银行与投资银行，高风险的投资银行不得由政府救助；法国开始征收抑制金融投机的金融交易税；欧盟对金融高管的薪酬实施了限制，要求金融高管的奖金不得超过工资的1倍；2014年，欧盟公布了大银行改革方案，禁止银行自营交易，并要求将有风险的交易与相对安全的交易进行隔离。这些改革举措比美国的改革更为坚决，更加反映出欧盟对金融监管认识的深化。而美国的有识之士虽然也意识到加强监管的意义，但美国加强监管的进程却相对较摇摆、迟缓。②

总体而言，上述两组法律制度取向大体可分为两类，每一类都具有较强的同质性：自由与效率主要彰显了自由市场的理念；而监管与公平则体现出外部调节的理念。对于债券保险业而言，过度追求自由与效率的经营模式让其深陷金融漩涡之中。这也证明了注重公平、强调监管的意义。稳定有序的实现不能仅依靠市场的自由竞争，也需要国家的干预和介入。从公平与效率的角度来考察，结果也相同：债券保险监管制度应当注重实质上的公平，而不能过度追求效率。

---

① 参见顾虎：《“沃尔克法则”的核心是去杠杆化》，载腾讯财经网，www.finance.qq.com，最后访问日期：2021年11月6日。

② 本书主张加强监管并不是全方位强化监督管制，而是对债券保险监管制度中的薄弱环节进行巩固强化，对于市场准入监管、保险费率监管、保单格式监管等与风险防控关系不大的内容，则没有必要过度强化监督管制。

第三节　维护市场整体秩序与安全

市场经济是一个宏大复杂的系统，其有效运行须依赖于整体的秩序和安全。这也是经济法的“社会整体利益观”的核心内涵，因为整体的秩序和安全是社会整体经济利益的基本内容与根本保障。

一、社会整体经济利益观

利益是法律所保护的客体，也是法学所关注的焦点。利益分析法是法学研究的重要途径，甚至是法学研究的基本思路。以中国为例，目前学界较为盛行“法益分析”理论方法，虽然对于“法益”的理解和定义有所不同，但都是围绕着法律所保护的利益进行探讨，从而研究某一法律制度的建立或适用。“法益分析”的理论在民法学、刑法学、经济法学、知识产权法学等领域都受到了广泛的追捧与适用。① 作为经济法重要领域的金融监管法，整体经济利益观是其应有的观念立场。

（一）社会整体利益的存在

利益是客体对主体的良性影响，是客体对主体需要的满足。具体可分为物质利益与精神利益、经济利益与政治利益等。利益是法学主要关注和研究

① 例如，刘继峰教授的《反垄断法益分析方法的建构及其运用》将反垄断法保护的公共利益分为客观公益与主观公益，具有“质优”“量广”的特性，可以据此建立反垄断法适用的法益分析方法。梁上上教授的《制度利益衡量的逻辑》认为，利益衡量是司法审判的关键，也是推动法律制度演进的动力和评判法律制度效力的依据。谭华霖的《知识产品法益保护模式探讨——兼论法益与权利之冲突》认为，知识产品法益应受到侵权法和竞争法保护，在知识产品法益与知识产权发生冲突时，应当按照民法的基本原则予以平衡。史玉成的《环境利益、环境权利与环境权力的分层建构——基于法益分析方法的思考》则认为，法益分析方法是环境保护实践和环境法学理论建构的需要，从而改变环境利益、环境权利和环境权力之间的不均衡状态。董泽史、张鼎立的《二元法益观新论——以利益与法律的关系为视角》认为，刑法中的法益具有物质和精神两个层面，利益与法律之间是双向运动关系，若行为不具有规范违反性，则其不属实质违法。董兴佩的《法益：法律的中心问题》提出，法益是法律的基本范畴，法律的目标是追求法益量的最大化和质的最优化。

的内容。利益归属于不同的主体，也就形成了不同的利益属性和利益视角。有学者将利益划分为个人利益、社会利益与公共利益。[①] 也有学者认为，公共利益就是社会利益，不同于政府的利益；政府利益很可能是其本身的自我利益或是其所代表的某些集团的利益，其并非社会整体利益的反映。无论如何划分利益属性，都不可否认社会利益的存在，因为在当今时代，“社会”已经在很大程度上成为一种相对独立于单个个体的概念，具有一定的范围宽广性和人数众多性。

社会利益与个人利益的最大区别是所谓的“整体性”。作为与个人利益、政府利益相区别的一种利益格局，社会利益是一种更为抽象的利益观，它会聚了不特定多数人，将这多数个人的利益加以凝聚和结晶，分析出共同的利益内容。这种利益不一定能划分为具体的利益份额，而是一种整体的利益状态。

同时，社会利益与个人利益之间也是紧密相连的，“社会性是人的本质属性”，社会利益源于个人利益，又是对个人利益的汇集与升华，代表着一定范围内众多不特定个人的利益，是绝大多数人利益的集中体现。同时，社会利益的实现需依靠个人利益、群体利益的实现，个人利益是社会利益的基础。

（二）社会整体经济利益观

具体到经济法领域，社会整体利益体现为社会整体的经济利益，具有经济性质，不同于传统上的人身利益、政治利益等。“任何法律保障都是直接地为经济利益服务的，即使不尽如此，经济利益也是影响法律创设的极重要原因。”[②] “当立法者不再仅仅是在实现经济关系参与者之间公正平衡的意义上，而是优先地从共同经济利益、生产效率、经济性的视角观察和处理经济关系时，经济法就诞生了。”[③] 社会整体经济利益是经济法关注的基点，经济

---

① 参见［美］罗斯科·庞德：《通过法律的社会控制：法律的任务》，沈宗灵译，商务印书馆1984年版，第34~36页。

② ［德］马克斯·韦伯：《论经济与社会中的法律》，中国大百科全书出版社1998年版，第33页。

③ ［德］拉德布鲁赫：《法学导论》，米健译，商务印书馆2013年版，第115页。

法以保护与增进社会整体经济利益为基本理念，在调整规范投资、经营与竞争等行为时，都应以社会整体经济利益贯彻始终。[①] 在经济法的立法、执法和司法过程中，这一原则也更起到“指导精神”的提纲挈领作用。“经济法是以充分满足得到社会普遍承认的整体性社会财富创造能力需要为价值目标，调整不同社会范围内整体经济需要与满足关系的社会强制性行为规范。”[②] 社会整体经济利益主要包括整体秩序、整体安全与整体效率等方面。经济效率问题已在前文有所论述，下文将主要考察债券保险监管制度的整体秩序与安全原则。

二、整体秩序与安全的价值

整体金融利益，是社会整体经济利益在金融法领域的体现，它要求任何金融法律的制定与执行、金融服务的提供和金融业务的经营，都必须有利于维护整体金融利益和促进整体金融利益的提高。有学者即将包括整体金融秩序和整体金融安全在内的“整体金融利益”原则作为金融法的基本原则之一。[③]

（一）整体秩序与安全的基本含义

秩序，是指在自然进程和社会进程中都存在某种程度的一致性、连续性和确定性，良好的秩序是人类始终追求的目标。[④] 整体秩序，是人类社会的基本价值。没有良好的秩序，社会生活将会一片混乱，难以实现社会效率的提高，人们也无法拥有快乐幸福的生活。[⑤] 没有规矩，不成方圆。市场本身需要一定的秩序和规范。[⑥] 这在技术性极强的金融市场领域体现得尤为显著，因为金融市场的运行需要按照一定的流程顺序，各主体和各环节犹如一台精

---

① 参见李曙光主编：《经济法学》（第2版），中国政法大学出版社2013年版，第44~46页。

② 刘少军：《法边际均衡论——经济法哲学》，中国政法大学出版社2007年版，第171页。

③ 参见刘少军：《金融法学》（第2版），中国政法大学出版社2008年版，第7~8页。

④ 参见［美］E. 博登海默：《法理学——法律哲学与法律方法》，邓正来译，中国政法大学出版社2004年版，第227~228页。

⑤ 参见杨震：《法价值哲学导论》，中国社会科学出版社2004年版，第174页。

⑥ 参见李曙光：《转型法律学》，中国政法大学出版社2004年版，第25页。

密仪器上的各个零部件环环相扣，一旦发生秩序紊乱，很可能会导致整个金融系统的异常，甚至产生经济危机。

安全，也是人类所追求和向往的基本价值，其目标是不发生对社会有严重不良影响的突发事件。如今，市场安全（或称“经济安全”）在社会安全中的地位愈加突出。与一般的产业不同，金融行业面临着更大的风险。因为金融行业依靠市场的流动性，货币资金周转的速度极快、规模极大，包括货币在内的各类金融产品的价值变动性很强，加之金融业是融入他人资金进行杠杆化经营的行业，连接着众多投资者与融资者，非常容易产生系统性风险，一旦出现安全问题就会波及整个国民经济乃至世界经济，而其他实体产业则不会具有如此庞大的影响范围。

可以看出，市场秩序与市场安全的含义虽不尽相同，却又相互交织、相互包容，都是整体经济利益的重要内涵。一项法律制度在实现秩序的同时，也就较好地实现了安全的目标。

（二）整体秩序与安全的主要内容

1. 传统民法中的个体秩序与安全

传统民法调整的是形式上具有平等地位的主体之间的人身关系与财产关系，关注市场交易的秩序与安全。为论述方便，此处以“安全”为视角加以说明。

传统民法理论将“安全”分为“静态的安全”与“动态的安全”，前者是指享有或所有的安全，即财产权人享有自己的财产权而不受他人侵害的安全；后者是指变动或流转的安全，即交易各方在财产权变更或转移时的利益不受不当损害的安全，也就是所谓的“交易安全”。在市场交易并不发达的古代，静态的安全占据主导地位，交易安全处于从属和次要的地位，而自近代以来，随着市场经济的逐步发展和繁荣，维护交易秩序、促进市场壮大的需求日渐强烈，交易安全的作用也随之愈加凸显和发达，并最终取得了优先地位。①

① 应当注意，动态的交易安全与静态的所有安全并非截然对立，交易安全的实现也须借助“静的手段”如公示公信。

信用的维护依赖于交易的安全，没有交易的安全就没有信用价值的实现。交易的安全不仅需要交易各方当事人的谨慎注意，更需要法律制度的明确保障。交易安全原则在民商法领域体现得尤为充分。例如，在物权变动方面，为了维护稳定的市场交易秩序，防止善意第三人的利益受到不当侵害，民法创设了公示公信制度和善意取得制度。

所谓“公示公信”，可分为“公示”与“公信”两部分。“公示”是指将某一法律事实或权利状态通过便于公众知晓的方式加以公告或公示，使他人了解到财产权利的状态或变动；“公信”是指经过一定方式公示后的法律事实或权利状态即具有公信力，法律对其予以认可，能够产生对抗不特定多数人的效力。公示公信制度对于财产权利的保护具有不可替代的重要作用，在不动产和动产物权、票据权利、知识产权等方面都得到了广泛运用。① 所谓“善意取得”，是指财产处分人将自己并无所有权的动产或不动产转让给第三人时，若第三人为善意不知情，且支付了合理对价，则应由该善意第三人取得该财产的所有权，原权利人丧失所有权。这一制度植根于保护交易相对人信赖利益的“外观主义”思想，在公示公信的基础上，进一步保障了善意受让人的利益。②

在保险法方面，相关制度也提供了维护交易安全的保障。如保险利益原

---

① 例如，我国《民法典》第 209 条第 1 款规定，不动产物权的设立、变更、转让和消灭，经依法登记，发生效力；未经登记，不发生效力，但是法律另有规定的除外。第 224 条规定，动产物权的设立和转让，自交付时发生效力，但是法律另有规定的除外。《票据法》第 4 条规定，票据出票人制作票据，应当按照法定条件在票据上签章，并按照所记载的事项承担票据责任。持票人行使票据权利，应当按照法定程序在票据上签章，并出示票据。其他票据债务人在票据上签章的，按照票据所记载的事项承担票据责任。

② 我国《民法典》第 311 条规定了动产及不动产的善意取得：“无处分权人将不动产或者动产转让给受让人的，所有权人有权追回；除法律另有规定外，符合下列情形的，受让人取得该不动产或者动产的所有权：（一）受让人受让该不动产或者动产时是善意；（二）以合理的价格转让；（三）转让的不动产或者动产依照法律规定应当登记的已经登记，不需要登记的已经交付给受让人。受让人依据前款规定取得不动产或者动产的所有权的，原所有权人有权向无处分权人请求损害赔偿。当事人善意取得其他物权的，参照适用前两款规定。”《票据法》第 12 条也规定了票据权利的善意取得：以欺诈、偷盗或者胁迫等手段取得票据的，或者明知有前列情形，出于恶意取得票据的，不得享有票据权利。持票人因重大过失取得不符合本法规定的票据的，也不得享有票据权利。

则、最大诚信原则、近因原则，以及保险合同当事人的权利义务规则，特别是投保人的说明与保证义务、保险人的弃权与禁反言义务等。这些法律原则与规则为保险合同各方的利益作出了行为规范。但是应当看到，保险合同法的规范只是局限于微观层面的行为准则，并不能从保险公司整体角度加以规制，更无法应对整体性风险。要解决宏观性风险问题，监管法律制度也就必不可少。

2. 金融监管法中的整体秩序与安全

如前所述，金融市场面临的风险绝不仅是单个的个体风险，而是具有广泛影响范围的整体性、系统性风险，只靠单纯的民法规范难以有效应对这些风险。所以，金融监管法也就尤为重要。金融监管的职责应是维护整体经济利益，惩罚损害整体经济利益的行为，通过有效的金融监管，克服金融市场宏观风险的弊端。

就银行监管而言，以国际清算银行制定的《巴塞尔协议》为代表的国际协议以及各国制定的银行监管法都规定了维护银行业整体稳定与安全的监管内容。历经多年的实践，巴塞尔协议已经由原有的《巴塞尔协议Ⅰ》发展到《巴塞尔协议Ⅲ》，新版协议中的内容旨在通过对银行的宏观审慎监管与微观审慎监管提高银行业抵抗冲击的能力。[①] 国际监管协议与各国银行监管法规定的资本充足率等资本要求、信用风险管理、监管检查程序、市场约束机制都是为了“保障商业银行的稳健运行，维护金融秩序”，“防范和化解银行业风险，保护存款人和其他客户的合法权益”。[②] 美国联邦银行法规定在联邦法典第12编中，对整体秩序与安全的维护融汇于货币监理署、美联储系统、存款保险公司对各类银行的监管职权规定之中。[③]

至于保险监管，其维护整体秩序与安全的原则也十分显著。IAIS在保险

---

① See Bank for International Settlements, *Basel Ⅲ: International Regulatory Framework for Banks*, http://www.bis.org/bcbs/basel3.htm.

② 中国《商业银行法》第1条、《银行业监督管理法》第1条。

③ See 12 U.S.C.A.

监管国际标准文件《保险核心原则》中指出，健全的监管体系对于维护公平、安全和稳定的保险业以保护保单持有人的利益并促进金融系统的稳定而言是必要的，监管者应能理解和处理金融系统稳定性问题。[①] 各国保险监管法也都直接或间接规定了这一原则。直接规定这一原则的国家有：日本《保险业法》第 1 条规定，“基于保险业的公共性，确保保险业的健康、稳定发展……保护投保人的合法利益，最终保障国民生活的安定和国民经济的健康发展”。我国《保险法》第 1 条也明示了“维护社会经济秩序和社会公共利益”之原则。

三、整体秩序与安全的实现——审慎监管

与金融脆弱性相对应的是金融稳定性。金融稳定，是指金融体系如果能抵抗内生或外来的意外冲击造成的失衡，并持续服务于国民经济的有效运行，金融体系就是处于稳定状态。金融稳定是一种全球性的公共产品，金融不稳定会造成经济动荡，此时需要采取措施加以解决。[②] 如今，金融稳定已成为全球关注的焦点。维护金融稳定，既要靠合理适度的货币政策，也要靠行之有效的金融监管。而金融监管不仅要关注行为规制，更要注重审慎监管，这是金融监管的关键内容，也是金融行业长远健康发展的根本保障。[③] 可以说，审慎监管是整体秩序与安全的重要体现和实现路径。

审慎监管，是与行为监管相对的概念。行为监管，是指由监管机构对金融机构实施的具体市场行为的监管，主要目标是保护相对人的权益。由于金融产品主要依靠金融机构的履约能力与意愿，一旦缺少这种履约意愿，投资者的利益就很难保障。由于金融市场具有明显的信息不对称、负外部性、垄断等现象，为了维护投资者的合法利益，以准入许可、保费定价、信息披露、诚信交易、禁止欺诈为主要内容的行为监管得以形成。审慎监管，又称为偿

---

① IAIS, *Insurance Core Principles*, “Introduction”.

② 参见［美］维托·坦茨：《政府与市场——变革中的政府职能》，王宇等译，商务印书馆 2014 年版，第 346 页。

③ 参见吴弘、陈岱松、贾希凌编著：《金融法》，格致出版社 2011 年版，第 152 页。

付能力监管，是为满足保单持有人偿付请求的保险人财务健康状况监管，包括微观审慎监管与宏观审慎监管两大方面。

20 世纪 90 年代，英国学者迈克尔·泰勒的“双峰监管”理论产生了很大的影响，对于审慎监管具有很好的启发意义。其认为，金融监管的目标并不是单一的，除了保护相对人的利益外，还要注重审慎监管，这是金融监管的两大基本功能。与此相对应，金融监管机关也应当设立两个相互独立的主体即审慎监管机关和行为监管机关。因为这两种监管权力的目标是有差异甚至是相互冲突的，不应相互混合。泰勒指出，这种双峰监管模式既可消除行业监管和功能监管的弊病，防止出现监管交叉和空白，又能进一步消除综合监管的弊病，防止目标冲突，使政府可以更加专业地实现两个目标。[①] 由此，审慎监管的重要性可见一斑，它是与行为监管不可偏废的一体两翼。

（一）微观审慎监管的重要性

行为监管主要关注对投资者交易权益的维护，并不能有效遏制金融体系内的风险，因为金融机构要对其债权人进行权益偿付，而其面临的待偿付债权并不是单一债权，而是数量众多的债权，其要应对的风险也不是单一个体的信用风险，而是包含了多种风险。为了防止出现偿付危机或流动性危机，维持必要的偿付能力就十分必要。由于金融机构的高负债性和高风险性，具有充足的财务实力状况是其健康经营的必要条件，因而微观审慎监管就成为其重要的安全网，成为投资者利益的“保护伞”。

微观审慎监管，是指对单个金融机构财务健康状况的监管，主要考察内容有资本充足率、资产质量及其流动性、管理稳健性、风险集中度等。微观审慎监管的理念确立的时间较早，商业银行微观审慎监管的理念自 1988 年的巴塞尔协议开始，逐步得到了各国银行监管法的认可，对防范银行业风险具有重要价值。

---

① See Michael Taylor, *Twin Peaks: A Regulatory Structure for the New Century*, Center for the Study of Financial Innovation, London, December 1995.

就保险公司微观审慎监管而言，偿付能力监管主要包括资本金与准备金要求、会计标准、投资行为准则、受困机构的监管措施（如破产程序和保障基金）以及为维护保险公司安全稳健而进行的财务检查等。对于资本充足性，美国对一般保险公司实行的是风险资本要求（risk-based capital requirements），使保险公司具有抵御风险的资本能力。从实践效果来看，风险资本监管要求在维护保险公司的偿付能力方面确实发挥了不可忽视的重要作用。

（二）宏观审慎监管的重要性

1997 年亚洲金融危机后，“宏观审慎”的概念逐渐为人知晓。2007 年金融危机发生后，如何遏制金融行业的巨大风险性成为全球性话题，宏观审慎监管被各国政府和国际组织提上议程。各国纷纷着手以金融业为主要对象的宏观审慎监管改革以弥补微观审慎监管的不足。除了银行业、证券业之外，保险业的巨大风险已被人渐渐了解，特别是以 AIG 为代表的国际保险集团和本书主要论述的债券保险行业，显示出了宏观审慎监管的必要性，宏观审慎监管成为维护金融稳定的重要依托。

宏观审慎监管的内容主要包括：对系统脆弱性的评估和因金融失衡性累积和化解所生威胁的识别；宏观金融震荡的共同敞口；单个机构风险因直接或间接关联而产生的传染或溢出效应。与微观审慎监管相比，宏观审慎监管更加关注市场层面的风险，这是为填补现存微观审慎监管的不足，因为微观审慎监管很少关注金融机构之间的风险互联性。宏观审慎监管体系的主要目标是限制或减轻系统性风险以维护金融稳定，尽量减少关键金融产品和服务发生崩溃对经济造成的不良影响。

确立金融监管体系，应当以金融系统的稳定为主要目标，通过监管来减少系统风险。[①] 对于市场主体追求的“效率”，不能盲目追随。根据《巴塞尔协议Ⅲ》，联邦银行业监管者已与国际同道合作加强对银行业的审慎监管。相比而言，传统保险业务并不被认为是系统性风险的来源，IAIS 也认为，

① 参见李拉亚：《宏观审慎管理的理论基础研究》，经济科学出版社 2016 年版，第 12 页。

“对于大多数传统保险业务而言，少有证据能证明其产生或扩大了系统性风险”。[①] 但以债券保险为代表的非传统保险和各类大型复杂的保险集团则是系统性风险扩大的重要环节。就其本质来说，债券保险行业应当扮演维护金融稳定的角色，而不是助推金融市场的系统性风险。因而，对其的监管制度应当更加注重维护金融稳定的要求，更加注重宏观审慎监管。对债券保险的监管更应注重对系统性风险的防控，宏观审慎监管也就成为应对保险“现代化”的必然之举。

总之，当今的金融监管应当以风险监管为根本，通过各种监管规定实现风险的有效预防、识别与处置，维护金融市场的整体秩序与安全。要实现这一原则的要求，就要注重监管制度的有效构建和监管机构权力的合理配置。债券保险业的风险属性决定了对其进行审慎监管的必要性。在原有监管的基础上对微观审慎监管进行矫正并将其纳入宏观审慎监管视野之中，兼顾个体稳健与整体稳定，就成为债券保险监管的正当路径。

第四节　保护金融消费者权益

金融法律关系中最为基本的法律关系是投资者与融资者之间的关系。投资者作为资金的提供者，与融资者形成了债权债务关系。在金融监管法律中，对广大公众投资者的保护应当处于首要位置。公众投资者在学理上还有一个更为“显赫”的名称——“金融消费者”。立法须以价值判断为基础，[②] 在金融监管法中应当确立保护金融消费者权益的价值取向。

---

① IAIS, *Macroprudential Policy and Surveillancein Insurance*, p. 13, available at: http://www.iaisweb. org/page/supervisory-material/financial-stability-and-macroprudential-policy-and-surveillance//file/34258/mps-report-18 – july-2013, visited on October 13, 2021.

② 参见陈金钊、焦宝乾等:《法律解释学》，中国政法大学出版社2006年版，第37页。

一、金融消费者的内涵、特征与保护意义

投资者可做进一步细分，例如，根据投资者的主体性质，市场往往将投资者分为机构投资者与个人投资者；根据投资者是否符合特定的风险识别与承受能力，又可分为合格投资者与一般投资者。本书所说的“公众投资者”不限于某种特定资格之外的一般投资者，而是指范围广大的个人投资者。这与“金融消费者”的内涵、特征不谋而合，其兼具投资者与消费者的身份。

（一）金融消费者的内涵与特征

“金融消费者”是由美国兴盛起来的词汇，特别是2008年的金融危机引起了公众对这一问题的关注，人们愈加认识到保护金融消费者各项权利对维护金融市场秩序、保持金融稳定的重要意义。美国的《多德－弗兰克法》对“消费者保护”作了专门规定。

1. 金融消费者的内涵

消费者是与经营者相对的概念，是市场经济最基本的主体类别，是指为满足生活需要而购买商品或接受服务的个人。[①] 而金融消费者则是指金融产品与服务的消费者个人。美国《1999年金融服务现代化法》规定，金融消费者是指“从金融机构获取主要为个人、家庭或家用目的之金融产品或服务的个人，也指此种个人之合法代理人”；[②] 《多德－弗兰克法》则规定，金融消费者是“个人或代其行事的代理人、受托人或代表人”，“金融消费产品或服务”，是指“用于消费者个人、家庭或家用目的之金融产品或服务”。[③] 可见，金融消费者包含三个要素：（1）个人或其代理人；（2）购买了金融产品或服务；（3）购买是为个人、家庭之目的。

2. 金融消费者的特征

除了消费者的共同属性外，金融消费者也有其独有的特征。

---

① 参见李昌麒、许明月编著：《消费者保护法》（第2版），法律出版社2005年版，第58页。

② Gramm-Leach-Bliley Financial Modernization Act of 1999, PL 106－102, November 12, 1999, 113 Stat. 1338, §509.

③ Dodd-Frank Wall Street Reform and Consumer Protection Act, PL 111－203, July 21, 2010, 124 Stat 1376, Subchapter Ⅴ, §1002（6）,（15）.

首先，金融消费者的交易对象是金融经营者（金融机构）。此处所指的金融机构，不仅包括合法经营的商业银行、证券公司、保险公司、信托公司等金融机构，也包括未获许可或非法经营的各种投资公司、理财公司等，这些非法金融机构更容易对普通金融消费者的权益造成侵害。[①]

其次，金融消费者购买的是金融产品或服务。金融产品或服务，不同于普通的生活资料，而是具备资金流通功能的无形产品或相关的服务，如贷款、证券、保险、信托、基金等产品和财务顾问、金融信息处理等服务。

最后，金融消费者兼具投资与消费的两重属性，既是投资者，也是消费者。由于金融产品是为市场参与者融通资金的特殊产品，金融消费者在购买金融产品时也就将自己的资金做了投资，因而其同时也是投资者。

（二）金融消费者保护的必要意义

金融消费者同时也是投资者，是信用的提供者，市场经济就是在不断的信用授予中逐渐发展繁荣的，市场经济是信用经济。如果作为授信者的债权人的利益得不到法律的有效保护，市场经济就会丧失根基以致不复存在。这是市场经济的信用经济的本质要求。

1. 关系到金融对市场经济作用的发挥

从消费者角度看，消费者是市场经济的产物，没有市场经济就没有消费者；同时，消费者也是市场经济的基本主体，没有消费者就没有市场经济。[②]同时，作为市场经济主体的经营者要持续经营，就必须有资金的投入支持，投资者正是资金这一关键要素的提供者，也就是融资者（债务人）的债权人，允许其在未来一定时期内按约还本付息。因而，投资者是企业个体与经济整体的“输血者”，为融资者提供了信用。从宏观来看，金融业为经济运行提供必需的资金，为生产、运输、销售各生产环节注入动力，为制造业、

---

① 参见《潍坊金河投资现形记：涉案金额10亿受害人达6000多人》，载 http://news.iqilu.com/shandong/yuanchuang/2015/0711/2479549.shtml，最后访问日期：2021年10月14日。

② 参见王冰：《市场经济原理——中国改革实践的理论逻辑》，研究出版社2011年版，第124～126页。

建筑业、批发零售业和其他服务行业提供流动性，犹如人体内循环不断的血液。正如有些学者所言，金融是提高生产力的“黏合剂”和“催化剂”。[①] 金融市场是否稳定有序，关系到整个国民经济的健康状况，影响国民经济的整体稳定和安全。可以说，金融业是国民经济的重要根基。若作为“输血者”的投资者利益得不到有效的保护，那么“造血输血”的功能也就难以发挥。

2. 关系到金融市场的秩序

人们希望通过形成和维护秩序来实现高质量的社会生活。现代市场经济中，经营者拥有丰富的生产经营资料，具备深厚的资金、技术等各方面实力，在市场中居于优势地位，而消费者为单独的个体，在市场中处于明显的弱势地位。同时，经营者控制着生产经营的过程，掌握着关于商品和服务的有效信息，而消费者则缺少对商品和服务的全面和深入的了解。再加上作为“理性人”的逐利动机，往往会产生道德风险，经营者会利用其优势信息和优势地位，侵犯消费者利益。

这一问题在金融市场尤为明显，且更为错综复杂。众多投资者是资金的来源，没有投资者就不会有金融机构的业务发展。然而，投资活动并非没有风险，由于金融行业大多以融入资金为经营活动的基础，且担任着社会投融资的中介，面临的风险较高，投资者利益容易遭受损失。由于谋求超额利润的动机驱使，金融机构侵犯消费者利益的行为也就愈加多发：诱骗、误导公众，随意降低服务质量，提高服务费用，免除自己责任，甚至利用网络借贷平台做非法集资的“庞氏骗局”……与其他领域相比，这些肆意侵害金融消费者利益的行为具有更大的破坏性和杀伤力。所以，在金融领域内，抑制金融机构的不当甚至违法行为，保护金融消费者，是让金融更加有序，更好地分配资源、提高整体经济效率，并维护社会整体利益。

3. 关系到实质正义的实现

保护消费者，是维护弱者权益、实现实质公平的必然要求；保护金融消

---

① 参见张守文主编：《经济法学》，北京大学出版社2006年版，第195页。

费者，更是维护金融秩序、维护市场稳定的应有之义。金融消费者的弱势地位已经是众所周知的问题。由于金融市场的经营者是专业的金融机构，它们相对于普通人的信息和专业的优势更为显著，而金融消费者在市场中处于信息、资源的弱势地位。金融机构很可能会利用这种优势压榨甚至蒙骗、欺诈投资者，即便金融机构因重大过失从事经营行为，投资者也往往并不知情，或者虽有了解但并无有效方法维护自己的权益。因而，有必要对其进行充分保护。

同时，这一问题的产生并不仅是由于金融消费者与金融机构在信息获取、资源整合等方面的巨大差距，也是由于金融消费者自身的非理性。诸多学者已经关注到了这一点。罗宾认为，人们的行为并不总是符合理性标准，甚至大多数时候是有限理性。[①] 行为金融学也提出了“投资者异质性”理论，根据这一理论，一般投资者由于“注意力有限性”“信息流动渐次性”“信念差异性”的原因而分化为一般的投资者与专业的投资者。投资者的非理性主要体现为两点：过于自信和自我归因。过于自信，是指投资者往往会认为自己掌握的金融产品信息更为准确，从而会选择这种产品；自我归因，是指投资者往往将投资成功的原因归于自己，而将失败归因于外部因素。[②] 美联储前主席伯南克在金融危机后指出，金融市场中的消费者表现出了越来越多的非理性。[③]

二、债券保险消费者的范围与倾斜保护原则

（一）债券保险消费者的范围

债券本身是金融产品，对债券的保险同样也是金融产品。因而，债券保险的保单持有人理所当然也是金融消费者，是金融消费者的下位概念，其

① See Edward L. Rubin, *Rational Choice and Rat Choice: Some Thoughts on the Relationship Among Rationality, Markets and Human Beings*, 80 Chi. -KentL. Rev. 1091, 1098 (2005).

② See Kent Daniel, David Hirshleifer and Avanidhar Subrahmanyam, *Investor Psychology and Security Marketunder and Overreactions*, 53 (6) The Journal of Finance 1839, 1839-1885 (1998).

③ See Ben S. Bernanke, *Financial Innovation and Consumer Protection*, available at: https://www.federalreserve.gov/newsevents/speech/bernanke20090417a.htm.

“双重消费者”的地位值得我们深入关注。

债券保险既是对债券产品的防护，其本身又是一种金融产品。在债券保险中，有两层法律关系，一是债券发售形成的合同法律关系，其法律关系主体包括债券的发行人（债务人）与持有人（债权人）；二是债券保险形成的合同法律关系，保险人是保险公司，投保人可能是债券发行人或者持有人，被保险人为债券持有人。因而，根据上述对金融消费者含义的解释，与债券保险有关的金融消费者是为个人或家庭目的而购买债券的人或享有债券之投资利益的人，也即债券持有人，同时也是债券保险的被保险人。债券保险消费者的身份源于债券持有人身份，是债券持有人的衍生身份。债券发行人、承销人和债券保险的保险人都不属于应予特别保护的金融消费者。

（二）债券保险消费者的倾斜保护原则

金融市场的有序运转需要实现各方主体之间的平等，特别是金融消费者与金融机构之间的平等。这一宗旨的达成，需要法律对相关主体的有效保护。传统私法注重各方主体形式上的平等，而经过不断改革的现代法律体系则在形式平等的基础上发展出了实质上的平等。对金融消费者利益的保护，不仅需要形式上的平等保护，更需要实质上的倾斜保护。

所谓形式上的平等保护，是指金融机构与金融消费者的法律地位是平等的，为合同的甲、乙两方，双方进行平等有偿交易，从而达到形式上的平等。然而，正如上面所说，金融机构与金融消费者的实际地位是不均衡的，如果只有形式上的平等，势必难以保护真正的弱者，并会对强势的金融机构产生“纵容效应”。因此，法律的制定和适用都需要对金融消费者进行实质上的倾斜保护。例如，对格式条款作限制性规定，使其不得成为金融机构不当免除自身责任的“挡箭牌”；对金融机构或金融工具的信息披露规定，使金融消费者能够不再过度处于信息的劣势地位，减少信息的不对称性；破产清算时投资者债权优先的规定，则是将投资者的债权能在最大限度内得到清偿；等等。这些规定都是在金融机构与金融消费者之间进行利益的衡平，以对弱小投资者的倾斜保护实现双方之间关系的平等。

债券保险消费者是众多的债券投资者，由于个体理性与集体理性的冲突，自身即面临着“集体行动”的难题，加上标准化合约导致用合同控制代理成本的空间十分有限，对于发行人的企业治理也很难施加有效影响，债券持有人的权益更加处于易被忽视的境地。因而，通过一定的特殊制度安排方可克服债券持有人权益保护的不足。

三、债券保险消费者的权利与保护方式

（一）债券保险消费者的基本权利

对于消费者权利的内容，不同国家和地区的规定不尽相同。根据联合国大会于1985年通过的《保护消费者准则》列出了消费者的6种权利，包括：消费者的安全与健康不受危害，促进和保护消费者的经济利益，使消费者获得充足的信息以便他们能够按照个人意愿和需要作出具体选择，获得消费者教育，获得有效的赔偿，组织消费者团体或组织的自由，这种团体可以对影响他们的决策表达意见。① 国际消费者联盟组织（Consumers International）则提出了消费者的8项权利：满足基本需求的权利、安全权利、获得信息的权利、选择权、陈情权、赔偿救济权、消费者教育权、健康环境权。② 我国《消费者权益保护法》对消费者权利的规定基本采纳了这几种权利，规定了9种消费者权利：安全权、知情权、选择权、公平交易权、获得赔偿权、结社权、受教育权、受尊重权和监督权。

在金融消费者保护方面，美国的《多德－弗兰克法》就是为了更好地保护金融消费者权益而立，虽然其中并未直接规定金融消费者享有哪些具体权利，但其在第9编规定了投资者保护的内容，第10编规定了金融消费者保护局的诸多职权，从而保障金融消费者的权利。我国法律中没有对金融消费者权利的单独规定，但国务院办公厅《关于加强金融消费者权益保护工作的指

① 原文载于联合国网，https://documents-dds-ny. un. org/doc/RESOLUTION/GEN/NR0/459/75/img/NR045975. pdf? OpenElement，最后访问日期：2021年10月14日。

② 参见消费者国际联盟组织网，http://www. consumersinternational. org/who-we-are/consumer-rights/，最后访问日期：2021年10月14日。

导意见》在《消费者权益保护法》的基础上，结合金融领域的实际情况，列出了金融消费者的8项权利：财产安全权、知情权、自主选择权、公平交易权、依法求偿权、受教育权、受尊重权、信息安全权。

除了国际组织及法律所认定的上述权利外，作为金融消费者还应当具有优先受偿权。所谓优先受偿权，是指在金融机构遭遇财务危机或进入破产程序时，金融消费者的权益应当有优先于普通债权受偿的权利。因为这些金融消费者的利益带有公共利益属性，应当优先于其他普通债权人受偿，这体现了公共利益优先的法律价值原则。“公共利益”本是指不特定多数人的利益，在不同的具体条件下可以有不同的具体范畴。银行业中的公共利益是存款债权人的优先受偿权，保险业中的公共利益是保单持有人的优先受偿权，而债券保险领域的公共利益则是债券保险保单持有人的优先受偿权，他们应当优先于债券保险公司的其他普通债权人获得权益偿付。

（二）债券持有人权益保护的典型方式

债券保险是为了维护债券持有人利益，其他的抵押或质押也是担保债券投资者利益的途径。除了债券保险之外，较为典型的重要制度还有债券信托及债券持有人会议两项内容，服务于保护作为金融消费者的债券持有人利益之目标。这两种制度是为了对不完备的法律与公司契约安排进行补足，使债券持有人群体利益的基石更加坚固。

债券信托是英美国家流行的制度，是指通过运用英美法系流行的信托形式，将债券持有人的权益托付给受托人，由专业的受托人代表债券持有人利益行事，监督债券发行人的经营管理以及债券偿付事宜。在美国的法律制度体系中，《1939年信托契约法》明示了债券受托人的重要地位，规定了债券受托人的产生、资格、义务等内容。该法于1990年进行了修订，着力于消除债券受托人与发行人之间的利益冲突问题，扩大了债券受托人的职权。例如，根据该法，债券受托人应当就其工作向持有人报告，在债券持有人权益受损时具有提起诉讼的权利等。[①]

债券持有人会议，是大陆法系国家的制度，是指债券持有人通过会议的形式维护共同利益，就相关事项进行表决做出决议。如日本《商法典》第317条规定了召开债券持有人会议的法定情形。我国台湾地区“公司法”第263条规定了债券持有人召集会议的权利。[②] 这种机制为债券持有人群体形成集体意志、采取集体行动构建了平台，能凝聚投资者的力量，缓解债券持有人利益与意志过于分散的问题，也能解决物之担保的有限性。

应当说，这两种模式虽然都有各自的不足，但它们都是债券持有人（债券投资者）利益保护的重要依托，也体现了各国对债券市场消费者进行加大保护的法律原则。同为保护债券持有人利益的债券保险制度也应当与此原则保持一致。

---

① See the Trust Indenture Act of 1939 (TIA), 15 U. S. C. § § 77aaa – 77bb.

② 我国台湾地区“公司法”第263条（债权人会议）：发行公司债之公司，公司债债权人之受托人，或有同次公司债总数5%以上之公司债债权人，得为公司债债权人之共同利害关系事项，召集同次公司债债权人会议。前项会议之决议，应有代表公司债债权总额3/4以上债权人之出席，以出席债权人表决权2/3以上之同意行之，并按每一公司债券最低票面金额有一表决权。

第三章

债券保险监管体制

第一节 各州监管的成本与收益失衡

美国目前的保险监管是以州为主的监管体制，由各州保险监理机构依据本州的保险法负责对本州辖区内的保险公司实施属地监管。这样的体制有其形成的历史背景，体现了联邦与州之间的权力分合之争。

一、起源：联邦与州的权力纷争

保险监管权力划分格局可以追溯至美国的宏观政治体制。美国诞生之初，联邦力量孱弱，无力应对庞大国土上的贸易保护、地方暴乱等问题，于是联邦主义者（或称“联邦党人”）纷纷开始了建立强大而统一的中央政府的努力。作为联邦主义者的首位首席大法官马歇尔在 Gibbons v. Ogden 案中再次明确了“联邦至上”原则。[①] 在美国内战结束后，联邦的统一促进了全国统一市场的形成，但联邦与各州之间的矛盾似乎尚未平息，在各领域的立法方面时常发生冲突，保险业就是其中的一个领域。

（一）雏形：保罗诉弗吉尼亚州（Paul v. State of Virginia）案

美国建国之后，各州设立保险公司并分别实施许可管理，1851 年新罕布什尔州（New Hampshire）首先任命了保险监理官。后来，各州也都任命了各自的监管官员。然而，保险业务的扩张却开始与各州的保险监管产生冲突。

---

① Gibbons v. Ogden，22 U. S. 1（1824）.

1868 年发生了一起关于保险业务的著名诉讼案例：Paul v. State of Virginia 案，美国联邦最高法院首次认定保险监管不属于联邦国会的“商业条款”调整范围。[①]

该案的主要案情是：弗吉尼亚州 1866 年通过立法规定，未依该州法律设立的保险公司若不获得相应许可证，不得继续在该州内经营保险业务，而要获得许可就必须向州财政局提交保证金；没有法律授权的许可，任何担任外州保险公司代理的人都要受到处罚；为设立在州外的保险公司发售、制作保险单或保险合同的行为都应视为外州保险公司代理。

同年，弗吉尼亚州居民保罗担任纽约州几家保险公司的火灾险代理，为遵守弗吉尼亚州法律，其向该州申请保险代理许可，但未提交上述保证金。因而，保罗与其代理的公司都没有获得许可。由于其已代理该公司发售了保单，所以在匹兹堡巡回法院被判罚金。州最高法院维持了这一判决。于是保罗愤而上诉至联邦最高法院，依据是联邦宪法“各州公民均有权享受其他州公民的优待与豁免”的规定和授权国会“规范与国外的商务和各州间的商务”的条款。其诉讼理由是：（1）按某一州法律创设并由该州公民组成的公司应当是宪法规定的该州公民。（2）宪法授予国会“规范贸易”的权力并未排除由公司开展的商业。“贸易”一词含义十分广泛，公司也早已是国内国际贸易的重要主体。（3）保险业务是为了获得损失补偿的承诺而进行的金钱交易，应属于“贸易”的范围之内，是现代贸易不可分割的组成部分。（4）弗吉尼亚州法律的规定没有维护统一性，而是破坏了统一性，体现了歧视。

但是，联邦最高法院的法官认为，该州法律并未触犯宪法规定。首先，作为法律创制主体的公司不是“公民”，没有必须被其他州承认的当然权利，而是依赖于其他州的同意。其次，宪法条款中规定的“其他州公民的优待与豁免”是指其他州宪法和法律共有的公民优待与豁免。虽然联邦法为促进各州公民平等的规定是必要的，但各州法律规定的公民权利不能强求一致，本

① See Paul v. State of Virginia，75 U. S. 168，1868 WL 11123，19 L. Ed. 357，8 Wall. 168.

州公民的特有权利不受其他州的法律保障。最后，即便保险当事方居于不同的州，发售保单也不是联邦宪法意义上的商务贸易，而仅是保险公司与被保险人签订的一种损失补偿合同，因为它不是独立于主体的实物交易，不是装运或远期交付的货物，所以不属于“贸易”。

可见，保险监管在联邦与州之间的分与合，最早是随着联邦与州的权力纷争而生，本案甚至基本可以算作宪法案例。联邦与州之间的这种纷争持续了一段时间，联邦最高法院在处理此类纠纷之时也往往站在州的一边。特别是关于联邦的州际贸易管辖权方面，联邦最高法院在本案之后的若干判例中先后将制造业、广告业等排除在了联邦管辖范围之外。据考察，这种立场基本延续到了1937年“宪法危机”。就本案而言，其结果是国会失去了按照联邦宪法“贸易条款”对保险进行规范的权力。联邦法对保险业可谓“有心无力”。于是，各州政府都设立了各自的保险监管机构管辖本州的保险业。1871年，为增进各州保险监管之间的协作，美国保险监理官协会成立。

（二）插曲：倡导联邦监管的提议与案例

随着统一市场的形成和科技革命的勃发，美国的经济发展迅速膨胀并向垄断阶段过渡。为了应对实践中日益凸显的垄断行为，国会于1890年通过了《谢尔曼法》（Sherman Act），意欲对跨州贸易中的垄断行为进行规制，这是美国历史上第一部授权联邦政府对经济贸易进行干预的法律，明确规定了“任何限制各州间或与外国的商务贸易的合约、托拉斯等形式的联合、共谋均系违法，任何从事此类非法合约、联合或共谋之人都是重罪犯”。[①] 但可惜的是，由于联邦最高法院在保罗诉弗吉尼亚州案中确立的规则，《谢尔曼法》看上去似乎不能对保险业务进行规范。但是，保险业在这一时期却依然发生了一些操纵市场的案例，纽约州对此类案件展开了调查处理。[②] 西奥多·罗斯福总统提出了对保险实施联邦监管的建议，理由是“保险业经营是全国性

① Sherman Act (Antitrust) (Sherman Anti-Trust Act), July 2, 1890, c. 647, § 1, 26 Stat. 209.

② See Kenneth Meier, *The Political Economy of Regulation: The Case of Insurance*, p. 84 – 87, SUNY (1988).

而非地区性的”。[1] 当时的参议员、Prudential 人寿保险公司的创始人 John Dryden 也提出了实施这一建议的法案，他强调，联邦监管不仅是防止操纵与欺诈的需要，也是增加监管统一性和效率的需要，能够保护保单持有人的利益、降低保险的成本、减少不必要的行政管理费用。[2] 不过，国会终究未通过这一法案。

然而，40 年后却发生了一起轰动性案例，让形势看似出现了转机：联邦最高法院于 1944 年的 U. S. v. South-Eastern Underwriters Ass’n 案中推翻了保罗诉弗吉尼亚州案的决定，认为保险确实已构成“州际贸易”，因而应由国会加以规范。1944 年，联邦政府起诉由 200 家火灾保险商和 27 个人组成的协会，控告其违反了《谢尔曼法》关于固定价格与垄断的规定。该案首先起诉到联邦地区法院，地区法院驳回了联邦政府的起诉，理由是前案判决认定“保险不属于‘贸易’”，但联邦最高法院还是推翻了地区法院的认定。[3] 该案涉及的焦点问题是：联邦国会是否应享有监管保险业的权力；《谢尔曼法》是否可禁止保险领域的垄断或限制竞争的行为。

联邦最高法院最后认为保险属于跨州贸易，应受联邦“贸易条款”的规范，理由是：保险业已在美国经贸领域中居于重要地位，其经营并不是刻板地划分为 48 块领土。在各个州的相互关联、相互依赖、一体经营已经是保险公司经营的实际情况。“不仅非商业的交易是‘贸易’，非法与零散的交易也是‘贸易’，即使其不使用公共承运人或涉及有形物品的流动，而只是电子与信息的交流。这些活动都已被认为构成了州际贸易，参与其中的人也应接受联邦监管。如今已很难认定保险公司的活动不是州际贸易，这些活动……

① Theodore Roosevelt’s Message to Congress for 1904；Records of the House of Representatives，HR 58A – K2.

② See FIO，*How to Modernize and Improve the System of Insurance Regulation in the United States*，p. 13，available at：https://www. treasury. gov/initiatives/fio/reports-and-notices/Documents/How%20to%20Modernize%20and%20Improve%20the%20System%20of%20Insurance%20Regulation%20in%20the%20United%20States. pdf.

③ U. S. v. South-Eastern Underwriters Ass’n，322 U. S. 533，64 S. Ct. 1162，88 L. Ed. 1440（1944）.

在很多州开展整体运作，跨越州界进行大量的金钱、文档和通讯的传输。”①

此外，联邦最高法院对联邦“贸易条款”作出了说明：其目的不局限于授权国会立法限制各州对贸易的监管，而是积极地对跨越州界、影响多州人民的贸易实施规范……这种联邦权力对于将松散的邦联焊接为不可分割的国家具有根本性影响。对于《谢尔曼法》，法院认为，从其用语（“任何”“每个”等）就不难看出该法表现出的明显的囊括性，而保险公司的联合或垄断同样也是公众所厌恶恐惧的对象，没有充分理由将保险排除在联邦监管权范围之外。

该案的判决对保险业产生了轩然大波，因为法院不仅认定联邦国会有权规范州际贸易，而且还认为联邦国会已经通过《谢尔曼法》与其他关于跨州贸易的法律对保险业进行了规制。② 这样的观点引发了业界的恐慌，因为按照法院的说法，反垄断法将可适用于保险业。

虽然联邦最高法院的最终观点可视为对联邦贸易监管权的支持，但当时有 3 名大法官并不赞同这一结果。如首席大法官斯通、法兰克福大法官均表示反对，杰克逊法官部分反对。杰克逊法官的观点非常有深意，他认为各州对保险的监管已近一个世纪，各州监管机构已形成较为稳健的力量，而联邦国会却还没有做好对这一行业进行监管的准备，突然交给国会这一重要的使命也没有必要。有序实现保险监管联邦化不应通过司法而应用立法方式。当国会认为时机成熟时，其可提前明示适用范围和生效日期，以避免造成混乱与惊恐。③

（三）成熟：《迈凯伦－弗古森法》

在此背景下，似乎已经习惯了在分州监管模式下运营的保险业经营者们通过 NAIC 准备了一份议案，支持通过联邦立法将监管权明确划归各州。最

① U. S. v. South-Eastern Underwriters Ass'n, 322 U. S. 533, 64 S. Ct. 1162, 88 L. Ed. 1072 (1944).

② Id., at 1072－1075.

③ Id., at 1194.

终该议案获得通过，这就是著名的《迈凯伦－弗古森法》（McCarran-Ferguson Act）。国会以该法确认了以州为主的监管模式。[①]

该法承认，“继续由各州对保险业监管和征税符合公共利益，国会的沉默不代表对各州的保险业监管与征税施加障碍”，并规定各州保险法在大多数情况下优先于联邦法。“国会法律均不得视为使各州规范保险业务或对这类业务征收税费的法律无效、受损或被取代，除非该国会法律明确规定了保险业务”。[②] 此外，以《谢尔曼法》、克莱顿法、联邦贸易委员会法等反垄断法律也不能以适用于保险业为由，从而将保险业排除在反垄断法的范围之外。至此，保险业的分州监管模式得以正式确立定型。

（四）发展：各州保险法的改进

20 世纪 60 年代，美国的保险公司经历了一波破产潮，引起了关于分州监管适足性的讨论。由于没有保障基金的支持，保单持有人遭受了重大损失。1966 年，国会曾提议参考存款保险制度设立联邦保险保障系统。在此压力下，NAIC 于 1969 年制定了财产保险公司保障基金示范法，1970 年制定了人身保险公司保障基金示范法，用于规范保障基金的筹集与使用，并保障保单持有人的权益。各州随后引入了这一制度。

到 20 世纪 80 年代，又一轮的保险公司破产潮来临，国会再次启动了对保险公司偿付能力监管的调查研究，于 1990 年发布了一份题为“Failed Promises：Insurance Company Insolvencies”的报告，指出了保险公司偿付能力严重不足的问题。[③] 之后，国会提出了一项法案：《联邦保险偿付能力法案》（The Federal Insurance Solvency Act），主张对保险公司的偿付能力实施联邦监管。1994 年，国会发布的一份名为“Wishful Thinking：A World View of Insurance Solvency Regulation”的报告指出，虽然各州在保险监管方面作

---

① 15 U. S. C. § § 1011－1015（1945）.

② 15 U. S. C. § § 1012（b）（2006）.

③ U. S. House of Representatives，Committee on Energy and Commerce，Subcommittee on Oversight and Investigations，*Failed Promises*：*Insurance Company Insolvencies*，GPO（1990）.

出了积极的改进，但这种监管依然不够充分，因为各州缺少全国性和国际性的权力。[①] 这两份报告最终未获通过，但同样引起了各州的改变：NAIC 制定了保险公司风险资本的规范，而各州也相继采纳了这些规则，确立起了更高的偿付能力要求。

1999 年，美国颁布了其金融监管史上最为重要的法律之一：《金融服务现代化法》，该部法律打破了分业经营的限制，允许成立包含银行业机构、证券业机构和保险业机构的金融混业集团。为了提高保险监管的一致性，该法曾以设立“全国注册代理人与经纪商协会（NARAB）”相威胁，但各州积极行动，防止了这一机构的设立。因而，对于金融集团中的保险公司依然是由各州监管机构加以规范。

进入 21 世纪后，对于保险监管体制的争议也未平息，虽然不时有人提出有关保险监管联邦化的想法，国会也多次组织关于保险监管的听证会，也有议员提出相关的改革法案，[②] 但均未取得实质性突破，人们都已习惯了国会的“软弱”和各州的“强势”。

总之，保险监管的权力纷争是联邦主权与各州主权纷争的缩影与“后遗症”。各州的监管主体地位被立法确立后，这一格局就延续到了今日。这也是保险业与证券业、银行业最大的区别之一。美国保险业分州监管体制维持到今日，可以说是源于历史的长期作用，体现了传统的强大力量，更是一种显著的“路径依赖”（path-dependence）。所谓“路径依赖”，是指在社会制度变动的过程中，最初选择的制度路径会在之后的社会发展中因人们的学习接受、心理适应以及既得利益集团等因素而得到强化，从而产生对这一路径

① U. S. House of Representatives, Committee on Energy and Commerce, Subcommittee on Oversight and Investigations, *Wishful Thinking: A World View of Insurance Solvency Regulation*, GPO (1994).

② 如 Michael Oxley 和 Richard Baker 于 2004 年提出了一份“各州现代化与监管透明法”（State Modernization and Regulatory Transparency Act），提议各州遵循统一的发放许可、市场行为监管、再保险和破产管理的标准；2007 年 4 名议员发起“全国保险法”（National Insurance Act of 2007），倡议设立联邦许可，可由保险公司自己选择联邦许可或各州许可。See State Modernization and Regulatory Transparency Act (2004) available at: http://www. aba. com/ABIA/Pages/Issue _ RM. aspx; National Insurance Act of 2007, S. 40 and H. R. 3200 (2007).

的依赖性，使人们难以走出这条路径。① 美国保险业的监管体制即是如此：由于最开始的法院判决站在了州权的一边，经过较长的历史时期，这种现实逐渐被保险业者接受，并得以日益强化。利益相关各方都已习惯了分州监管的体制而不愿做出改变。1944 年联邦最高法院作出 U. S. v. South-Eastern Underwriters Ass'n 案判决时所引起的市场广泛质疑就体现了这种依赖性。在 2008 年金融危机发生之后，各州监管者对这一体制的极力维护无疑也是这种依赖性的体现。在关于保险监管与立法的国会听证会上，对强化联邦监管权的极力反对就是很好的注解。② 但是这种“路径依赖”在金融市场经营混业化、规模爆炸化和相互连接性愈加显著的今天却似乎愈加体现了捉襟见肘的局限性。

二、弊端：分州监管成本过高

根据美国学者华莱士·奥茨的观点，联邦政府的显著优势在于集中了集权与分权的优势，中央政府承担着稳定经济、调节收入分配和提供影响到全社会成员福利的公共产品，地方政府负责提供与辖区居民利益相关的公共产品和服务。③ 同样，保险监管作为政府的公共产品，由哪级政府提供这一公共产品就是一个值得思考的问题。从经济学的角度来说，如果不存在各个地方之间的负外部性、联邦集权监管的成本降低和福利增长，那么由各个地方分别提供公共产品带来的帕累托效率应当更高。于是，确定保险监管的主体就要依靠对保险监管的成本与收益的分析。

（一）保险监管整体成本高昂

虽然总有人为美国保险业的分州监管模式辩护，但这一模式目前仍存在不可避免的弊端。根据联邦保险办公室（Federal Insurance Office，FIO）统

① 这一理论是由著名的新制度经济学家道格拉斯·诺思提出，他在代表作《经济史中的结构与变迁》中用路径依赖理论阐释了经济制度演进，并凭借该理论获得了 1993 年诺贝尔经济学奖。

② See Hearing before the House Subcommittee on Insurance, Housing and Community Opportunity Regarding “Insurance Oversight and Legislative Proposals”, p. 1 – 5.

③ 参见［美］华莱士·E. 奥茨：《财政联邦主义》，陆符嘉译，译林出版社 2012 年版，第 19 ~ 20 页。

计，截至2012年年底，保费收入前10名的人身保险公司中有两家属于银行控股集团或存贷控股集团，前10名的财产保险公司中有4家属于存贷控股集团，然而这些保险公司仍主要由各州监管。联邦保险办公室也曾于2013年年底发布了一份有关保险监管改革的报告，指出了现有保险监管体制的弊端，认为分州监管造成了诸多不便，而联邦监管能提高监管的统一性、效率性和一贯性。① 根据测算，每1美元保费收入，保险公司在美国分州监管体系下的运营成本比在英国的运营成本高约6.8倍，人身保险公司的成本每年增加57亿美元，财产保险公司的成本每年增加72亿美元。②

通过对整体保险监管体制历史与现实的考察，可以发现目前的保险监管体制存在以下几方面难以解决的难题：（1）联邦反托拉斯法无法适用，会导致保险业的限制竞争行为。目前的各州法律并没有规制保险公司垄断行为的规定。（2）各州不同的监管规定难以形成统一而有效的民事救济或行政处罚体系，影响保险业的责任明确性。（3）各州法律的一致性无法保证，由于保险业的跨州经营并非少数情况，这不仅会造成各州保险监管机构的重复性工作，也会给跨州经营的保险公司带来巨大的成本负担。（4）各州保险监管机构更加容易受到保险经营者的政治公关压力，容易产生“规制俘获”现象，会产生直接或变相的地方保护主义。（5）各州所能掌握的保险业相关数据资料非常有限，无法反映全国保险业的真实风险状况，无法从整体层面对保险业进行研究和监控。这种弊端同样在债券保险的监管中得到了体现。

（二）债券保险集团债务重组程序成本较高

由于主要的债券保险公司都在集团之中，从事债券保险业务的子公司接受各州保险监管机构监管，其破产程序也受各州保险公司破产法的约束，然

① FIO, *How to Modernize and Improve the System of Insurance Regulation in the United States*, p. 5, available at: https://www.treasury.gov/initiatives/fio/reports-and-notices/Documents/How%20to%20Modernize%20and%20Improve%20the%20System%20of%20Insurance%20Regulation%20in%20the%20United%20States.pdf.

② See McKinsey & Company, *Improving Property and Casualty Insurance Regulation in the United States* (2009).

而其集团控股公司却受美国联邦破产法规范，从而产生同一保险集团内部公司破产程序衔接与协调的巨大成本。以 Ambac 集团为例，作为集团控股公司的 Ambac Financial 公司破产是向联邦法院申请并适用联邦破产程序，① 而其业务公司 Ambac Assurance 公司的破产程序则适用威斯康星州保险公司接管法，在威斯康星州监管机构的监督下开展债务重组程序。② 虽然都能进行债务重组，却须分别在联邦法和州法的层面开展相关重组程序，如果债券保险公司能在联邦破产法框架下解决债务危机，则会极大降低其与集团公司破产程序的协调成本，提高债务重组的统筹性与有效性。

（三）债券保险中的联邦征税权与州法权冲突

在 Ambac 集团案中，Ambac 集团公司于 2009 年因确认了信用衍生品交易亏损而获得了一笔 7 亿多美元的退税，但联邦国税局（Internal Revenue Service，IRS）由于发现该退税起因是会计准则变动而希望将这笔退税收回。由于并表集团各个成员对税收债务承担连带责任，国税局可从账户分离后的一般账户中收税。③ 为了阻止国税局这一行动，OCI 在 Ambac 集团公司申请破产前就向法院申请了禁止国税局收税的禁令，并将国税局债权放入隔离账户之中。④ 由此展开了国税局与保险局之间的诉讼战，国税局希望将诉讼程序转移到联邦法院以撤销上述禁令。⑤ 其主张，征税法不同于宪法中的“州际贸易”条款，因而《迈凯伦 - 弗古森法》并不能排除联邦征税法的适用，

① See *In re* Ambac Financial Group Inc. Securities Litigation, 693 F. Supp. 2d 241 (2010).

② See Disclosure Statement Accompanying Plan of Rehabilitation, *In re* The Rehab. of Segregated Account of Ambac Assurance Corp., No. 10 – CV – 1576 (Wis. Cir. Ct. Dane Cnty. Oct. 8, 2010).

③ 26 C. F. R. § § 1. 1502.

④ See Order for Temporary Supplemental Injunctive Relief at 1 – 2, Notice of Amendment to Plan of Operation for the Segregated Account, *In re* The Rehab. of Segregated Account of Ambac Assurance Corp., No. 10 – CV – 1576 (Wis. Cir. Ct. Dane Cnty. Nov. 8, 2010).

⑤ See Notice of Removal to the United States District Court for the Western District of Wisconsin, *In re* The Rehab. of Segregated Account of Ambac Assurance Corp., No. 10 – CV – 1576 (Wis. Cir. Ct. Dane Cnty. Nov. 8, 2010).

但该案最终还是被联邦地区法院认定属于州法院管辖范围。[①] 国税局此后数次提出异议，甚至直接起诉州法院，但最终均告无果。[②]

三、根源：动机与能力的不匹配

追溯这一弊端的内在原因，主要是分州监管体制下保险业经营的外部成本无法在各州内实现“内部化”。监管机构应当是维护整体经济利益的主体。[③] 分州监管无法有效防控系统性风险就再次验证了监管体制“内部化”原则的重要性。所谓“内部化”原则，就是指规制权力应当配置给最能使受规制活动产生的外部成本内部化的政府主体。这一原则的根源是上文提到的联邦集权与地方分权的成本与收益分析。对于一州之内的业务活动，由该州政府监管无疑是正确的，联邦政府没有介入干预的必要；但对于跨越州境的活动或事务，由一个州实施监管就不再合适，此时就需要联邦政府发挥作用。

（一）各州不具有宏观监管的动机

内部化的一个主要理由是：政府主体只有在所做的规制决定的影响完全在其管辖区域内的情况下，才会充分考虑规制决定的全部成本与收益。如果将在全国范围内有负外部影响的活动的独有监管权力授予各州，一般就会导致该种活动监管不足。

由于债券保险的系统性风险影响范围并不限于一州之内，按照“内部化”原则，债券保险的监管也不应仅由各州主导，也应由联邦监管者发挥更重要的角色。当然，也有学者主张，保险业是具有系统风险性的整体行业，对于整个保险业都应加强联邦监管。[④] 本书认为，这种观点虽有一定的合理

---

① See Order and Opinion at 2, *In re* The Rehab. of the Segregated Account of Ambac Assurance Corp., No. 10 - CV - 778 (W. D. Wis. Jan. 14, 2011).

② See United States v. Wis. State Cir. Ct. for Dane Cnty., 767 F. Supp. 2d 980 (W. D. Wis. 2011) (No. 11 - CV - 99); *In re* The Rehab of Segregated Account of Ambac Assurance Corp., No. 10 - CV - 1576 (Wis. Cir. Ct. Dane Cnty. Mar. 8, 2011).

③ 参见刘少军：《法边际均衡论——经济法哲学》，中国政法大学出版社2007年版，第171页。

④ 持此观点的学者如明尼苏达大学的Daniel Schwarcz教授。See Daniel Schwarcz's Testimony, Hearing before the House Subcommittee on Insurance, Housing and Community Opportunity Regarding "Insurance Oversight and Legislative Proposals", p. 53 - 62.

性，但是否准确仍有待商榷。从保险业在金融危机中的表现来看，保险业并非金融危机的主要领域，也没有对整体金融市场造成重大损失。保险业的系统性风险主要还是集中在两个方面：(1) 大的保险公司集团；(2) 非传统的债券保险。未发生金融危机时，它们因承保或经营其他业务收获了丰厚利润，但发生金融危机的巨大成本却由社会承担，公众损失了自身投资，同时也损失了对市场的信心，市场信贷紧缩，波及实体产业经济，导致宏观经济衰退。在危机成本由全国范围的社会公众共同负担之时，各州监管者也就缺乏足够的动力去关注债券保险领域的系统性风险。即便各州加强了对本州内债券保险公司的监管，监管所产生的成本也是由本州承担：本州内的保险费率提高，同时保费税收降低。

虽然美国各州开展了大量的监管协调工作，然而各州以及联邦的协作却非常艰难，其中不仅掺杂了50个州的各自利益，而且沟通、协商与实施的成本也太过高昂，导致协作效果有限。在联邦与州的协调方面，各个州的监管者都希望牢牢抓住监管权力而不愿交给联邦政府，这显示出了各州对监管权力所享有的“既得利益”，他们一再宣称，各州在保险监管方面经验丰富且“装备优良”，倾向于维护现有的权力格局而排斥相关的改变。[①] 同时，50个州的监管者们对于保险业的系统性风险有不同的认识，对于监管也有各自的定位，这会极大地阻碍监管协调的效果。

(二) 各州没有应对系统性风险的能力

我们看到，各州虽然保留下了对本州之内银行业与证券业的监管权力，但在金融市场全国化甚至国际化的浪潮中，这种监管权已经只剩很小比重。证券监管方面，一般只有对州内的小额融资活动和消费者保护的监管；银行监管方面，则大多只有对社区银行及消费者保护的规范；对于“影子银行”，

① See Joseph Torti, Ⅲ, Testimony on Hearing Before the Subcommittee on Insurance, Housing and Community Opportunity of The Committee on Financial Services, U. S. House of Representatives, p. 6.

《多德-弗兰克法》也已将其监管纳入联邦层面。[①] 各州都已习惯了只对自己辖区内的保险公司进行监管，并没有对全国保险业和跨州经营的保险公司进行监管的经验，也没有这样的能力。特别是对债券保险这种与金融市场联系紧密的保险领域表现得尤为明显，以纽约州为代表的若干州虽然对债券保险实施了20年监管（自20世纪80年代算起），但面对金融危机给债券保险业带来的全局性恶果依然束手无策。

除了上述的动机、利益和客观困难外，监管方式也是重要的原因。目前的保险监管主要是机构监管的模式，即关注单个保险公司的偿付能力、保险费率和经营行为等方面，而很少把目光聚集到整体的系统性风险上面。虽然各州确立了风险资本（Risk-Based Capital，RBC）的要求，但对于保险集团内部的风险传染的规范却相对薄弱。NAIC的《美国保险偿付能力框架（2010）》重点说明了对保险公司风险资本的重视，但各个保险集团都已在各个州内通过多个分支机构开展经营活动，这给各州保险监管协作增加了难度。各个债券保险公司也大多是保险集团下属的子公司，它们所属的金融集团至今仍然是各国监管者们正在探索的监管对象，其复杂程度让本就能力有限的州级监管者们更加疲于应付。下文会有对保险集团公司监管的专门论述，此处仅讨论监管主体的局限性。

（三）协作并未改变整体监管格局

在分州监管体制之下，为了尽量减小“负外部性内部化”不足的消极影响，各州的协作以及与联邦的协作就成为必然选择。NAIC则扮演了这一重要角色，各州通过该协会建立监管标准和最佳做法，协调相互之间的监管，以实现维护公共利益，促进市场竞争，推动对保险消费者公正待遇，维护保

① 根据斯蒂芬·施瓦茨教授的定义，“影子银行”不仅是指由结构化融资特殊目的载体、财务公司、对冲基金、共同基金等“影子银行”提供的产品和服务，也包括用于提供这些产品和服务的市场。对“影子银行”的联邦监管主要体现在《多德-弗兰克法》中，如证券化、衍生品以及非银行金融公司的改革。See Steven L. Schwarcz, *Regulating Shadow Banking: Inaugural Address for the Inaugural Symposium of the Review of Banking & Financial Law*, 31 Rev. Bank & Fin. L. 619, 631-638 (2012).

险机构可靠性、偿付性与稳健性等目标。[①] 在NAIC的协调下，各州都确立了以维护保险公司偿付能力和维护保单持有人利益为主要目标的监管制度。而且，NAIC自成立以来，不仅通过教育培训、信息共享、技术支持等方式对各州加以协助，而且通过制定示范法的方式为各州保险法提供了各领域的立法指引。如今，NAIC的示范法已涵盖了财务报告、并购、反歧视、广告行为、投资、破产等各个方面，指引种类多达263类。[②]

在大量的协作工作之下，各州保险监管基本都以保护保险消费者利益为主要目标。为实现这一目标，各州确立的保险监管制度大都具有实质相似性，一般包括：准入许可制度、产品与费率标准、禁止不公正或误导性广告、对保单持有人的公平偿付、信息披露规则等，还有最重要的偿付能力监管。正如美国著名保险法学者道宾所说，保险法的内容看似庞杂，实际上可分为三个部分：一是对费率的控制以使其不会不足、过度或不当歧视；二是预防保险公司对被保险人和市场竞争的不公平行为；三是为保护被保险人利益而预防保险人破产。[③] 可以说，这些制度本质上均是为了服务于保护消费者利益的立法宗旨。

虽然如此，但应看到，NAIC并非联邦监管机构，也非州监管机构，它只是各州监管机构组成的非政府协会组织，对于各州监管机构并无强制性约束力，各州有权决定是否采用示范法，并可对其内容进行改动。因而，分州监管的模式并未因为NAIC的存在而得到改变。

综上，保险行业经营风险和收益的全国性与分州监管的体制形成了一种“错配”，这种错配难以有效抵御保险业的风险传染与溢出。就债券保险行业而言，虽然各个债券保险公司的总部多位于纽约州、威斯康星州等少数几个州，但同样会有各州相关法律之间的差异问题，而且这几个州也难以充分防

---

① See NAIC, *About The NAIC*, available at https://content.naic.org/about.

② See NAIC, *Model Law Table of Contents*, https://content.naic.org/sites/default/files/committee-model-law-table-of-contents.pdf.

③ See John F. Dobbyn, *Insurance Law in a Nutshell*, 4th edition, Thomson West (2003), p. 474.

控债券保险业的宏观风险。并且目前对债券保险业的分州监管体制导致了债务重组程序衔接问题以及联邦征税权和州监管权力之间的巨大冲突。这些问题只能通过监管体制的重构加以解决。

第二节　联邦监管改革无法防控债券保险整体风险

2008 年金融危机之后，以贝尔斯登、雷曼兄弟为代表的投资银行和 AIG 为代表的保险集团的倒闭或受困给人们敲响了金融稳定的警钟，让人们看到了金融系统的脆弱性。于是，宏观审慎监管的理论与实践逐渐受到了各国的重视，金融危机之后，二十国集团决定成立金融稳定委员会（FSB）负责确定“系统重要性金融机构”（Systemically Important Financial Institution，SIFI）名单，对这些金融机构实施更高的资本要求和风险监管。AIG 等三家保险集团公司被金融稳定委员会认定为“系统重要性金融机构”。我们看到，保险业各类公司在 2008 年金融危机中都遭受了不同程度的损失，但各类保险公司受损的原因有所不同。人身保险公司是由于投资于各类资产支持证券（包括 CDO）而产生了巨大投资损失；而债券保险公司则不同，它是由于最基本的承保业务出现问题而陷入困境，即便是 CDS 风暴产生的巨大损失也是通过对 CDS 的承保而显现。故而，债券保险公司比其他的人身保险、财产保险公司更具有风险性。为将其与其他普通保险相区别，本书称其为“非传统保险”①（nontraditiona linsurance）。针对保险业监管，美国政府当局也进行了一定的改革，然而这些改革依然有其缺陷。

一、系统重要性金融机构监管的范围狭小

AIG 的事例向我们初步展示了作为一家“太大而不能倒”（too big to

① “非传统保险”系借鉴相关研究文献之用法。See Scott E. Harrington, *The Financial Crisis, Systemic Risk, and the Future of Insurance Regulation*, 76 J. Risk & Ins. 785, 788 (2009).

fail）的巨型保险集团公司对金融体系的重要影响，也让我们能够进一步审视目前的宏观审慎监管政策。金融危机让美国官方认识到对有系统重要性的非银行金融机构进行监管的必要性，正是这些处于宏观层面监管之外的非银行业金融机构导致了风险在整个金融体系内的大范围蔓延，而证券交易委员会（Securities and Exchange Commission，SEC）等监管机构的职责一般局限于微观的行为规制，不具有防范和处置系统性金融风险的视野。于是，具有系统重要性的非银行金融机构被《多德－弗兰克法》纳入宏观监管体系之中。

（一）系统重要性金融机构监管的内容

《多德－弗兰克法》第一编关于金融稳定中A节规定设立金融稳定监督委员会（Financial Stability Oversight Council，FSOC），赋予其一系列维护金融稳定的职权。其中就包括对非银行金融机构和金融活动的监管决定权，即决定哪些非银行金融机构和金融活动应受到美国联邦储备委员会监管，对于这些金融机构应当施加更高标准的监管举措。①

FSOC在确定非银行金融机构应否受到美联储监管时应当考虑的因素主要有：（1）杠杆率；（2）表外风险敞口的性质与规模；（3）与其他重要非银行机构和银行控股公司的交易及关系的性质与规模；（4）在美国家庭、企业和政府信贷来源方面的重要性和作为金融体系流动性来源的重要性；（5）作为低收入、少数民族或金融服务不足的社区信贷来源的重要性和倒闭对信贷可获性的影响；（6）所管理资产的规模以及管理资产所有权的分散性；（7）业务的性质、范围、大小、规模、集中度和混合度；（8）受金融监管的程度，金融资产的数量与性质，负债的数量与类型（包含对短期融资的依赖度）。②

对这类系统重要性金融机构的监管内容大体包括如下几个方面：（1）注册要求。这些金融机构应按时到美联储注册并提交相关信息。（2）报告要求。美联储有权要求其提交有关以下内容的报告：①财务状况，各类风险的

---

① Dodd－Frank Wall Street Reform and Consumer Protection Act，PL 111－203，July 21，2010，124 Stat. 1376，§113.

② Id.

监测控制体系以及对金融稳定形成威胁的程度；②符合《多德－弗兰克法》第一编关于金融稳定之规定的情况。（3）检查要求。美联储可对其监管的金融机构及其子公司的财务情况、运营状况、合规情况等进行检查。（4）并购要求。在并购银行或银行控股公司时，须经过美联储事前批准。（5）兼职禁止。禁止个人同时担任同一地区两家非关联金融机构的董事、高管或受托人等职务。①

在对系统重要性金融机构的监管标准方面，美联储可自行或根据 FSOC 授权制定执行比一般机构更为严格的监管标准，如资本要求、流动性要求、清算计划和信用敞口报告、集中度限制、压力测试以及信息披露、公司治理等方面。②

此外，有序清算机制也是重要内容。《多德－弗兰克法》第二编授权财政部长依据美联储与 FDIC、SEC 或 FIO 等机构的建议而决定将“覆盖金融公司”送入清算程序，使其接受 FDIC 的保护。所谓“覆盖金融公司”是指发生违约或有违约危险且其失败会产生巨大系统性影响的金融公司。若金融公司为保险公司或最大子公司为保险公司的控股公司，则该公司成为“覆盖金融公司”进入有序清算程序就需要美联储主席与 FIO 主任的联合建议。作为“覆盖金融公司”或“覆盖金融公司”子公司的保险公司清算或复原程序应由州监管者按州法实施，但若监管者未能按时提起司法申请，则 FDIC 可行使此权力。

（二）系统重要性金融机构监管的缺陷

《多德－弗兰克法》虽然对保险业采取了一定的措施，FSOC 也能决定以保险为主业的金融公司以及其他非银行金融公司为系统重要性金融机构，从而使 SIFI 接受更为严格的联邦审慎监管。但从 FSOC 在决定某一机构是否为系统重要性金融机构时所要考虑的因素来看，单个债券保险公司被认定为系

---

① Dodd－Frank Wall Street Reform and Consumer Protection Act，PL 111－203，July 21，2010，124 Stat. 1376，§114，161－164.

② Id.，§115，165.

统重要性金融机构的可能性不大，仍然无法受到联邦宏观监管约束。实际情况也确实如此，只有三个混业经营的保险集团被确定为这类金融机构，即AIG、Prudential 和 MetLife。

不可否认，这种对个别金融机构进行“点名监管”的方式有助于联邦从宏观层面对一些重要机构实施监控管理，但却无法将某些重要的金融行业纳入宏观监管的视野之中，债券保险行业即是如此，虽然被认为属于更具风险的非传统保险业务，但没有联邦层面的相应规范。而且，即便是纳入有序清算机制，相关程序也须在州内进行，依然无法摆脱分州监管模式的牵绊制约。

二、联邦保险办公室的职权虚弱

对于传统保险业，许多人认为其并不是金融危机的起因，也没有受到金融危机的太大影响，只有非传统的债券保险公司和较大的保险公司集团由于其自身特性而成为产生和扩大金融危机的重要环节，它们是整个保险业领域的少数例外。2008 年之后的金融监管改革也就自然未对保险业“大动手术”。当前，联邦层面的保险监督机构就是联邦保险办公室。

（一）联邦保险办公室的职权

2008 年财政部的《现代化金融监管构造蓝图》提出了创设可选的联邦许可作为通向统一的国家许可的过渡步骤，并设想在财政部下设立保险监督办公室（Office of Insurance Oversight）。[①] 2009 年 6 月，财政部发布《金融监管改革：新基础》（Financial Regulatory Reform：A New Foundation）报告，提议设立全国保险办公室（Office of National Insurance）来协调保险政策。[②] 经过一番博弈，《多德 - 弗兰克法》最终确定设立联邦保险办公室，作为联邦财政部的下属机构，同时也是金融稳定监督委员会的咨询成员。

---

① US Department of Treasury, *Blueprint for a Modernized Financial Regulatory Structure*, March 31, 2008, available at: https://www.treasury.gov/press-center/press-releases/Documents/Blueprint.pdf.

② US Department of Treasury, *Financial Regulatory Reform: A New Foundation: Rebuilding Financial Supervision and Regulation* (2009), p. 39.

如前所述，各州保险监管机构对本州境内的保险业务和保险公司具有法定的监管职权，而联邦保险办公室仅具有有限的监督管理权力，主要内容如下。[①]

（1）全面监控保险业，识别可能导致保险业或金融体系系统性危机的问题。

（2）建议金融稳定监督委员会指定一个保险公司（包括保险公司关联人）为接受美联储根据《多德－弗兰克法》第一编（关于金融稳定）的规定进行监管的非银行金融机构。

（3）就国际保险事务的审慎监管事务在联邦层面进行协调并制定政策，包括代表美国参与国际保险监督官协会（International Association of Insurance Supervisors，IAIS）、协助财政部长开展“覆盖协议”[②] 谈判。

（4）根据法定标准与程序决定“覆盖协议”是否优先于各州保险监管。[③]

（5）与各州及其保险监管机构磋商具有全国重要性的保险事务和国际重要性的审慎事务。

（6）准备并提交关于保险业和再保险业研究及监管的报告，主要有：“覆盖协议”优先适用报告、保险业年度报告、再保险市场报告和保险监管现代化改革报告等。

（7）可从保险业和保险公司（含再保险公司）及其关联人收集数据、签署信息共享协议、分析并发布数据和信息、发表关于全部保险（除医疗保险）的报告。FIO 可要求这些主体提供 FIO 为履行职能而合理要求的数据或信息。

---

① 本部分内容参见《多德－弗兰克法》第五编 A 节的规定。See Dodd－Frank Wall Street Reform and Consumer Protection Act，PL 111－203，July 21，2010，124 Stat. 1376，Title Ⅴ，Subtitle A.

② “覆盖协议”（covered agreements），是指与一个或多个外国政府、监管当局就关于保险业或再保险业的审慎措施之承认而达成的双边或多边协议，这些审慎措施对保险或再保险的消费者的保护与各州监管的保护大致相当。

③ “覆盖协议”优先于州法的标准是：（1）FIO 主任认为这些措施导致受覆盖协议约束的境外非美国保险公司未能在该州获得国民待遇；（2）FIO 主任认为这些措施与覆盖协议不一致。决定程序：（1）就潜在的不一致或优先适用通知相应的州和美国贸易代表，并与其协商；（2）在《联邦公报》发布公告，允许利益相关方发表意见，并对这些意见加以考虑。See Dodd-Frank Wall Street Reform and Consumer Protection Act，PL 111－203，July 21，2010，124 Stat. 1376，§502（f）.

（二）联邦保险办公室的虚弱

《多德－弗兰克法》具有这些关于FIO权力的规定已属较大进步，但不可否认的是，这样的职权过于虚无，主要是监控、建议、谈判、磋商、收集数据等非监管权力。就连金融稳定委员会也在其对美国的同行评议中指出了这一不足："虽然FIO可在国际上代表美国，但有监管权的各州却没有义务实施国际协议和国际标准。"① 其享有的原则性职能，也无法履行对系统性风险的宏观监管职责。美国联邦最高法院在1944年U. S. v. South-Eastern Underwriters Ass'n案中对联邦贸易监管权的认识不仅与当时的现实相符，而且对后来也极有预见性。正如丹尼尔·施瓦茨教授在国会关于保险立法的听证会上所说，"（该立法案）隐含了认为保险业不会导致系统性风险的传统观点……使保险公司被排除在本应适用于系统风险性企业的要求更高的审慎监管之外，限制了联邦机构可用来调查保险公司系统性风险的工具，损害了联邦监管者对现实存在的系统风险做出回应的能力"。②

经过上述分析可以发现，保险业特别是债券保险业需要一个能够从宏观层面积极识别、评估与管理潜在风险的监管体制，美国目前的分州监管模式难以满足这一要求。而联邦保险办公室当前较为虚弱的职权也难以担负起应有的重任，无法应对系统性风险。

第三节　保险监管体制的他国经验

其他发达国家对保险业的监管体制也是我们可以用来分析研究的制度样本。对保险监管整体体制的研究同样有利于我们了解保险监管的趋势和意义。

① See Financial Stability Board, *Peer Reviewof the United States* (August 27, 2013), p. 10.

② See Insurance Oversight and Legislative Proposals, Hearing before the Subcommittee on Insurance, Housing and Community Opportunity of the Committee on Financial Services, 112th Cong, 1st Sess. 54 (2011), p. 53－54 (Testimony of Daniel Schwarcz, University of Minnesota Law School), available at: http://financialservices. house. gov/uploadedfiles/112－84. pdf.

一、英国的国家监管趋势

英国与美国同属英美法系，在法制理念与法律传统方面较为接近。英国没有专门的债券保险法（金融保证保险法），考察英国对保险业整体的监管体制也会对我们有所帮助。

1. 英国的保险监管法体系

英国是世界上保险业最为发达的国家之一，其保险业的快速发展推动了加强监管的客观需求。17 世纪，英国海上贸易的发达推动了海上保险的繁荣。随着保险市场的不断扩大，投机欺诈等行为日渐猖獗。于是，英国政府开始动用法律的手段加强对保险业的管理。1774 年，英国通过了《人寿保险法》；1896 年，通过了《人寿保险公司法》。这两部法律是较早的保险法规范。19 世纪，英国的保险市场进一步壮大，各类保险品种基本都已成型。到了 20 世纪中叶，英国再次立法，通过制定《保险公司法》（1958 年）将各类保险公司都纳入了法律的调整范围，其中包括对保险公司进行监管的内容。1977 年，颁布了《保险经纪人注册法》。1982 年，英国出台了新的《保险公司法》以及《劳合社法》。1986 年，英国通过了一部重要的法律——《金融服务法》，为现代保险监管打下了基础。

2. 英国早期的保险监管体制

英国的行业自律监督在保险业监管中的作用非常显著。英国保险业协会就是保险业重要的自律组织，在保险行业的自主管理方面独具优势。著名的劳合社（Lloyd's）作为类似于保险交易市场的机构，对于保险公司也具有较强的自律监管职能，并进行信息搜集、统计研究等工作。

在政府监管方面，20 世纪 90 年代之前，英国对保险业的监管是由贸易工业部负责，同时由保险业协会组织实施自律监督，自律监督在这一时期保险监管中的角色功能甚至超出了政府。但是，政府监管和同业协会自律的力度都相对有限。20 世纪 70～90 年代的保险市场经历了多次不规范经营的事件，这让英国议会认识到了加强监管的重要性，启动了新一轮的立法活动。首先，英国于 1977 年颁布的《保险经纪人注册法》，规定对保险经纪人的注册和培训、行为规范和惩戒措施等内容，并规定了保险经纪人注册委员会的设立，由该委员会对保险经纪人进行检查和监督。1986 年，英国通过了一部重要的法律——《金融服务法》。该法标志着英国保险监管体制的重大变化，加强了政府的保险监管力度。特别是在人寿保险方面，该法限制了人寿保险中介的代理行为，规定寿险中介只可代理一家人寿保险公司，或以独立顾问的身份为客户提供服务。无论采用何种方式，都有严格的实质与程序要求。该法也开启了金融混业经营的浪潮。

1997 年，英国开始了金融监管改革，并成立了重要的机构——金融服务管理局（Financial Services Authority，FSA），成为主要的金融监管主体，原有的由英格兰银行监管银行业、贸易工业部监管保险业、证券投资委员会监管证券业的分业监管体制被改变，这是为适应金融混业浪潮而作出的重大改变。金融服务管理局不属于政府机构，但要对财政部负责。2000 年，《金融服务与市场法》进一步赋予了该机构更大的权力，使其能更好地维护金融系统信心、保护消费者利益、维护金融市场稳定、减少金融犯罪。[①] 为了履行这些职能目标，FSA 享有规则制定、提供建议、确定指导原则等职权，并须向议会提交年度报告，接受立法和司法的监督。[②] 2005 年，金融服务管理局开始对普通保险业务进行监管。

3. 金融危机后监管体制的发展

2009 年开始，英国也开始了对金融监管的改革，意图用新的监管框架加强对金融体系的审慎监管。基于这一目标，英国强化了中央银行的职权，赋予其必要的审慎监管权。[③] 同时，金融服务管理局被分拆为两个不同的机构：金融行为管理局和审慎监管局，分别行使行为规制与微观审慎监管的职能。

---

① See Financial Services and Markets Act 2000（FSMA）.

② See Financial Services Authority website：http://www. fsa. gov. uk/pages/about/aims/statutory/index. shtml.

③ See UK H. M. Treasury，*A New Approach to Financial Regulation*：*Judgement*，*Focus and Stability*，https://www. gov. uk/government/uploads/system/uploads/attachment _ data/file/190261/summaryofcondocrespon ses241110. pdf.

2012 年《金融服务法》确认了这种“双峰监管”的改革成果。[①]

2015 年，英国政府再次提出改革计划，建议将审慎监管局纳入中央银行，由中央银行负责统筹实施宏观与微观的审慎监管，证券业、保险业的行为监管依然由金融行为管理局负责。[②] 2016 年 5 月，英国通过《英格兰银行与金融服务法》，确认了这一改革举措。[③] 可以说，英国政府的保险监管虽然相对宽松，但面对近年来保险业系统性风险监管加强的趋势，英国的监管机构也迈出了向前的步伐，保险业的审慎监管得到了提升。

另外，英国自加入欧盟以来，金融监管政策受到欧盟的制约影响较大。然而，2016 年的“脱离欧盟”行动将使其不再是欧盟的成员国，从而使其金融监管体制更加独立。正因如此，英国也继续维持了既有的监管体制。

二、德国的国家监管趋势

如果说英国与美国的监管体制差异是由于政治体制的不同，那么我们不妨考察一下同为联邦体制的德国的情况。德国作为典型的大陆法系国家，其联邦监管权发展趋势同样可作参考。

1. 德国的保险监管法体系

德国法素以严谨著称，在保险监管体制方面，这一点也体现得淋漓尽致。德国的保险法主要包括 1901 年制定的《保险监管法》和《保险合同法》，其中《保险监管法》是德国保险监管体制的主要规范来源，规定了严密的监管体系。该法规定了保险业务的许可、互助保险社、保险事业管理、保险业监管、职业养老金计划、再保险业务、刑事责任等内容。[④] 在保险业监管方面，规定了监管机构的各项职权。在联邦与州的监管权力方面，德国实现了较好

---

① See Financial Services Act 2012.

② See Bank of England and Financial Services Bill Impact Assessment (2015).

③ See Bank of England and Financial Services Act 2016, see also Bank of England, *Our History*, available at: https://www.bankofengland.co.uk/about/history.

④ See Act on the Supervision of Insurance Undertakings (Versicherungsaufsichtsgesetz-VAG), English Version, available at: https://www.bafin.de/SharedDocs/Downloads/EN/Aufsichtsrecht/dl_vag_en_va.html? nn=8379954.

的划分：联邦监管机构负责监管国有保险公司和跨州经营的私有保险公司，而各州则负责监管本州内的私有保险公司和国有保险公司。[①]

2. 德国联邦监管权的强化

德国在21世纪以前同样实行分业监管，但各个监管者都是联邦层面的机构，即银监局、证监局和保监局。然而，德国金融业的混业经营发端较早，“全能银行”模式甚为发达，可以兼营银行、证券和保险业务。特别是受到20世纪后期金融混业经营浪潮的影响，分业监管体制不再适应快速变化的客观形势。于是，德国于2002年颁布《金融服务一体化法》，[②] 将金融监管机构做了调整：合并原有的联邦银行监管局、[③] 证券交易监管局[④]和保险监管局，[⑤] 成立联邦金融监管局（BaFin）[⑥] 对全国金融业务实施全面监管，该局下设证券、银行、保险监管部门和交叉业务监管部门。这一监管机构旨在保证金融机构业务合规和投资者资产安全，且该机构并不在地方设立分支机构，足见德国对联邦监管权力的重视。同时由德意志联邦银行实施日常监督，如对金融集团实施并表监管，要求其建立内控机制等。另外，德国还借助于外部机构的力量实施监管，如联邦审计院、审计师事务所等。[⑦]

3. 金融危机后的发展

德国保险监管的严密性与规范性，使其不仅在2008年金融危机前后未出现太大波动，而且也在2010年肇始的欧洲主权债务危机中表现稳定。除了积极援助希腊等国外，德国还大力倡导和推广其金融监管模式。此外，由于欧

---

① See Act on the Supervision of Insurance Undertakings (Versicherungsaufsichtsgesetz-VAG), English Version, available at: https://www.bafin.de/SharedDocs/Downloads/EN/Aufsichtsrecht/dl_vag_en_va.html? nn = 8379954.

② Financial Services and Integration Act [Gesetz über die integrierte Finanzaufsicht (FinDAG)].

③ Federal Banking Supervisory Office [Bundesaufsichtsamt für das Kreditwesen (BAKred)].

④ Federal Supervisory Office for the Securities Trading [Bundesaufsichtsamt für den Wertpapierhandel (BAWe)].

⑤ Federal Insurance Supervisory Office [Bundesaufsichtsamt für das Versicherungswesen (BAV)].

⑥ Federal Financial Supervisory Authority (Bundesanstalt für Finanzdienstleistungsaufsicht).

⑦ 参见王宇：《德国金融体系和监管体系：主要构成与基本特征》，载《金融纵横》2016年第2期，第4~7页。

盟政治体制的影响，德国国内的金融监管与欧盟层面的监管机制也相互衔接。但欧盟的监管框架是国际协作的产物，其源于各个国家的政治主权。而且，欧盟监管框架的实施也要通过各个国家来实现。对于欧盟倡导的宏观审慎监管，德国也做出了回应。2013 年，德国《金融稳定法》设立金融稳定委员会，由财政部、央行、金融监管局和金融市场稳定局的代表共同组成，以便促进相互之间的协作性以及联邦监管的稳健性。

三、澳大利亚的国家监管趋势

澳大利亚同样是英美法系国家，其奉行的金融监管模式属于经典的双峰监管构造，双峰监管模式又被称为“最优监管框架模式”。[①]

在 20 世纪 90 年代前，澳大利亚也是实行分业监管：澳大利亚储备银行负责银行系统稳定、支付结算体系，金融委员会负责房产互助协会和信贷协会监管，保险和养老金委员会负责保险与养老金行业监管，证券和投资委员会负责证券、期货、基金行业监管，消费者与平等竞争委员会也负有一定的维护公平竞争职责。[②] 保险监管的主要法律渊源是 1973 年《保险法》、1984 年《保险合同法》、1995 年《人寿保险法》。

但是，澳大利亚政府较早意识到了审慎监管的重要性。1997 年成立金融体系调查局对金融监管体系进行评测。调查局于当年提交了一份报告，被称为“沃利斯报告”（Wallis Report）。该报告提出采纳双峰监管模式，并获得了认可：1998 年议会通过了《澳大利亚审慎监管局法》。于是，澳大利亚将双峰监管理论付诸实践，形成了最早的双峰监管体制。联邦层面设立三个金融监管机构分别履行不同的职能：澳大利亚储备银行（中央银行）负责宏观审慎监管，维护整体金融稳定；澳大利亚审慎监管局负责存贷款机构、保险机构、养老金机构的微观审慎监管，维护个体的偿付能力；证券和投资委员

---

① See U. S. Department of the Treasury, *Blueprint for a Modernized Financial Regulatory Structure* (2008), p. 2.

② 参见国务院发展研究中心赴澳、新金融监管考察组：《澳大利亚、新西兰金融监管体制及其对我国的启示》，载《经济研究参考》1998 年第 46 期，第 36 ~ 37 页。

会负责市场行为与信息披露监管，维护市场秩序，保护消费者利益。

为了增强监管效力，澳大利亚在双峰监管的基础上开辟了金融监管协调机制。具体包括三个层面：（1）金融监管理事会是最高的协调机构；（2）各监管机构相互之间的谅解备忘录与沟通协作；（3）就特别事项开展的工作委员会机制。这种协调机制大大提高了联邦监管的效率与力度。[①]

四、IAIS 的监管体制原则

国际保险监督官协会为应对保险业的系统性风险也做出了积极的努力。《保险核心原则》是其大力推行的保险监管指南，最初版本于 2011 年形成，后经多次修订更新。最新的是 2019 年 11 月版。其主要内容包括：集团监管、公司治理、风险管理和再保险等。

根据 IAIS 发布的《保险核心原则》（Insurance Core Principles）第 1 条原则“监管者目标、权力与责任”的规定，负责保险监管的当局及其目标应当明确。为了实现保险业稳定健康的发展，各国基本立法应当对保险监管的权力作出明确规定；如有多个监管者，制度框架和各自责任应当明晰从而确保保险监管各项目标得以满足。此外，监管者应当有充分的权力实施保险监管，包括用行政手段发布和执行规则以及采取立即行动的权力。该条原则还特别强调，立法应当使监管者有充分的权力实现对法人个体和全集团的监管。[②]此外，其第 2 条原则“监管者”也要求，监管者应当具有行使职权所需的足够资源，从而实施有效监管。[③]

此外，为了实现金融监管的目标，其第 25 条核心原则“监管协作”规定，保险监管者应与其他领域监管者以及中央银行和政府部门合作。这种协作应能促进监管者们对金融集团的监管，提供监管者信息共享、制定决策的

① 黎海华、周晓波：《澳大利亚“双峰”金融监管协调机制及其借鉴》，载《新经济》2016 年第 36 期，第 34～35 页。

② See IAIS, *Insurance Core Principles*, ICP 1: “Objectives, Powers and Responsibilities of the Supervisor”.

③ Id., *ICP* 2: “*Superviser*”.

平台，以提高监管的整体效果。应当说，这一原则要求的跨部门监管协作体现了金融监管的发展趋势，但这种跨部门协作须建立在保险监管者具有充分监管权力和资源的基础上，如果保险监管者不具备这些条件，那么监管协作的意旨就会落空。

IAIS 在推动保险业系统性风险监管方面作出了较大的努力。但是这些原则与框架并不是直接约束各国的保险监管者，而是需要各国监管者的积极支持与配合，从而实现"对保险业有效的、全球一致的监管"。① 然而，美国目前的监管状况却使其参与全球保险监管合作的有效性受到了较大的不利影响，因为没有一个全国性的保险监管机构代表美国参与 IAIS 的相关事务，各州监管机构无法代表美国的国家立场。虽然2010 年的《多德－弗兰克法》设立了联邦保险办公室，规定由其在国际上代表美国的国家利益，但这样的方法依旧难以奏效。IAIS 的参与者是各国的保险监管机构，而 FIO 并非全国保险业的监管者，不具有充分的主体资格，虽然它被 IAIS 接纳为会员，但是也难以对美国保险监管标准和监管措施的国际化作出应有的贡献，其为美国保险监管标准国际化所做的努力也常常受到各州的抵制和反对。NAIC 也被迫声明，IAIS 的国际保险资本监管标准不会取代各州的风险资本监管体系。②

根据 IMF 于 2010 年对美国保险监管体系与《保险核心原则》的符合度评估报告，在国际保险监管问题上，联邦政府权力与各州监管权力之间存在错配；监管部门职权也未在法律中有明确规定；不同部门对其目标有不同认识，阻碍了监管的一致性；各州州长和选举人对保险监理官的任免有很大影响，使其受到州内政治压力，各州立法对保险监管机构资源也影响深重。③

---

① See International Association of Insurance Supervisors (IAIS), http://www.iaisweb.org/.

② See Elizabeth Festa, *NAIC Says International Capital Standards Won't Replace State RBC Regime*, Propertycasualty, http://www.propertycasualty360.com/2013/12/16/naic-global-insurance-capital-standards-wont-repla?slreturn=1484530890.

③ See IMF, *United States: Publication of Financial Sector Assessment Program Documentation—Detailed Assessment of Observance of IAIS Insurance Core Principles*, p. 16.

可见，美国的保险监管与国际先进水准还有一定的差距，美国对债券保险乃至整个保险业的监管架构似乎还不具备应有的标准。各州的监管者缺乏必要的动机和能力将跨州经营者的成本内化，也无法充分应对行业内的系统性风险。

因而，从上述内容可以看出，虽然各国的保险监管体制有所差异，但无论是同属英美法系的英国、澳大利亚还是同属联邦体制的德国，强化国家层面对保险业的监管权是大势所趋。相比之下，美国对于保险业的改革缺少了应有的系统性和一致性，目前的分州监管模式没有摆脱历史传统的路径和各州利益的牵绊，联邦保险办公室也没有实质性监管权力，这一局面可谓与有效监管的需求有所脱节。

第四节　应当加强债券保险的联邦监管权

从上面的论述可以看出，美国债券保险业监管当前面临双层的困境：在联邦监管层面，联邦的金融稳定监督者主要关注那些“大而不倒”的金融机构，债券保险公司难以被纳入其中；在各州监管层面，分州监管的模式也难以具有广阔的视野与充分的动机进行全方位监管，这将导致债券保险业的外部成本无法“内部化”。美国的债券保险业监管不仅与国外金融监管相比处于落后状态，与其国内已然成熟的联邦证券、银行业监管权相比同样有所欠缺。这种状况需要立法者作出调整。目前最应该的调整方向就是打破对分州监管体制的“路径依赖”，确立债券保险的联邦监管权。

金融业务影响范围广泛，对其进行充分监管的必要性也逐步为美国的立法者所接受。特别是在保险之外的证券、银行领域，这一表现尤为明显。由于1929年金融危机时的美国当局认为，产生金融危机的一个重要原因在于金融业的混业经营导致了资金流动的无序，所以美国于1933年通过了《格拉斯－斯蒂格尔法》（《1993年银行法》），规定了银行业与证券业的分业经营原则以维护市场稳定。后来，1999 年《金融服务现代化法》虽然消除了分业经营的限制、允许金融集团的发展，但美国的整体金融监管体制还是实行分业监管。本部分将梳理证券业与银行业的监管体制发展情况，以求发现保险业监管体制是否适当的答案。

一、联邦证券监管权的强化

（一）联邦证券监管权缺位时代

在证券监管方面，从美国的证券市场诞生到 20 世纪 30 年代“大萧条”之前，证券业处于分州管理的状态。随着证券市场的发展，市场上出现了欺诈与内幕交易的行为，于是各州为了规范证券市场而颁布了各自的“蓝天法”（blue sky laws），规定了证券发行的注册登记和信息披露要求，以保护投资者免受不当的损害，各州也以此建立了证券监管机构。① 这一时期，联邦对证券市场并无直接的监管权，各州的监管权也没有太多的协调或合作。

20 世纪 20 年代开始，美国证券市场经历了前所未有的快速发展，特别是 1926 ~ 1929 年 3 年间股市的“疯狂”，美国进入了全民投资股票的时代。然而，这一时期股市的繁荣很大程度上是规避分州证券监管的结果。为了顺利发行和销售股票，发行公司和投资银行通过跨州发行的形式逃避各州的蓝天法约束，使各州的蓝天法成为徒有其表的“花瓶”。正是这种“脱法”行为推动了美国股市的非理性暴涨。美国统一州法委员会（NCCUSL）曾制定了《1929 年统一证券销售法》作为示范法。然而，还没有等这部法发挥作用，市场动荡就已降临。1929 年 10 月底“黑色星期五”发生的股市危机，给美国经济带来了沉重打击。

（二）联邦证券监管权的确立

为了应对证券市场的灾难，美国政府对证券监管体系进行了重构，虽然

① 最早的蓝天法是堪萨斯州于 1911 年颁布实施的，此后各州制定的类似法律往往也都被统称为“蓝天法”。

各州保留了本州内的证券监管权力，但全国性证券市场却被纳入了联邦证券法律的规范内容。《1933 年证券法》，加强了对证券市场的规范要求。该法适用于跨州发行销售的证券，主要内容包括信息披露、注册程序、民事责任等。为了遏制之前跨州逃避证券监管的行为，该法根据联邦宪法的“州际贸易”条款也规定了“州际贸易”的内容，即除非经过有效的证券注册，否则采用跨州手段和工具从事证券发行、销售等行为均属于非法；① 禁止从事欺诈性的跨州证券销售、广告等行为。②《1934 年证券交易法》（Securities Exchange Act of 1934），对证券交易所和柜台市场的证券交易行为作出了规定，禁止不正当的证券交易。该法设立了证券交易委员会作为独立机构对证券市场进行统一的监督管理，SEC 享有包括规则制定、执法检查、裁定处罚以及提起公诉等全面广泛的权力，包括对各类证券经纪商、清算机构和自律机构（包括各类证券与期货交易所）的监督管理。③ 此后，虽然有关证券监管的具体法律规定日益完善或有所变动，但整体监管体制得以维持，全国性证券市场始终处于 SEC 的集中监管之下。

（三）联邦证券监管权的维持与强化

20 世纪末，随着金融市场的不断深化发展，以华尔街为代表的金融资本要求废除分业经营限制的呼声越来越高，对联邦政权形成了巨大的压力。最终，国会通过了 1999 年《金融服务现代化法》，允许金融控股公司从事商业银行、证券、保险等多种业务，同时规定由美联储监管金融控股公司，而其子公司则由各自的监管机构监管，因而证券业的监管体制得以维持。

金融危机后，《多德－弗兰克法》对证券业监管做了较多改革，SEC 的权力有所扩张，包括根据公共利益或系统性风险评估的需要制定各类规则、设立相关标准和进行执法行动等。如授权 SEC 可要求私募基金投资顾问保留并提交相关资料，以及制定相应规则以便履行职权，授权 SEC 调整“合格投

① Securities Act of 1933, §5, May 27, 1933, Ch. 38, Title Ⅰ, 48 Stat. 74.

② See Securities Act of 1933, §17.

③ Securities Exchange Act of 1934, June 6, 1934, Ch. 404, 48 Stat. 881.

资者"的标准;[①] 制定资产支持证券信息披露规则，设立发行数据的格式标准;[②] 对信用评级机构加强监管和检查;[③] 规定经纪商—自营商的行为准则;[④] 等等。这些无不体现了联邦证券监管权的强化趋势。

二、联邦银行监管权的强化

美国的银行业发展较早，对其监管同样经历了较多波折。面对一次次出现的困难，联邦立法和相应的监管显示出了越来越强大的作用。

（一）危机前的联邦监管体系

建国之初，联邦先后成立了美国银行（Bank of the United States）和第二美国银行（Second Bank of the United States）行使中央银行的职能，各州境内的州银行也获得了较大发展，各州分别对银行实施许可，但各州的监管较为松散无力，银行发展混乱。1864 年，《全国银行法》设立了全国银行许可，并成立了货币监理署对全国性银行进行监管，从而初步形成了联邦与州对银行监管的共存状态。

19 世纪后期到 20 世纪初期，虽然货币监理署在全国性银行监管方面发挥了一定作用，但没有承担调节货币供求、维护宏观经济稳定职能的中央银行，这段时期发生了数次流动性危机。于是，美国国会在充分研究的基础上提出设立联邦储备机构的方案，最终在 1913 年通过了《联邦储备法》，成立了联邦储备系统，在设置 12 家地区性联邦储备银行的同时，由联邦储备系统理事会代表联邦政府管理美联储系统。

1929 年开始的金融危机是美国金融监管立法史上的重要"分水岭"，不仅促成了证券法的通过，也导致了《1933 年银行法》的出台。该法设立了联邦存款保险公司以提供存款保险，并授权美联储对银行控股公司实施监管。

---

① See Dodd - Frank Wall Street Reform and Consumer Protection Act, PL 111 - 203, July 21, 2010, 124 Stat. 1376, §404, 406, 413.

② Id., §942.

③ Id., §932.

④ Id., §913.

同期还通过了《1932 年联邦住房贷款银行法》和《1933 年住房所有者贷款法》，规定由联邦住房贷款银行委员会对住房贷款银行实施监管；《1934 年联邦信用社法》也创设了对信用社的联邦监管；《1934 年全国住房法》创设了联邦储贷保险公司（Federal Savings and Loan Insurance Corporation）监督储贷机构。

到了 20 世纪 80 年代，放松金融管制的改革浪潮兴起，却带来了储贷机构的投机过度，大量的储贷机构由于高风险投资和不正当交易而倒闭。为此，联邦再次出手，制定了《1989 年金融机构改革、复原和执行法》，该法取消了储贷保险公司和住房贷款银行委员会，新设储贷监理署负责监管储贷机构，新设联邦住房融资委员会监管联邦住房贷款银行，并在 FDIC 内部设立专门基金取代储贷保险公司。1999 年的《金融服务现代化法》废除了分业经营的限制，但保留了原有的分业监管格局，银行业监管体系得以维持。

（二）危机后的联邦监管体系

2010 年的《多德 – 弗兰克法》对银行监管体系做了大幅度的改动，其中也包含具体监管机构的新设或废除。例如，设立了独立的金融消费者保护局，负责对向消费者提供存款、信贷、资金转账、托管、支付、支票等金融产品或服务的人进行监管，防止其从事不公平、欺诈等行为，以保护金融消费者利益。废除了储贷监理署（Office of the Thrift Supervision，OTS），将其职权分别移交给美联储、货币监理署（Office of the Comptroller of the Currency，OCC）和 FDIC。虽然发生了这些机构变动，但这些变动并未影响银行业监管的整体格局，美国的联邦监管权力没有被削弱，而是得到了适当的加强。

综上，美国的金融监管总体上是一种“两级多头监管体制”：就联邦与州的权力划分来看，同样也形成了联邦与州权力分割的“双层监管”体制，由联邦的货币监理署负责全国性银行的登记注册，各州银行监管机构负责本州银行的登记注册。在联邦层面，也有监管机构的权力划分，形成了“伞型监管”体系。[①] 除了货币监理署外，银行监管机构还包括美国联邦储备委员会（Federal Reserve Board）、联邦存款保险公司以及其他相关机构。[②] 美联储作为中央银行，对在联邦储备体系内的银行实施直接的、基本的监管，并对银行控股公司、金融控股公司和储贷控股公司进行规范。存款保险公司是依据《联邦存款保险法》设立、由各个存款类银行机构缴纳保费形成、在银行机构破产时对存款人进行赔付的专门公司，其不仅负责在银行破产时赔付存款债权人，也负有对银行的检查和预警的职能，此外还负责对州储贷机构的监管。

虽然美国的“伞型监管”模式也存在一定弊端，但这并不是联邦与州的纵向分权的后果，而是联邦各监管机构之间分权带来的影响，在此不再对“伞型监管”做过多论述。从对金融行业的监管体制的历史梳理中不难看出，证券业和银行业的监管权都经历了从州到联邦集中的过程，金融业务的外部性得以内部化，而唯独保险业至今仍处于“地方割据”的相对原始状态。与联邦在证券业和银行业监管体制改革中的大刀阔斧相比，保险业的监管体制改革却显得进展缓慢。

三、赋予 FIO 监管权的理由与举措

（一）赋予 FIO 监管权的理由

1. 联邦对保险业整体监管尚有难度

在 20 世纪 90 年代时就有学者提出，应当树立联邦储备系统作为保险公司最后贷款人的有限角色。这种临时性援助应当能为具有丧失偿付能力可能性的保险公司提供支持，包括面临保单持有人挤兑的保险公司或因重大灾难事件而面临突然的巨大赔付需求的财产保险公司。[③] 这一观点十分有预见性，

---

① 参见刘少军：《金融法学》（第 2 版），中国政法大学出版社 2016 年版，第 359 页。

② 其他相关机构包括储贷监理署、国家信贷联盟管理局（NCUA）、联邦贸易委员会（FTC）以及 SEC 和 CFTC 等，它们依据各自职能对银行业机构进行监管。

③ Jonathan R. Macey, Geoffrey P. Miller, *The Mccarran-Ferguson Act of* 1945: *Reconceiving The Federal Role of Insurance Regulation*, 68 N. Y. U. L. Rev. 13, 19 (1993).

为我们打开了一扇思考之门。另外，也有学者主张将保险业整体纳入联邦监管之中。[①] 考虑到各州监管者对现有体制的“捍卫”和对体制改革的反对，这样的理想恐怕难以在短时间内快速完成。如果将保险监管权一次性转移给联邦政府难以做到，可以先将最为紧迫的保险领域纳入联邦监管体系之中，这可算作整体保险监管体制改革的第一步。

在 FIO 的保险监管改革报告中提出了若干保险监管“现代化”的建议，其中包括对某些特定领域的联邦干预权力，例如，对按揭保险设立联邦标准和联邦监管权；在各州近期内无法完成必要的现代化改革时，国会应考虑联邦直接接入：一种方式是由联邦作为协调主体，设立全国性规则与标准；另一种方式是由联邦特定环节或特定业务直接实施监管。[②] FIO 在其有关保险监管改革的报告中建议，由联邦对按揭保险业制定标准和实施监管。[③] 然而，在一些其他重要领域如债券保险业务和保险集团公司，联邦监管权已经凸显出必要性。对债券保险监管而言，由于现有的联邦宏观审慎监管体系的局限性和保险业分州监管体制的分散性，加之债券保险与资本市场极强的相互关联性，债券保险领域的风险应当受到充分有效的控制。为了克服这一困境，有必要确立对债券保险业的联邦监管权，由一定的联邦机构履行这一职权。

2. 赋权给 FIO 较为合理可行

在目前的条件下，由 FIO 担负这一角色是较为合理可行的选择，应当赋予其对债券保险业和保险集团公司的直接监管职能。主要理由是：首先是由于其“联邦”身份。FIO 是美国联邦的保险业“监测”机构，它属于财政部下设机构，主任由财政部任命，对联邦负责，也是联邦层面唯一与保险业直接相关的机构。其次是由于其法权基础。《多德 – 弗兰克法》已给予其一定

---

① 抱此立场者如 Daniel Schwarcz 教授。See Daniel Schwarcz, *Transparently Opaque: Understanding the Lack of Transparency in Insurance Consumer Protection*, 61 UCLA L. Rev. 394, 457 – 459 (2014).

② See FIO, *How to Modernize and Improve the System of Insurance Regulation in the United States*, p. 7 – 9, availableat: https://www. treasury. gov/initiatives/fio/reports-and-notices/Documents/How% 20to% 20Modernize% 20and% 20Improve% 20the% 20System% 20of% 20Insurance% 20Regulation% 20in% 20the% 20United% 20States. pdf.

③ Id.

的监控保险行业、收集行业数据的法定职能，在此基础上赋予其实质性职权较为方便。再次是由于其履职便利。正是因为前两条的基础，FIO 可作为联邦机构参与到联邦金融监管之中，充分利用联邦监管机构的宏观视角和专业能力。最后是由于客观需求。FIO 没有实质性的监管权力，这是各州在一些场合排斥 FIO 的重要原因。[①] 逐步赋予其一定的保险监管权，对于其履行其他方面的职权也有积极的作用。

（二）赋予 FIO 监管权的举措

今后要增强 FIO 对债券保险的监管职权可从以下几个方面实施。

（1）确立统一的债券保险法律制度。目前各州对债券保险的法律规定并未达到充分的协调一致，导致债券保险公司开展经营时面临各州的差异化规定，增加了其合规的成本，也增加了跨州经营的不确定性。应当由联邦国会制定适用于全国的债券保险法（金融保证保险法），为债券保险的经营与监管确立规范保障。在制定该法时，可用《纽约州保险法》第 69 条和 NAIC 示范法《金融保证保险指引》作为联邦债券保险法的蓝本，对跨州经营的债券保险公司的准入条件、承保标的类别、各项准备金提取、资本与盈余的维持、投资范围限制、各类风险限额等作出规定。

（2）在法律中明确 FIO 为监管主体。可在债券保险法中明确规定 FIO 为债券保险的主管机关，有权对跨州经营的债券保险公司实施设立许可、报告审核、现场检查或非现场审查。此外，还应明确 FIO 作为监管者的规则制定权、行政处罚权和公诉权，允许其对债券保险的相关问题制定必要的规则，对违法行为进行处罚，以及对严重违法行为提起公诉，从而使债券保险监管制度得到统一的解释、执行与适用。除此之外，也应在联邦法典关于 FIO 职权的规定部分加入相应的内容。

---

① 例如，各州监管者反对 FIO 参加“监管学院”（supervisory colleges）的理由就是：非监管者在场会损害监管的目标独立性。See Thomas B. Leonardi, *The Federal Insurance Office's Report on Modernizing Insurance Regulation*, Hearing before Subcommittee on Housing and Insurance of the House Committee on Financial Services ∗2.

（3）增强 FIO 的地位与力量。目前，联邦保险办公室是设置在财政部下的机构，导致其独立性不强，而且其享有的经费预算也较为有限，阻碍了其充分发挥法定职能。[①] 今后，可通过修改法律规定，赋予其相对独立的法律地位，同时为其履行监管职能提供更大的财政支持与人员配备，使其能更好发挥对债券保险业的监管以及对整个保险业的监测、报告等作用。同时，美国联邦与州的监管机构可能会存在职能重合与空白，这会导致被监管者的合规成本很高，而且监管主体的成本也很高。因此，在赋予 FIO 对债券保险业的监管权时，要注意与宏观审慎监管者职权的合理划分，避免监管职能的重叠或遗漏。

（4）与其他财产保险法律相衔接。债券保险也属于财产保险，因而债券保险法律制度中除了只适用于债券保险的法律规范外，也应有债券保险与其他财产保险相通的规范内容，如保险法一般原则、保险公司治理结构、保险合同规范、保险中介规范、反欺诈规范、公平竞争规范等。这些法律规范与债券保险的特殊规范共同构成完整的法律体系。NAIC 示范法《金融保证保险指引》第 8 条规定：与本条规定不冲突的适用于财产保险的法律规定，也适用于发售债券保险的保险人。[②] 因而，联邦的债券保险法也应对这些共同性内容的法律适用予以明示，指明这些方面的内容应当适用何种法律，从而提供稳定的预期和指引。

（5）作出合理的过渡规定。债券保险监管权由各州监管机构向联邦 FIO 转移需要一定的过渡时间，债券保险公司符合新的债券保险法也需一定的调整适应期。《纽约州保险法》关于债券保险的第 69 条刚生效时就专门规定了过渡条款，对不同过渡阶段内债券保险公司的合规要求做了指引。[③] 债券保险法也应当借鉴这种做法，对债券保险监管体制调整的过渡规定予以明确，从而保障原有的监管体制能有序过渡到新的联邦监管体制。

---

① See Financial Stability Board, *Peer Review of the United States*, p. 10, available at: http://www.fsb.org/2013/08/r_130827/.

② NAIC, Financial Guaranty Insurance Guideline, § 8. "Applicability of Other Laws".

③ N. Y. Insurance Law, § 6907, "Transition provisions".

第四章

债券保险定性审慎监管制度

综观国际社会当前的金融审慎监管体系，基本内容包括以下几点：第一，金融机构的财务健康程度，如银行与保险公司的风险资本水平等；第二，金融机构的治理结构完善程度，如董事会的人员组成以及决策程序；第三，金融机构的风险管理能力，包括各类风险衡量指标和风险管理有效性；第四，金融机构的外部监督管理，如外部的审计监督、信用评级监督等。这些内容可分为定性监管（公司治理、风险管理与内部控制）与定量监管（资本充足性监管）两大方面。本章将精力主要放在债券保险定性审慎监管方面的重要问题上。

第一节　债券保险集团化及其监管困境

以 AIG 为代表的国际保险公司集团在金融危机中遭受重创，表明了保险行业审慎监管的必要性。从全球来看，各国对保险业的审慎监管愈加重视，并通过 IAIS 和 FSB 制定与实施协作的、系统的监管框架，虽然也会确定个别有系统性风险的保险公司并将其纳入更高的审慎监管之中，但也在采用更为完整的宏观审慎监管方式，旨在识别和防范保险业而非个别保险公司的系统风险。同时，金融系统的风险来源不是单个金融机构，而是集团化的金融企业，这一点已被国际社会广为接受。美国对金融集团的监管较为薄弱，这构成了金融危机的一大起源。在危机之后的《多德－弗兰克法》改革，虽然对集团监管更加重视，也赋予了美联储宏观审慎监管的权力，对被认定具有系统重要性的非银行金融机构进行监管。然而，对保险公司集团的监管却依然阙如。

一、金融经营的集团化

金融集团是金融业经营的主体形式，在当今世界已日益普遍。保险业同样如此，主要的债券保险公司都是在集团之中。因此考察保险集团的含义和作用具有重要的意义。

（一）金融集团的含义与作用

1. 金融集团的含义

金融集团，是指以提供多种金融服务为主要业务的企业集团。国际上对金融集团已有相应的定义。金融集团联合论坛[①]在其金融控股集团监管原则文件中对金融集团（financial conglomerates）的定义是，“处于共同控制之下的、唯一或主要活动是提供两种以上不同的金融业务（银行、证券、保险）的公司组成的集团”。[②]

欧盟在21世纪初的2002年发布了金融集团监管指令。根据其规定，组成集团的方式有母子公司控股关系、参股关系以及非股权方式组成横向集团：子公司是指母公司拥有多数表决权或可施加支配性影响的公司；参股是指20%以上的股权投资者；非股权横向关系是指不经过股权投资，而是通过合同、章程或人事安排实现统一管理。除了满足上述三种方式外，指令还规定了相应的数量和门槛要求。对于“重大”的认定，指令明确了相对标准与绝对标准。相对标准是指相对于集团的资产负债表和偿付能力要求的标准，绝对标准是指集团内某一部门的资产负债总额达到一定的绝对数额。若母公司

① 金融集团联合论坛（The Joint Forum on Financial Conglomerates），是由巴塞尔银行监管委员会、国际证监会组织和国际保险监理官协会于1996年成立的论坛，最初宗旨是研究和解决金融集团的监管问题。其任务是研究可能损害金融集团有效监管的结构，评估全集团监管方式的适当性，并开发相关的指引与原则。后来于1999年改称为“联合论坛”（Joint Forum），不仅研究金融集团的监管问题，还同时研究银行业、证券业和保险业领域的共同问题。

② See Joint Forum, *Compendium of Documents Produced by the Joint Forum*, p.5, note 3, available at: http://www.bis.org/publ/joint02.pdf#page=47.

不是欧盟监管实体，那么还需满足“主要从事金融业务”的要求，总公司为欧盟监管实体则无须符合此要求。[①] 此外，若总公司是在欧盟之外，则其构成金融集团也须同时满足“重大”与“金融业务”的要求，但欧盟的“补充监管”并不直接适用，而是应受到“同等监管”审查的要求。[②]

美国《金融服务现代化法》虽然取消了金融混业经营的限制，但并未对金融集团作明确的界定，更没有对保险集团作清晰的规定。在实践中，通常也是把从事不同业务的金融机构组成的公司集团作为金融集团。

保险集团，是主要由经营保险业务的保险公司组成的集团，其子公司一般不从事金融业务。不难发现，保险集团（insurance group）并不完全等同于上述的金融集团，因为其集团内公司的经营业务范围主要集中于保险业，但其同时又兼顾其他的金融服务业务。欧盟 1998 年《保险集团补充监管指令》（以下简称《保险集团指令》）对何为保险集团并未给出定义，但却规定了保险集团监管的具体要求与方法。组成保险集团的方式有母子公司控股关系和参股关系，母子公司控股关系是指有效支配性影响关系，子公司的子公司也被视为总公司的子公司；而参股关系是指直接或间接持股 20% 以上的关系。[③]

2. 金融集团的作用

金融经营集团化已是多年的发展趋势，这一趋势带来了巨大的效益，不仅能使集团内部各个公司实现资源共享，而且能够集中优势、降低成本从而发展扩张。

首先，金融集团降低了外部成本。科斯在其《企业的性质》中提出，企

① Directive 2002/87/EC of the European Parliament and of the Council of 16 December 2002 on the Supplementary Supervision of Credit Institutions, Insurance Undertakings and Investment Firms in a Financial Conglomerate and Amending Council Directives 73/239/EEC, 79/267/EEC, 92/49/EEC, 92/96/EEC, 93/6/EEC and 93/22/EEC, and Directives 98/78/EC and 2000/12/EC of the European Parliament and of the Council, Art. 2, “Definitions”.

② Id., Art. 18, “Parent Undertakings outside the Community”.

③ Directive 98/78/EC of the European Parliament and of the Council of 27 October 1998 on the Supplementary Supervision of Insurance Undertakings in an Insurance Group, Art. 1, “Definitions”.

业的组建正是为了将外部的经营成本削减在企业组织内部。而金融集团则是对外部经营成本的进一步内化。集团内部各个公司之间以控股公司为纽带形成互通往来、相互协作的整体，省去了单个公司对外经营时的谈判、缔约、履约等巨大成本，因而更能降低经营的经费支出。

其次，金融集团提高了资金效率。控股公司通过资本手段控制各个子公司，子公司也可用同样的控股方式影响自己的子公司，金融集团就是以资本控股方式形成的企业“同盟”。这样就实现了用较少的资金撬动较大规模的公司，提高了资金的效率。

最后，金融集团实现了规模经济与范围经济。金融集团内部公司的相互协作，使集团形成了超出单个机构经营规模之和的总体规模，并在集团之内兼备了各类金融业务，逐渐发展为提供“一站式多样化”金融服务的“金融超市”，扩大了金融机构的实际影响和经营范围，竞争力大大提高。

（二）各国金融集团的简要发展历程

1. 美国

美国是金融集团发展最早也最为成熟的国家，由金融控股公司控制金融集团是目前最主要的形式。1864 年发布的《全国银行法》禁止全国性银行从事其他金融业务，但到了 1916 年再次修订时，该法开始允许银行从事偶然性的证券、保险业务。1927 年的《麦克法登法》准许银行开展证券类业务，1933 年《格拉斯－斯蒂格尔法》禁止银行业与证券业的融合，1956 年《银行控股公司法》及其修正案都延续了这一思路。直到 20 世纪后期，美国的金融集团再度活跃发展，迫使政府对立法作出改变。1999 年《金融服务现代化法》通过，金融控股公司开始全面涉足银行、证券、保险等领域。

2. 英国

英国在 20 世纪 70 年代以前也是实行分业经营的模式以对抗金融市场风险。在 70 年代以后，现代科学技术的发展推动了金融市场基础设施及交易系统的更新换代，为大规模集中交易提供了便利，也为金融集团的经营准备了条件。到 20 世纪 80 年代，金融经营急速扩张，英国随之展开了金融业改革，推动金融行业的综合化、集团化经营。1986年的《金融服务法》正式打开了金融经营集团化的大门。

3. 德国

德国的“全能银行”可谓由来已久。自19世纪中期实现统一，加上第二次科技革命的推动，德国的工业化进程加速前进，德国的银行扮演了为企业提供融资的角色，后来又开始为企业发行债券进行承销，从而逐步发展成为兼营贷款、证券与保险的全能银行，并通过兼并、收购的方式组成大型的金融集团。第二次世界大战后，德国银行业遭受重创，德国分为东西两国，西德曾一度接受英、美等国的分业经营模式，但后来通过1957年的《联邦银行法》恢复了混业经营。1961年的《银行系统法》进一步强调“全能银行”的基础。① 自此，德国的全能银行模式得以巩固并继续发展直至今日。

（三）规模经济与范围经济理论的失灵

金融集团具有产生规模效应与范围效应的理论意义，然而2007～2008年的金融危机却宣告了这两种理论的失灵。

规模经济（scale economy）理论，是指企业的经济效益可通过扩大生产经营的规模来实现，因为随着生产经营规模的扩张，其平均成本会逐渐下降。人们可通过改进生产技术、提高生产能力扩大生产规模，实现企业的最大效益，企业之间的纵向或横向联合即是重要手段。② 金融企业也是如此，可通过扩大自身的规模来降低经营成本、提高经营效益，组建公司集团就起到了这种作用。

范围经济（scope economy）理论，是指企业生产经营多种产品或服务的经济效益超过只从事一种生产经营的经济效益时，企业的经济效益便可通过增加业务种类来实现。此时，企业从事多元化经营会产生协同放大效应。③

---

① See Federal Bank Act of 1957, Concerning the Banking System Act of 1961.

② 生产经营规模的扩大也存在限度，当超出一定限度后，企业生产的边际效益降为负值，规模生产的总成本会上升，导致“不经济”的结果。

③ 与“规模经济”相同，范围经济也存在一定限度，超出某一界限后同样会产生“不经济”。

金融机构的混业经营可视为“范围经济”的实例。

以上两种经济学理论在金融集团大发展时期提供了重要的理论依据，但在金融危机到来之际，众多金融集团的接连倒塌却令这两种理论陷入困境，金融集团的困境不仅对金融体系造成巨大冲击，导致市场投资者遭受重大损失，而且令政府财政和广大纳税人付出了巨大成本。这样的后果迫使国际社会反思金融集团的风险，并对金融集团采取更为全面审慎的监管制度。

二、金融监管的集团化

保险行业经营集团化的蓬勃发展，让国际社会的监管者们逐渐认识到对保险业实施全集团监管（group-wide supervision）的重要性。欧盟、IAIS 以及美国的集团监管制度都作出了不同程度的回应。

（一）欧盟 1998 年《保险集团指令》

欧盟在保险集团的监管方面可谓先进，其于 1998 年颁布了《保险集团指令》，要求欧盟各国在 2000 年前将其纳入本国法律，自 2001 年起正式生效。这一指令以保护被保险人的利益为目标，对保险集团中保险企业的监管作了规定，指出保险集团监管是对单个保险企业监管的补充，将监管效力从对单个金融机构实施的单独监管扩展到对同业金融集团实施的部门监管。[①]

由于欧盟涉及不同成员国，金融监管较为重要的方面就是监管机构与监管责任的协调。该指令指出，监管者应建立合作，如果保险企业在两个以上成员国获得许可而且母公司相同，相关监管者应达成协议确定监管者。若一成员国有两个以上监管机构，则应采取必要措施进行协调。监管协调的方式对各成员国相互认可审慎监管体系而言应当是必要而充分的。关于监管机构的权力，该指令要求监管机构应当有权在集团偿付能力受损时采取适当措施、实施补充监管，有权对集团内部的交易实施监督，获得有关补充监管的所有信息。

就补充监管的范围而言，补充监管应当考虑保险企业的子公司、母公司、

① Directive 98/78/EC of the European Parliament and of the Council of 27 October 1998 on the Supplementary Supervision of Insurance Undertakings in an Insurance Group.

母公司的子公司，监管机构可依据下列条件逐案确定不将单个公司纳入补充监管：（1）与补充监管的利益关系微不足道；（2）纳入补充监管会违背或误导监管的目标。①

该指令的主要内容相对有限，包括两大方面：一是不同成员国监管的协作，主要是跨国保险集团的监管机构与监管责任的确定与协作以及信息的获取与共享；二是对保险集团监管的实体规范，主要有集团内部交易规范、信息提供和偿付能力的调整计算等。

（二）欧盟2002年《金融集团指令》

基于金融集团发展对金融稳定的重要影响和集团层面审慎监管的缺失，欧盟于2002年发布了《金融集团指令》（Financial Conglomerates Directive），要求各成员国在2004年将其纳入本国法律，并自2005年起实施。② 该指令对金融集团的监管作出了具体的规定，从而形成了单独监管、部门监管和集团监管三个层次的体系，对金融集团的补充监管是前两类监管的必要补充，也是为了维护存款人、保单持有人和投资者的利益。虽然《金融集团指令》的适用范围和监管层次比《保险集团指令》更广，内容也更为详细，但两者在基本理念、使用术语、具体规则方面可谓一脉相承，存在较大的相似性。（见表7）

表7　欧盟《金融集团指令》的监管要求

监管要求	欧盟监管实体	欧盟混合金融控股公司[1]	无（横向金融集团）	非欧盟监管实体	欧盟外混合金融控股公司
“重大”要求	有	有	有	有	有

① Directive 98/78/EC of the European Parliament and of the Council of 27 October 1998 on the Supplementary Supervision of Insurance Undertakings in an Insurance group.

② Directive 2002/87/EC of the European Parliament and of the Council of 16 December 2002 on the Supplementary Supervision of Credit Institutions, Insurance Undertakings and Investment Firms in a Financial Conglomerate and Amending Council Directives 73/239/EEC, 79/267/EEC, 92/49/EEC, 92/96/EEC, 93/6/EEC and 93/22/EEC, and Directives 98/78/EC and 2000/12/EC of the European Parliament and of the Council.

续表

监管要求	欧盟监管实体	欧盟混合金融控股公司	无（横向金融集团）	非欧盟监管实体	欧盟外混合金融控股公司
“金融业务”要求	无	有	有	有	有
补充监管	是	是	是	否	否
同等监管	否	否	否	是	是

［1］混合金融控股公司，是指不受欧盟金融监管的集团总公司，如纯控股公司或非金融公司。See EU，Financial Conglomerates Directive，Art. 2（15）.

金融集团监管的主要内容包括资本充足性、风险集中度、内部交易和内控机制等方面。总公司为欧盟内的受监管实体或混合金融控股公司时才应接受补充集团监管，而欧盟外的混合金融控股公司则受到“同等监管”原则制约。在强调各成员国监管协调的同时，也给各成员国保留了较大的裁量空间。该指令很大程度上是为了促进欧盟各国金融监管的协调，同时也对金融集团监管提出了相对具体的要求。

（三）欧盟 Solvency Ⅱ指令

欧盟 Solvency Ⅱ指令也对保险集团的监管作出了规定，是在《金融集团指令》的基础上向前迈出的更大一步，其提出要将保险集团监管与单个保险企业监管相结合。（见表 8）

1. 监管机构的确定与职责

Solvency Ⅱ指令要求根据集团内保险公司与再保险公司是否居于主导地位来确定不同的监管机构。若集团内各个保险企业受同一机构监管，则保险集团由该机构负责监管；若集团内各个保险企业受不同机构监管，则保险集团由居于支配地位的保险企业的监管机构实施监管；若都不处于支配地位，则应区分不同情况确定集团监管机构。①

① See Directive 2009/138/EC of the European Parliament and of the Council of 25 November 2009 on the Taking-up and Pursuit of the Business of Insurance and Reinsurance，Art. 247，“Group Supervisor”.

表 8　Solvency Ⅱ指令中集团监管机构的确定

集团内保险或再保险企业地位	集团监管机构	
处于主导地位		A
不处于主导地位	若保险或再保险企业母公司为保险控股公司	A
	若总部在欧盟，集团下设多于 1 家的保险企业或再保险企业，且母公司是同一家保险控股公司，其中一家保险或再保险企业由该控股公司总部所在成员国监管机构监管	B
	若总部在欧盟，集团下设多于 1 家的保险企业或再保险企业，且母公司是同一家保险控股公司，但未在保险控股公司总部所在成员国开展保险业务	C
	若集团由 1 个以上保险控股公司组成，且保险控股公司总部设立在不同成员国	C
	若集团没有母公司，且不涉及上述相关情况	C

注：A 表示对集团下属保险或再保险企业进行监管的监管机构；B 表示成员国监管机构；C 表示最大资产负债表的保险和再保险企业所在成员国的监管机构。

监管机构的职责包括以下几个方面：一是协调对信息提供和披露的监督；二是审查和评估集团财务状况，包括对集团的偿付能力、风险集中和内部交易；三是评测集团公司治理和内部控制体系；四是通过定期会议或其他方式开展监管合作，综合考虑集团各个子公司的风险性质、等级和复杂性；五是牵头建立集团层面内部模型和风险管理程序。①

为了实现对保险集团及其子公司的有效监管，该指令要求不同监管者应当组成集团监管委员会，委员会成员之间相互合作、交流信息，使监管实现一致。集团监管委员会内部的计划分歧可向欧盟保险与职业养老金委员会（EOIPA）报告，并应在充分考虑 EOIPA 的建议后及时作出决定。在出现以

① See Directive 2009/138/EC of the European Parliament and of the Council of 25 November 2009 on the Taking-up and Pursuit of the Business of Insurance and Reinsurance, Art. 248, "Rights and Duties of the Group Supervisor and the other Supervisors College of Supervisors".

下三种情形时，监管委员会应当通过开会等形式协商并采取行动：（1）集团或下属公司偿付能力不足；（2）审批集团重大事项，包括集团结构的重大变动等；（3）其他的异常情况。

2. 信息监管合作

该体系也对保险集团监管者与单个保险企业的监管者的信息获取、核实和共享做了要求。各成员国应当保证保险集团及其下属公司能够提供集团监管需要的信息，并使保险集团监管者能充分使用这些信息。若集团监管者经过较长时间未获得充分的信息，其方可直接联系集团及其下属企业索取信息。当其中一个监管机构要核实保险集团内设立在另一个成员国的保险企业的信息时，该监管机构可以要求该成员国监管机构协助配合信息核实。即便集团监管委员会成员属于不同成员国，也应及时交流有价值信息，这种信息包括各个监管机构的行动信息和保险集团及其下属保险企业的信息。[①]

（四）联合论坛

2010 年，联合论坛公布《金融监管性质和范围的差异报告》，认为针对集团整体层面的金融监管必不可少。[②] 2011 年，联合论坛发布了对 1999 年《金融集团监管原则》的修订草案，从监管权力、监管责任、公司治理、资本充足性和流动性、风险管理等方面进行修订，加强对金融集团的规范。该草案最终版本于 2012 年通过。[③]

监管权力方面，应当有明确的法律框架赋予监管者必要的职权与资源，具有实施广泛的集团监管的独立性与协作性。监管责任方面，监管协调、合作与信息共享十分重要，特别是在实施最低审慎标准、监控金融集团活动以及采取纠正措施方面，要确定集团监管者并实现监管者协调。

---

① See Directive 2009/138/EC of the European Parliament and of the Council of 25 November 2009 on the Taking-up and Pursuit of the Business of Insurance and Reinsurance, Art. 249, "Cooperation and Exchange of Information between Supervisory Authorities".

② Review of the Differentiated Nature and Scope of Financial Regulation – Key Issues and Recommendations, http://www.bis.org/publ/joint24.pdf.

③ Joint Forum, *Principles for the Supervision of Financial Conglomerates*, available at: http://www.bis.org/publ/joint29.pdf.

公司治理方面，监管者应确保有适用于金融集团的稳健的治理框架，包括集团结构、董事会与高管层责任、利益冲突处理与薪酬政策等。资本充足性与流动性方面，监管者应从集团层面评估资本充足性，将未受监管的机构与活动及其对受监管机构带来的风险考虑在内；增加了对内部资本计划的指引，这种计划要依靠稳健的管理层决策、纳入压力情景状况并有充分的内部控制。风险管理方面，金融集团须有全面的风险管理框架来应对集团的集中风险和内部交易风险，金融集团应当有能力测量与管理其面对的重大风险，特别是新业务领域和表外活动的风险应当得到充分考虑和应对。

（五）IAIS《保险核心原则》

金融危机之后，IAIS 意识到，保险业不仅关乎保单持有人的利益，而且关乎整体的金融稳定，于是启动了针对保险业的监管改进计划。《保险核心原则》正是国际保险监督官协会对全球保险业监管的巨大贡献。该《保险核心原则》最初于 2011 年通过，并于后来作出多次修改。在该《保险核心原则》中，保险集团监管被放在了前所未有的高度。

1.《保险核心原则》的“保险人”用语明确包含保险公司实体、保险集团和保险主导的金融集团，对保险公司的监管要求同样适用于保险集团和保险主导的金融集团以及这两种集团的控股公司。（见图 8、图 9）

2.《保险核心原则》明确可以通过直接或间接方式实施全集团监管。直接方式包括对集团母公司和其他实体行使必要权力，对其直接采取监管措施；间接方式则主要是关注保险公司实体，监管措施适用于保险公司以应对集团内其他公司产生的集团风险。而且，各类监管方式的效果应当近似于直接对集团风险源公司进行规制，从而保证集团风险得到有效处理。

3.《保险核心原则》规定了仅适用于保险集团的原则，如第 23 条原则——全集团监管。该原则的基本内容如下：首先，要求保险监管者应当识别保险集团并确定集团监管的范围，避免对保险集团的重复监管或监管差异。集团监管若涉及不同法权辖地，则不同辖地的监管者应当做好合作与协调。其次，应当最先确定集团内的保险公司实体，然后确定其实际控制公司（如

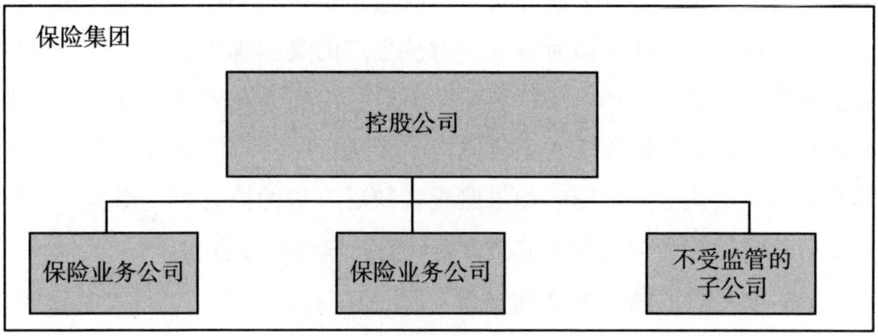

图 8　保险集团的基本架构

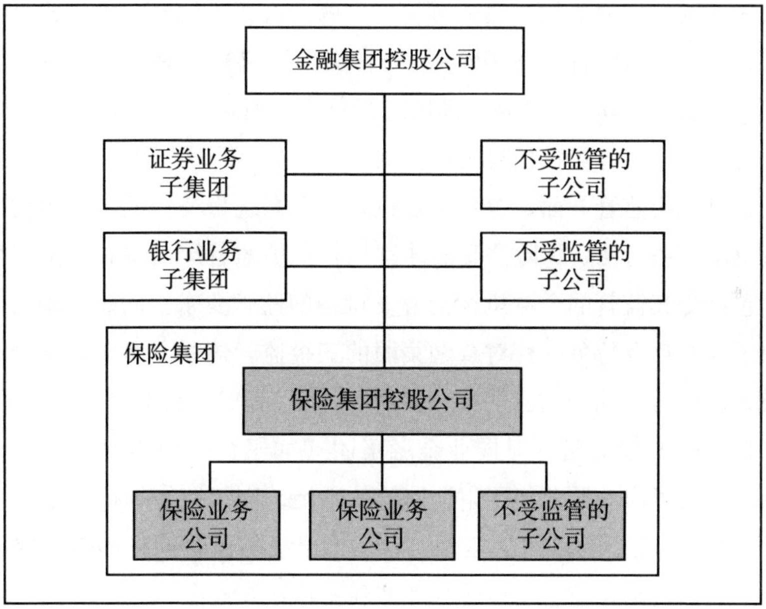

图 9　金融集团的基本架构

控股公司)。金融集团包括控股公司及其控制的所有法人实体，这些法人实体包括保险公司、其他受监管实体（如银行、证券公司)、不受监管实体和特殊目的实体。再次，集团监管者应在与其他监管者协调下确定集团监管的范围。监管范围不仅包括合并报表的法人实体，也包括其他未合并报表但应包含在内的风险相关者或控制相关者；既应包括法人实体，也应包括其他非法人实体。在考察集团风险时也要注意从更广的集团视野进行考量。对集团风险影响微乎其微的实体可予以忽略，但对特定实体是否排除或纳入应当做定期评估。最后，集团监管者不应因为缺少对特定实体的监管权力而缩小对保险集团的认定或监管范围。如果监管者缺乏直接的监管权，则其应行使对直接受监管者的监管权或与相关监管者磋商获取近似监管权。

（六）澳大利亚的金融集团监管

2008 年金融危机的波浪并未对澳大利亚产生过度的冲击，这在很大程度上可归功于澳大利亚有效的“双峰”式三级监管模式。澳大利亚的金融监管模式最为接近“双峰监管”这一理论，由两大监管机构分别负责两个不同目标：澳大利亚审慎监管局（APRA）对各类金融机构实施审慎监管，而证券与投资委员会（ASIC）对金融机构进行行为监管以及对消费者利益进行保护。这样的机构划分职权相对明确，减少了潜在的重复监管。

在金融机构监管方面，澳大利亚也将具有系统重要性的金融机构纳入审慎监管范围。银行法、保险法等法律都授权审慎监管局制定相应的审慎监管要求，包括受其监管的金融机构的分支机构的监管要求。同时，澳大利亚也开发出了具有自身特色的针对金融集团的三级监管体系。澳大利亚原有金融监管模式被称为“两级监管”：一级（Level 1）监管是针对单个机构的监管；二级（Level 2）监管是针对同业金融集团（如银行集团与保险集团）的监管。后来，为了应对同业集团审慎监管的不足，审慎监管局提出了“三级监管”，即针对混业金融集团的监管。对三个层级的监管同样涵盖了财务健康状况监管、治理结构监管、风险管理控制及其外部监管等。①

三、债券保险集团的监管难题

（一）债券保险的集团化——以 Ambac 为例

上一章中提到，债券保险业的集团化是其整体性风险的重要原因之一。

① 参见李永胜、马飞：《澳大利亚对混业金融集团三级监管的实践及启示》，载《南方金融》2012 年第 12 期，第 46～48 页。

本部分就以其中的 Ambac 公司为例予以说明。

Ambac 是以债券保险为主要业务的保险集团，控股公司是 Ambac 金融集团公司（Ambac Financial Group Inc.），该公司是在美国纳斯达克上市的公众公司。从业务范围来看，其业务收入的主要来源为两类：一是债券保险；二是金融服务。

首先，为公共债券和私营债券提供保险保护是其主要业务，主要由其三个子公司完成：Ambac Assurance Corporation（Ambac Assurance），该公司继承了 1971 年设立的原始公司的业务；此外还有 Everspan Financial Guarantee Corp. 和 Ambac Assurance UK Limited 两家子公司从事国内外的公私债券保险业务。Ambac 集团还提供其他的信用保护服务如信用衍生品的出售，这通过 Ambac Assurance 的子公司 Ambac Credit Products LLC 和 Ambac Credit Products Limited 实施。其年报显示，2007 年年底，Ambac Assurance 及其子公司提供信用保护的数额为 17 亿美元。

其次，Ambac 集团还有提供投资、融资通道和各类互换业务的子公司（如 Ambac Capital Funding Inc.、Ambac Investments Inc.、Ambac Conduit Funding LLC 等公司），这些公司多注册于特拉华州。例如，Ambac Financial Services LLC 是为客户提供担保投资合同（guaranteed investment contract，GIC）等投资协议，且向各类融资主体出售利率互换与汇率互换。另外，Ambac Capital Services 公司是总收益互换（total return swap）的出售者。

Ambac 将其资产转移给下属的特殊目的公司，这几个公司的宗旨是帮助 Ambac 承保的客户进行债务融资，其活动范围限于发行中期票据融资用于从 Ambac 的子公司购买金融资产、执行衍生品对冲和其他的相关管理活动，而其投资购买的金融资产即多为 Ambac 所承保客户的债券。Ambac Assurance 也为这两个特殊目的公司发行的票据承保。然而，根据美国的 FAS140 财会标准中“金融资产转让与服务及负债终止之计量”准则，Ambac 并不需要将这两个特殊目的公司合并入财会报表之中。

此外，Ambac 还可以通过投资回购协议（investment repurchase

agreement）帮助各类债券发行人进行融资，此类协议由 Ambac 向各类公私债券发行人提供，债券发行人承诺按约定支付回报，Ambac 将其所得收益用于投资高信用等级的债券产品。而在 Ambac 集团内部，母公司与其子公司之间也有类似的投资回购协议。集团内各类投资协议的收入以及金融资产的到期与出售所产生的收入被视为其流动性的重要来源。①

随着金融危机的爆发，Ambac 和其他债券保险公司都陷入困境，面临巨大的保单偿付和各类投资协议以及衍生品交易付款的需求。到 2010 年，作为 Ambac 集团主要业务公司的 Ambac Assurance 公司也申请了复原程序（rehabilitation），对其业务账户进行了隔离，分为一般账户（general account）和隔离账户（segregated account）。受其影响，Ambac 集团公司也已经无力支付，于同年 11 月向法院申请了破产重整。截至 2018 年 2 月，Ambac 宣布隔离账户复原程序正式结束。（另一个较为有名的债券保险集团是 MBIA 集团，其业务范围与集团架构与 Ambac 类似，见表 9、图 10）

表 9　Ambac 集团子公司（2015 年）

名称	设立地
Ambac Assurance Corporation	Wisconsin（美国威斯康星州）
Ambac Assurance UK Limited	United Kingdom（英国）
Ambac Capital Corporation	Delaware（美国特拉华州）
Ambac Capital Funding Inc.	Delaware（美国特拉华州）
Ambac Credit Products LLC	Delaware（美国特拉华州）
Ambac Investments Inc.	Delaware（美国特拉华州）
Ambac Financial Services LLC	Delaware（美国特拉华州）
Archer Holdings Portfolio Ⅰ LLC	Delaware（美国特拉华州）
Aztec Holdings Portfolio Ⅰ LLC	Delaware（美国特拉华州）

① See Ambac Annual Report 2007（Form 10 – K）, p. 75, available at: https://www.sec.gov/Archives/edgar/data/874501/000119312508043920/d10k.htm.

续表

名称	设立地
Everspan Financial Guarantee Corp.	Wisconsin（美国威斯康星州）
Connie Lee Holdings Inc.	Delaware（美国特拉华州）
Ortley Investments LLC	Delaware（美国特拉华州）
Orient Bay LLC	Delaware（美国特拉华州）
AE Global Holdings LLC	Delaware（美国特拉华州）
AE Global Asset Funding LLC	Delaware（美国特拉华州）
AE Global Investments LLC	Delaware（美国特拉华州）
Ambac Japan Co. , Ltd.	Japan（日本）
Ambac Conduit Funding LLC	Delaware（美国特拉华州）
Ambac Credit Products Limited	United Kingdom（英国）
Juneau Investments LLC	Delaware（美国特拉华州）
Phoenix Holdings Fund LLC	Delaware（美国特拉华州）

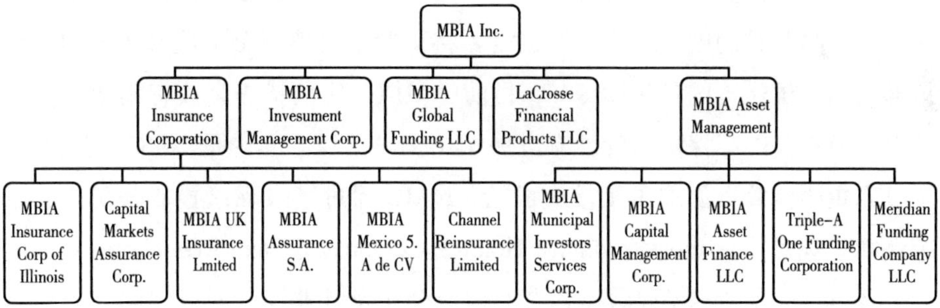

图 10　MBIA 集团架构（2007 年）

（二）债券保险集团监管困境

早在 20 世纪 80 年代，NAIC 起草债券保险示范法时就已经意识到了债券保险行业所面临的更大风险，虽然那时的债券保险还只是针对市政债券。NAIC 开始实行专门债券保险公司的“单线保险”（monoline insurers）模式，并对债券保险公司提出了更高的财务要求。① 但是后来的立法者与监管者却对债券保险放松了警惕，在危机发生前不仅没有加强规范，反而愈加放松要求，2004 年《纽约州保险法》修改时将 CDS 产品纳入债券保险的可承保范围就是明显的例证。可惜的是，在危机过后的金融改革计划中，改革者却再次将其有意或无意地遗漏，没有将债券保险监管放到应有的重要位置。

与之形成对比的是，OECD 在其有关保险公司和金融危机的研究报告中已经提到，由于集团内不受监管或少受监管的主体会导致集团整体的风险，因而需要适足的综合监管框架，而债券保险业特别应当有稳健的监管以保证其这类金融服务继续存在发展。② 这样的观点具有重要的警示意义。

目前，债券保险集团监管的问题是：一方面，之前对债券保险的审慎监管主要集中于个体层面，缺少集团层面的保障。要实现行业的稳定，就应当强化对集团的审慎监管。另一方面，对债券保险的微观审慎监管缺乏统一的规则，各州的自由裁量权也侵蚀了债券保险监管的安全与稳健的目标。

当然，对债券保险的监管立法应当置于整体金融监管立法之中，本书是对债券保险监管制度的探讨，但也需要将其置于对整体金融监管体系的讨论范畴之内。虽然美国各州和 NAIC 目前已采取一定的措施来改善集团的监管状况，但是与国际保险监管已有进展相比仍显落后。无论是 IAIS 还是欧盟，都已在集团监管方面取得了较大成绩。NAIC 通过了《保险控股公司监管示范法律与规章》（Model Insurance Holding Company System Regulatory Act and Regulation），意图授予保险监管者对控股公司及其非保险子公司的间接监管权。③ 但由于各州只对本州境内保险公司有直接监管权，这一示范法规定的

① See Subcommittee on Financial Guarantee Instrumentation of the Committee on Developments in Business Financing, *NAIC Model Act on Financial Guaranty Insurance: A Commentary*, 43 Bus. Law 717, 718 – 720 (1988).

② See Sebastian Schich, *Insurance Companies and the Financial Crisis*, OECD Journal: Financial Market Trends 2009 (2), p. 24.

③ See NAIC, Insurance Holding Company System Regulatory Act & Insurance Holding Company System Model Regulation with Reporting Forms and Instructions, available at: http://www.naic.org/prod_serv_model_laws.htm.

间接监管权的实际效果也就大打折扣。可以说，分州监管的模式外部成本较高。以欧盟为代表的国际保险监管者近年来也都已采纳实施对保险集团的监管制度，而美国的保险监管者在这一方面依然较为欠缺，特别是对保险集团的财务状况评估。在没有联邦监管的情况下，“监管学院”作为旨在为监管者提供信息共享与监管协调的平台，虽然起到了一定的补充作用，但依然无法替代监管，因其不具有实质监管权力，在许多重大问题上也难以使各州监管者达成一致。

综上，金融经营呈现集团化的趋势，使原有的注重个体公司的监管体系面临巨大的挑战，只注重单个机构的监管制度需要进行升级改造。债券保险业的集团化趋势同样对机构监管提出了更高的要求。

第二节　债券保险定性监管的补正

一、定性审慎监管的基本要义

审慎监管的第一大方面是定性监管，是指除了资本充足性监测控制之外的公司治理、风险管理与内部控制等方面的规范与控制。此类监管之所以重要，是因为它与金融机构的风险状况直接关联，公司治理的错位、风险管理的无力、内部控制的松懈都会对金融机构的稳健经营产生不良影响。而这些方面无法仅单纯依靠金融机构的自觉行为，需要用外部监管加以规范督促。在此对国际保险监管的经验予以介绍和考察以资借鉴。

（一）欧盟《金融集团指令》

欧盟《金融集团指令》规定，成员国须要求金融集团在集团层面建立健全风险管理与内部控制机制。

1. 风险管理

风险管理规范主要包括：（1）稳健的公司治理，应当由集团层面的适当机构批准和定期审查与风险有关的战略和政策；（2）适当的资本充足政策，能有效预测业务战略对资本充足性的影响；（3）恰当的管理程序，使集团内全部主体的监控系统保持一致；（4）有力的报告与会计程序，从而能识别、测量、监控内部交易和风险集中。①

2. 内部控制

内部控制规范主要有：（1）适当的资本充足机制以识别、测量所有重大风险并匹配自有资金；（2）健全的报告与会计程序来识别、测量、监控关联交易和风险集中。

（二）欧盟 Solvency Ⅱ 指令

为实施偿付能力监管，Solvency Ⅱ 指令建立了三大支柱，定性方面的要求是其中一大支柱。公司治理、风险管理与内部控制以及监督检查是这一支柱的基本组成要素。

1. 公司治理

该指令规定，各成员国应要求保险企业具备有效的治理体系以实现稳健审慎的经营，这种治理体系至少应有足够透明的组织结构来清晰分配和隔离不同职能，且与保险企业的运营性质、规模和复杂性成比例。保险企业应当具有关于风险管理、内部控制、审计和外包业务的书面政策，并采取合理步骤来保证经营活动的持续性、常态性。保险集团应评估保险公司治理结构与管理层、监事会任职资格是否符合监管要求。监管机构应有权核查保险公司的治理体系、评估保险企业出现的风险，并能要求其改善加强合规性。②

2. 风险管理与内部控制

该指令规定，保险企业应当具备有限的风险管理体系来识别、测量、监

---

① Directive 2002/87/EC of the European Parliament and of the Council of 16 December 2002 on the Supplementary Supervision of Credit Institutions, Insurance Undertakings and Investment Firms in a Financial Conglomerate and Amending Council Directives 73/239/EEC, 79/267/EEC, 92/49/EEC, 92/96/EEC, 93/6/EEC and 93/22/EEC, and Directives 98/78/EC and 2000/12/EC of the European Parliament and of the Council, Art. 9.

② Directive 2009/138/EC of the European Parliament and of the Council of 25 November 2009 on the Taking-up and Pursuit of the Business of Insurance and Reinsurance, Art. 41, "general governance requirements".

控和处理其所面临的风险，这一体系应与保险公司的组织结构和决策程序保持一致。保险公司在风险管理的基础上将风险管理的程序扩展至全集团所有子公司，对各个子公司实施审慎管理。风险管理体系应当覆盖所有相关风险，至少应包括：承保和准备金、资产—负债管理、投资行为、流动性和集中度、操作风险等。①

在内部控制方面，该指令要求建立有效的内部控制体系，包括管理与会计程序、内部控制框架、恰当的报告安排以及合规职能。合规职能包括建议保险企业遵守法律、法规、行政性规定等，以及评估法制环境变化对企业运营和风险的影响。②

3. 监督检查

外部监督方面，监管者应采取基于风险的监管方法，使用非现场监测与现场检查的方式检验保险公司的实际状况。这种外部监管体系应当考虑到保险公司的性质、规模和复杂度，设定监管活动的适当深度和水平。③

（三）IAIS《保险核心原则》

1. 公司治理

《保险核心原则》第 7 条原则规定，监管者应要求保险公司建立适于稳健审慎经营管理并能保护保单持有人利益的治理结构。公司治理结构应促进保险公司目标的实现，清晰界定负责人员的权力与责任，设定公司决策与行动的要求，提供合理的薪酬政策，制定相应的纠正措施。公司治理结构应当弹性、透明，能有效应对情势变迁，保证公司权力不会过于集中。公司治理框架应当能支持和提高相关负责人员如董事会、高管层以及控制部门人员稳健审慎经营管理的能力。保险集团的治理框架应当与其结构、业务和风险相匹配，包括应对集团风险的政策、流程与控制手段。

---

① Directive 2009/138/EC of the European Parliament and of the Council of 25 November 2009 on the Taking-up and Pursuit of the Business of Insurance and Reinsurance, Art. 44, “Risk Management”.

② Id., Art. 46, “Internal Control”.

③ Id., Art. 29, “General Principles of Supervision”.

外部监督方面，监管者有权要求保险公司能保证与其进行适当、及时和有效的沟通，使监管者能对其公司治理有效性作出准确的判断。保险公司应当与监管者沟通其各方面的重要信息，监管者也可要求保险公司提供额外的具体信息。监管者可要求保险公司证明其治理框架的充足性和有效性，并可通过各种形式的监管审查进行评估考察。

2. 风险管理与内部控制

《保险核心原则》第 8 条原则规定，监管者可要求保险公司具备有效的风险管理与内部控制体系以满足其法定义务。正如该原则所指出的，风险管理与内部控制是密切联系的，二者之间不存在清晰的界限。这种体系包括：处理风险的战略、公司经营需要遵守的政策要求、实施战略和政策的程序和控制措施。对于保险集团，监管者应当要求其建立全面而一贯的体系。风险管理体系应当能及时识别、评估、监控和减轻其风险。内部控制体系应能保证有效运营、风险控制、谨慎行为、信息可靠、合法合规，且覆盖保险公司的所有单元与活动，构成保险公司日常活动不可分割的一部分。控制部门与内部审计部门应当对这一体系的有效性进行评估与审查。

二、定性审慎监管的必要性——基于两个司法案例

正如多年前哈贝马斯所观察的，财产法和合同法这些古典领域出现了“实质化”的变化，原因即在于这些传统私法出现了功能短缺。[①] 近些年，债券保险公司通过诉讼向虚假陈述与保证者追回损失，这些虚假陈述与保证者对各类 ABS 及 CDO 产品的基础资产质量做了大量不实陈述和保证。虽然通过这些诉讼追回了较大比例的金钱债务，减轻了债券保险公司的损失，但暴露出了债券保险公司内部控制不严的问题。对于这类问题，传统保险合同法中的“陈述与保证”义务规定已无法满足债券保险公司的有效风险监管需求。此处以两个典型案例加以说明。

① 参见［德］哈贝马斯：《在事实与规范之间：关于法律和民主法治国的商谈理论》（修订译本），童世骏译，生活·读书·新知三联书店 2014 年版，第 500 页。

(一) Assured Guaranty v. Flagstar 银行案

1. 背景简介

债券保险公司 Assured Guaranty 于 2011 年起诉证券承销商 Flagstar，主张其违反了对近 10 亿美元的两笔房贷支持债券（2005 - 1 期和 2006 - 2 期）的说明与保证义务。[①] Assured Guaranty 称，Flagstar 对基础贷款做了大量虚假陈述，RMBS 的基础资产为重大欺诈或重大经营缺陷的产物。由于被告拒绝弥补相关缺陷或替换为合格贷款，Assured Guaranty 因 2005 - 1 期交易赔付了 1470 万美元，因 2006 - 2 期交易赔付了 7540 万美元。而 Flagstar 仅赔偿了 Assured Guaranty 公司 95 万美元，而 Assured Guaranty 未来还会面临更多索赔。2009 年 1 月与 2010 年 7 月，Assured Guaranty 正式发函要求 Flagstar 回购两期交易的贷款，但 Flagstar 只购回了 7 笔贷款。Assured Guaranty 主张其有权获得保险赔付的赔偿。[②]

经过法庭调查认定，Flagstar 银行向其客户提供住房按揭贷款服务，与 Assured Guaranty 缔约，由 Assured Guaranty 为 Flagstar 于 2005 ~ 2006 年发售的两笔房贷支持证券（2005 - 1 期和 2006 - 2 期信托）承保，2005 - 1 期信托是由大约 1 万笔贷款支持，总额约 6 亿美元，2006 - 2 期信托则由 5000 笔贷款支持，总额约 3 亿美元。所有贷款均为 Flagstar 通过自己集团发起或从按揭贷款经纪商处购买。Flagstar 向 Assured Guaranty 陈述称，所有贷款均符合 Flagstar 的贷款发放标准。[③]

投资者即债券持有人被承诺可获得每月的利息和最终的本金偿还，Assured Guaranty 负责担保本金与利息的及时支付，从而将这两笔房贷支持证券的信用评级从 BBB 级提高到 AAA 级。各方的权利义务记载在 3 份交易文件中：销售与服务协议、贷款买卖协议与保险赔偿协议，Flagstar 与 Assured

---

① 原告在 2009 年之前的名称是 FSA 公司，2009 年被 AG 集团收购，从而成为 AGM 公司，2011 年起诉是以 AG 的名义。See Assured Guar. Mun. Corp. v. Flagstar Bank, FSB, 920 F. Supp. 2d 475, 477 (S. D. N. Y. 2013).

② Assured Guar. Mun. Corp. v. Flagstar Bank, FSB, 920 F. Supp. 2d 475, 486 (S. D. N. Y. 2013).

③ Id., at 478.

Guaranty 是直接的合同关系。Flagstar 是贷款的发起人、支持人、服务人和存托人。在发起贷款后，Flagstar 银行将贷款池出售给子公司，并承担持续服务职责。[①]（见图 11）

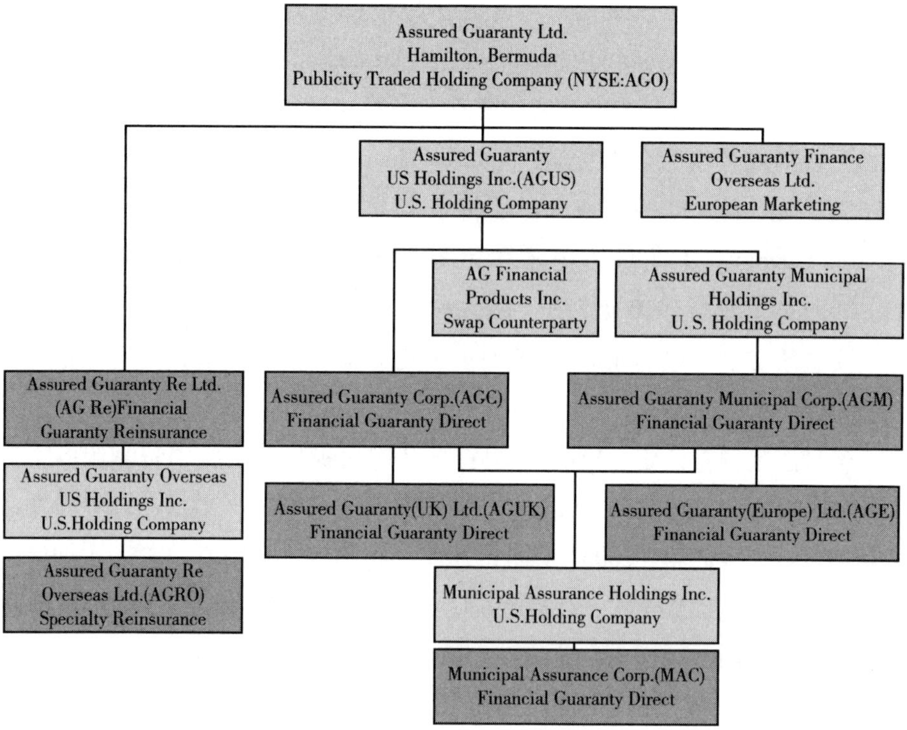

图 11　Assured Guaranty 集团结构

2. Flagstar 的说明与保证

在贷款买卖协议中大约有 75 项说明与保证，与本案相关的主要有两点：（1）“每笔贷款均系善意发起且符合 Flagstar 的经营标准”；（2）“贷款发放或投保过程中的贷款人、评估人、施工者、开发者等当事方均无错误、遗漏、虚假陈述、过失、欺诈或类似事件”。这些说明与保证条款在保险赔偿协议中也都存在，Flagstar 在保险赔偿协议中更进一步保证：“交易文件中每一项

① Assured Guar. Mun. Corp. v. Flagstar Bank，FSB，920 F. Supp. 2d 479（S. D. N. Y. 2013）.

说明与保证在所有重要事实方面都是真实正确的，Flagstar 为 Assured Guaranty 的利益向 Assured Guaranty 作出每一项说明与保证。”而且，Flagstar 同意将其所有重要说明与保证的真实正确作为开具保单的先决条件。[①]

贷款买卖协议规定，Flagstar 对其实质违反说明与保证义务承担责任，不论其行为做出时是否准确知晓行为的实质。若交易任一方“发现对信托利益有重大不良影响的违反前述说明与保证之行为，受托人、债券持有人或贷款保险人、违约发现人应立即通知其他人和保险人”。同时，贷款买卖协议要求 Flagstar 银行“在知晓重大违约后 90 天内尽一切合理努力加以补救”，如果违反说明与保证义务且不能补救，Assured Guaranty 对 Flagstar 可采取的唯一救济是要求 Flagstar 购回发生违约的贷款，或将缺陷贷款替换为合格贷款。

这两笔证券化信托采用了超额担保措施，若这一担保失效，则由 Assured Guaranty 向债券持有人进行赔付。据 Flagstar 的高管人员称，即使贷款不是由 Flagstar 发起，Flagstar 也会对其经纪商或合作者做尽职调查，无论贷款来源如何，Flagstar 都按照自己的标准予以审核。Flagstar 称其雇用了 50 位审核员，这些审核员平均都有八九年的经验，Flagstar 对他们进行了专业培训。[②]

在上述两期信托的贷款池中有 4 类贷款。2006 - 2 期的贷款组成：42. 8% 的贷款文件齐全，0. 2% 的贷款有替代文件（借款人提供支持文件而非审核人从第三方获得核实），49. 0% 的贷款只核实了借款人的资产，8. 0% 的贷款只对借款人宣称的收入与资产做了有限的核实。2005 - 1 期的贷款组成：65. 3% 的贷款文件齐全或有替代文件，34. 0% 的贷款只核实了资产，0. 7% 的贷款只对借款人宣称的收入与资产做了有限的核实。Flagstar 对这 4 类贷款进行审核的标准各有不同，但其许多基本准则却一直恒定。Flagstar 会审查借款人的债务收入比（DTI），Flagstar 将可接受的 DTI 上限设定为借款人税前月收入的 40% ~50% 。对于收入证明缺失的贷款，还会审核其收入是否合理。但事实上，Flagstar 并没有一直严格要求审核员对贷款申请做严格审核，也没

① Assured Guar. Mun. Corp. v. Flagstar Bank，FSB，920 F. Supp. 2d 479（S. D. N. Y. 2013）.

② Id.，at 480.

有要求对申请人的收入再核实。①

Flagstar 对按揭担保物价值的评估按两步进行：首先，对其价值做评估，除非州法允许使用某些文件来确定价值。其次，通过计算贷款价值比来判断其风险性。由“房利美”和“房地美”担保进行证券化的标准一般是贷款价值比不高于 80%，但 Flagstar 允许本案两期信托中的贷款价值比高于此数值。Flagstar 的指南也要求借款人有足够的现金储备，以使其在意外情况下也可维持数月的还款。不过，Flagstar 允许考虑其他补偿性因素：有确切证据证明借款人有特别可信的特征，如房产中的高份额、特别高的信用评分或极具流动性的资产等，这时若不能满足其他条件也可视情况允许，Flagstar 审核人有自由裁量权，但特殊情况下需要经理或高管人员的批准。②

3. Assured Guaranty 同意承保

Assured Guaranty 在决定承保这两笔交易前做了自己的风险分析，评估了 Flagstar 的贷款与服务行为并做了对贷款的尽职调查。Flagstar 负责 RMBS 的业务单元负责人也称 Assured Guaranty 为预测预期损失并作出计划而做了尽职调查，但 Assured Guaranty 还是坚持从 Flagstar 获得了说明与保证。Assured Guaranty 的管理人员称，若 Assured Guaranty 拿不到 Flagstar 的说明与保证条款，其不会承保这两笔交易。这对 Assured Guaranty 来说十分重要，因为 Assured Guaranty 若无法依赖基础贷款的质量，则其不能对风险进行合理定价。③

Assured Guaranty 从贷款池中取样，然后按照 Flagstar 的标准予以审核，并按 Assured Guaranty 的内部指南进行评析。为完成此工作，Assured Guaranty 还聘请了两个外部机构（Clayton 和 Bohan）协助开展，通过对信用状况、偿债能力和担保物的分析进行评估。但是，其尽职调查仅选取部分贷款加以核对分析，也未寻找其中的欺诈成分，最终也未发现两组贷款中有重

① Assured Guar. Mun. Corp. v. Flagstar Bank，FSB，920 F. Supp. 2d 481（S. D. N. Y. 2013）.

② Assured Guar. Mun. Corp. v. Flagstar Bank，FSB，920 F. Supp. 2d 482（S. D. N. Y. 2013）.

③ Id.，at 483 – 484.

大不合规贷款。经过尽职调查后，Assured Guaranty 的管理审查委员会同意了这两项交易。

4. 法庭判定 Flagstar 赔偿

在庭审中，双方及其专家证人各执一词。庭审中，Assured Guaranty 展示了 Flagstar 质量控制官 Jean Garrick 的宣誓证言，其证言称，Flagstar 于 2005 ~ 2007 年聘用了第三方审计机构 Wetzel Trott 来审查 Flagstar 所批准按揭贷款的合规性。Wetzel Trott 得出的结论是：相当一部分贷款有重大问题。Assured Guaranty 的专家 Rebecca Walzak 认为，在所取的 800 例贷款样本中有 606 例存在重大违反 Flagstar 说明与保证的情况，其中，2005 – 1 期中有 340 例，2006 – 2 期中有 266 例。[①] 这些贷款中，86 例有贷款文件中未披露的或计算债务收入比时未计入的债务，236 例的借款人信用报告质询未得到解释，131 例借款人报告的收入不合理，208 例贷款文件中缺少雇佣证明。经计算，Walzak 认为有 125 例债务收入比的计算有问题，24 例贷款中房产价值评估有缺陷，17 例贷款的借款人虚假陈述了房产用途（是主要住处还是度假用房），49 例贷款的借款人现金准备不足。[②] 法庭经过审理认定，Walzak 的证言虽然在某些方面有不足，但足以支撑起原告方的举证责任，具有一贯性和确证性，法庭对其予以采纳。[③] 法庭最终判定，Flagstar 银行对 Assured Guaranty 公司赔付债券持有人的损失（约 9000 万美元）承担赔偿责任。

（二）Ambac Financial Group Inc. 证券诉讼案

除了上述案例外，作为上市公司的 Ambac 公司同样成为众矢之的。在 2010 年的 In re Ambac Financial Group Inc. Securities Litigation 案中，Ambac 公司宣称，其承保都会“对交易各方如发行人、发起人、服务人或管理人进行现场尽职调查”。然而，Ambac 公司的投资者却控告其“表里不一”地进

---

① Walzak 还使用了审核团队和第三方的协助来审核 Flagstar 的贷款是否符合其自身标准，由 Walzak 做最后的审定把关。

② Assured Guar. Mun. Corp. v. Flagstar Bank，FSB，920 F. Supp. 2d 475，487 – 491（S. D. N. Y. 2013）.

③ Id.，at 506.

行虚假陈述，因为其并未进行严格的风险控制。曾在该公司工作的某位保密证人却道出了真相：Ambac 公司在 2005 ~2006 年尽职调查期间就知道按揭贷款发起人已经大幅降低了贷款发放标准。

在 RMBS 方面，Ambac 并未提高承保标准，反而将 RMBS 的担保要求降低了。2006 年 6 月，显著降低的承保标准却得到了公司信用风险委员会的批准。而其承保标准并未公开披露过。不仅如此，Ambac 甚至还开始承保第二抵押权贷款支持债券,① 此外，Ambac 已不再逐笔对贷款进行风险审查，而是采用了一种只看贷款发起人历史累积违约率的模型。

在 CDO 承保方面，虽然 Ambac 已降低了对 RMBS 的承保要求，但对那些仍不满足公司 RMBS 承保要求的 RMBS 所支持的 CDO 产品却依然进行了承保。公司内部曾有人表达过忧虑："为何我们对一级市场（RMBS 市场）都不太会涉足，却愿意去承保由一级市场支持的二级市场业务（CDO 市场)?"相关证人称，公司对 CDO - CDS 的承保并没有受到与其他交易等同的审查或压力测试。

此外，Ambac 的监督部门没有问题响应性，甚至不再自己进行详细审查，而是"依靠交易相对方进行尽职调查"，也就是依靠那些投资银行做尽职调查。并且，虽然 Ambac 公司称其都是自主独立进行信用评估，但在实际上特别依赖信用评级机构的评级来决定是否对 CDO 产品实施审核。

从上面两个案例可以看出，面对贷款发起人松懈的贷款标准，债券保险公司本可在承保之前的尽职调查环节就发现问题，却要在实际损失发生后依靠法律诉讼程序来追回损失，这对债券保险公司的稳健经营形成了威胁。而作为抑制风险的监督部门同样也未发挥作用，使风险不能得到及时处置。这充分展示了债券保险公司的定性控制不力，债券保险公司的风险管理与内部控制机制似乎在此处失灵，承保前的尽职调查和风险管理没有发挥应有的功能，发挥作用的却是事后的诉讼追索。为此，对债券保险公司进行外部的定

① 第二抵押权贷款，是指在已有一个抵押贷款的房产上再设定抵押权进行的贷款，一般用于满足第一个抵押贷款的首付款要求。

性监管规范也就成为必要的解决方案。

三、定性审慎监管问题纠偏

上述案例是众多相关案例中的典型案例，充分说明了传统保险合同法应对债券保险公司承保风险的不足，同时也显示出定性审慎监管制度的失灵，需要我们从这一角度“切脉诊病、找出病源”。

(一) 债券保险定性规范外部监督

当前，美国各州保险法并未对保险公司的内部治理作出明确的具体规定，NAIC也并没有直接针对公司治理的统一示范法，使保险公司的内部治理缺乏明确而有效的规范。各州法律在公司治理与风险管理方面也存在较大差距。各州与美联储都未设定能使管理层明确负责的治理要求和有效保护保单持有人利益的控制框架，也没有风险管理与合规职能的要求。这些问题都是目前的巨大漏洞，亟须通过修改相关监管制度规范加以改善。上述案例中，Assured Guaranty公司风险控制部门未能阻止高风险的经营承保行为就是明显例证。

根据NAIC的总结，各州法律中的监管内容主要有：（1）财务报告与审计；（2）现场与非现场检查和持续分析；（3）偿付能力监督；（4）交易规制；（5）监管者对受困保险公司的矫正权力；（6）实施接管破产的权力；（7）市场行为检查与费率规制。然而，这只是对各州监管内容的概述，真实的情况是，各州对保险公司治理的评估主要依靠公司的报告，在没有适当的保险公司治理要求的情况下，这种监督的效果也只能浮于表面。为此，债券保险法应当建立更加明确的公司治理规范，包括董事与高管人员的任职资格条件，此外也应确保在公司领导层的个人有能力对保险公司风险管理提出质疑，从而避免公司治理机制流于形式。

为了有效督促债券保险公司实施风险防控，应当重视对其承保程序及标准的外部监督。外部监督应当通过监管机构的信息披露与申报、现场检查与非现场审查来实现，需要建立全面而明确的法律规范与监管措施。如果有充足的风险管理定性监管，使监管者能知晓有关集团的信息并能采取适当的监管行动，那么保险公司的定价不当、准备金提取不足以及集团内部交易的问题便可得到较好缓解，可提高保险公司的安全性。

（二）债券保险集团的信息披露与申报

信息不对称性是导致市场机制失灵的重要诱因，会导致逆向选择与道德风险问题。居于信息优势的一方会利用其信息优势侵害交易相对方的权益。信息披露则是为了消除这种信息的偏差，使交易双方获得对等的信息地位，从而让投资者作出理性的决策选择，使交易更加公平合理、市场运行更加有效。目前，国际保险业偿付能力监管体系都已将信息披露作为重要的支柱之一。

1. 欧盟《保险集团指令》的信息披露要求

该指令规定，各国监管机构应要求接受补充监管的保险企业应有适当的内部控制机制以提供补充监管相关的数据信息。[①] 同时，成员国应规定其适格监管者有获得相关信息的权利。只有在要求保险企业提供相关信息而未提供时，监管者才可直接向保险集团要求必要信息。为了获得有效信息，监管者可由自己或通过其任命的人对保险集团各公司的信息进行现场核实。[②]

2. 欧盟《金融集团指令》的信息披露要求

该指令中就关注了信息披露与共享的重要性，要求负责集团内各金融机构监管的适格监管者进行信息交流与监管协作。该指令设立了协调人（coordinator）负责沟通与协调。对于重大的集中风险情况，该指令要求金融集团应当定期向监管协调者报告，协调者有权确定金融集团应报告的风险类型，并与其他适格监管者和金融集团自身协商确定“重大”的标准。内部交易的规范与风险集中类似，金融集团应当定期向监管协调者报告，由协调者确定应予报告的风险类别和“重大”标准。

---

① Directive 98/78/EC of the European Parliament and of the Council of 27 October 1998 on the Supplementary Supervision of Insurance Undertakings in an Insurance Group; Directive 98/78/EC of the European Parliament and of the Council of 27 October 1998 on the Supplementary Supervision of Insurance Undertakings in an Insurance Group, Art. 5.

② Id., Art. 6.

3. 欧盟 SolvencyⅡ指令的信息披露要求

信息披露方面，集团监管委员会应当明确信息披露的内容以及相关偿付能力和财务报告的编制方式。各成员国应要求保险公司每年公开披露其偿付能力和财务状况，需要披露的信息包括业务表现、治理体系、各类风险、财务状况、资本管理等。同时，应当组织协调好持续信息披露与临时信息披露的关系。各个成员国应当要求保险集团及其子公司每年公开披露其财务状况及偿付能力。同时，对集团的信息和集团子公司的信息应当分开披露。

4. 债券保险机构表外活动应完整披露

在债券保险监管中，信息披露问题同样凸显。表外活动无法在其法定披露文件中得到充分展现，特别是其子公司出售 CDS 的活动并未在债券保险公司的资产负债表中如实反映出来，导致其巨大的风险被隐藏而难以发觉，这就是表外载体风险。事实证明，正是这样的表外特殊目的载体让债券保险公司遭受了巨大的财务损失。对于债券保险公司的这类表外载体，应当加强信息披露与申报的规范，同时应要求监管机构对其信息的申报做尽职审查。债券保险集团的信息披露与申报对于揭示其内部真实的财务实力和风险水平具有不可替代的作用，不仅可让投资者更为充分地掌握有关债券保险集团的信息，对其状况作出相对合理的判断，而且能使监管者更加及时地对其风险进行关注。①

第三节　债券保险风险传染防控——业务分离

金融集团具有增大经营规模、扩大经营范围的作用，可以实现金融公司的集约化、高效化，拓展收入来源，增加利润收益。同时，也能够通过在集团内部各公司之间的调度配合，优化资源配置，提高资本效率，促进集团效

① 当然，信息披露并不是可解决一切问题的万能良药，下面第六章会讨论信用衍生品监管改革中信息披露制度的局限性。

益。可见，金融集团犹如市场海洋中的“舰队”，不仅能避免“单打独斗”的个体风险，而且能够以协同聚合实现“整体胜利”。但也应看到，这样的集团模式带来规模效应的同时也产生了集团内部的风险传染问题。债券保险公司集团的这一问题更为显著，需要认真思考如何加以解决。源于金融“防火墙”的业务分离制度则是应对这一问题的重要定性监管制度。

一、金融集团内部风险传染问题

金融集团是金融机构为降低经营成本、提高经营效率而采取的发展策略，这一战略带来了巨大好处，但金融经营的集团化也使金融机构面临的风险更加复杂。不仅是各个金融业务公司各自面临的市场风险、信用风险、流动性风险等风险，还有因为集团内各个公司相互关联而形成的新型风险，如不透明风险、关联交易风险、资本不足风险、业务混合风险。这些风险导致了单一金融机构的个体风险在集团内部的相互传染扩散。由于集团内部各个子公司之间业务往来频繁，各个子公司形成了小型的连锁关系网络，当其中某个主体出现风险时，就很容易牵涉其他子公司，风险在各个子公司之间蔓延也就不足为奇。金融集团内部的风险传染因素如下。

1. 关联交易

关联交易，是指具有关联关系的企业之间进行的交易。“关联关系”是指一方对另一方的经营决策有控制力或支配力，或者能对其施加重要影响，以及两方共同受一方控制或影响的关系。这种关联之下的交易容易产生不公平问题。美国著名公司法学者克拉克认为，公司的控制股东、董事、经理等高级管理人员利用对公司的控制或影响直接与公司进行的交易属于“自我交易”。[①] 关联交易体现的并不是两个完全独立自主的主体之间的“合意”，更大程度上是单方的意志或者非独立的意志。保险公司集团就是如此，其与单个保险公司的不同之处是，各个保险公司都属于一个金融集团，由集团公司控股。保险公司的最终决策实际并不是由其自身董事会或管理层作出，而是

① 参见［美］罗伯特·C. 克拉克：《公司法则》，胡平等译，工商出版社1999年版，第125页。

由集团控股公司的董事会、管理层作出，这就导致控股公司与其他子公司之间的风险更加具有关联性，这种关联性使各个公司之间的利益输送愈加显著和容易，也就更会产生风险传染，因为其“交易”行为不仅包括特定产品或服务的买卖，也包括相互持股或投资行为、相互授信行为、相互承保行为等。①

2. 资本不足

资本不足风险，是保险集团特别是债券保险集团所面临的主要威胁之一。金融危机中一些保险公司集团偿付能力被击垮，充分暴露了资本不足的问题。各个子公司的资本金被交叠或重复。由于集团内的公司都要满足法律规定的相应资本金要求，否则即会被追责或限制。而集团内部却往往出于充分利用资本的考虑而在财务申报时将资本金交叠使用或重复计入。这就使集团的实际资本充足率大大低于表面的资本充足率。在发生异常事件时一个主体的资本不足问题凸显，这也会使其他公司资本不足问题被暴露出来。这可谓是导致风险传染的一种特殊因素。此外，由于其资本被“放大”，也就增加了其负债的余地，这会促进其债务融资活动，加大财务杠杆水平。

3. 信息不足及滥用风险

信息不足风险，是指由于信息监管在金融监管中居于基础性地位，但因为信息披露往往会造成较大的市场反应，所以受监管的金融机构会倾向于减少负面信息的公开披露，使投资者处于信息的劣势。这种情况对于金融集团公司而言更为严重：由于集团内部公司数量较多且相互间的关系复杂，形成了市场上的“庞然大物”，集团内部的信息更加“隐晦难觅”，这使监管机构

① 欧盟《金融集团指令》对金融集团的“内部交易”作了界定：受监管实体依赖集团内其他实体或与集团内实体有密切关系（参股或控制）的任何自然人或法人履行义务的任何交易，都是内部交易，无论是否为合同义务或有偿与否。集团内部交易的形式包括但不限于贷款、担保、衍生产品、服务协议等。金融集团联合论坛《集团内交易和风险敞口原则》中规定了10类关联交易与风险敞口应当规制，包括交叉持股、集中管理、担保及贷款、资产买卖、客户配置、大股东控制、再保险等。See EU, Financial Conglomerates Directive, Art. 2 (18); see also Frank Dierick, *The Supervision of Mixed Financial Services Groups in Europe*, European Central Bank Occasional Paper Series, No. 20, p. 28 (2004); The Joint Forum, *Intra-Group Transactions and Exposures Principles*, §4, p. 1-2.

与社会公众更加难以充分获得有效信息并了解金融集团的真实状况。信息滥用风险，是指有关金融业务的各种客户信息在各个公司之间相互串流，被不同的公司不当使用，这种信息的流动也会使风险在无形中扩散。

4. 协同行动

此处的协同行动，是指金融集团整体目标的存在，导致集团各个子公司的经营方向、策略、方式等趋于协同和一致，从而产生极大的相似性。特别是子公司的决策会受到母公司的巨大影响。而且，集团内各个子公司在业务渠道、人力资源、信息流动等方面也具有很强的近似性。这种协同一致性让金融集团面对的风险具有更大的冲击性。

5. 利益冲突

利益冲突，是指一个主体担任两个以上不同的职务，这两个职务之间本是相互对立的角色和立场，导致这两个角色代表的利益难以有效调和而产生冲突。在公司集团中，母公司与各个子公司之间追求的目标并不完全相同，但集团内部人员的交互任职或资源“共享”会使各个公司的利益发生冲突，这时就易于发生风险的蔓延。

二、金融集团“防火墙”制度

既然风险传染是金融集团面临的重要风险，那么如何防止风险传染就是金融集团监管的基本议题。探究现有制度与研究成果，最主要的就是集团内部风险隔离机制。美国、英国和欧盟针对金融机构的风险传染问题提出了各自的“防火墙”解决方案，其精神实质也是不同业务的风险隔离。①

（一）金融“防火墙”制度的基本内容

金融“防火墙”，是指为了金融机构或金融系统的安全，在不同行业、不同机构之间设置资金、业务、信息、人员等方面的屏障，切断风险传播路径以实现风险隔离的相关措施或制度安排。金融“防火墙”制度，最初是在

① 美国在金融危机后制定的金融监管改革法中的“沃尔克规则”（the Volcker Rule）在一定程度上也是风险隔离制度，下文中还会有论述。

金融混业经营背景下为避免过度兼营而造成的风险问题，出现于美国的《格拉斯－斯蒂格尔法》。[①] 经过多年的发展，“防火墙”已经成为风险隔离的代称，不仅是风险防范的具体措施，更是有关风险防范的制度体系，“防火墙”的原则与制度日益受到各国的重视和采纳。

就集团内部风险传染而言，金融“防火墙”制度的目的是通过限制和隔离集团内部各个公司之间的主体、业务、人员、信息，防止风险在集团内的扩散和传染。综合看来，“防火墙”制度的内容包括法人隔离、业务隔离、信息隔离、人员隔离等方面。

1. 法人隔离。法人隔离，是指集团内各个法人实体相互独立，集团内部控股公司与子公司应当能够有效识别和区分，从事不同金融业务的公司各自承担经营责任，防止风险在各个公司之间传递。

2. 业务隔离。业务隔离，是指限制集团内各个公司实体在业务方面的交叉关联，使其在资金账户与管理流程等方面隔离，从而达到控制关联交易、制约管理的决策与执行等环节。其中，资金账户隔离是营业隔离的关键，意在防止集团内部资金混同产生的风险传导，防范资本监管的失灵。

3. 信息隔离。这一原则的宗旨是抑制信息不当流动导致的客户利益受损，诱发内幕交易。信息隔离的“防火墙”机制就是为了抑制内部信息的不当传播与使用问题，从而维护客户的权益与集团内交易的正当性。

4. 人员隔离。人员在集团内部的交叉任职会产生利益冲突，导致忠诚、信义义务履行不当的问题。为了防止集团人员的“角色异化”，“防火墙”制度会禁止母公司与子公司的董事、高级管理人员和其他雇员相互重叠。

（二）从金融危机看“防火墙”制度的必要性

1. 旨在废弃防火墙的金融“现代化”

美国的金融“防火墙”制度始自1933年“新政”时期的《格拉斯－斯蒂格尔法》和《1934年证券交易法》。《格拉斯－斯蒂格尔法》规定了商业

---

① See Glass-Steagall Act (The Banking Act of 1933), Act of June 16, 1933, ch. 89, 48 Stat. 162.

银行不得从事投资银行的业务，从而在商业银行业务与投资银行业务之间树立起了“防火墙”。后来，美国又连续制定了几部法律，对分业经营原则进行了明确和完善。如在银行控股公司蓬勃发展的背景下，美国出台了《1956年银行控股公司法》，要求银行控股公司只能从事与银行业关联紧密的业务，不得开展保险等业务。[①]《1960年银行合并法》要求各类银行实施并购须经相应的监管机构批准，防止“超级金融机构”的形成。[②]《1970年银行控股公司法修正案》将单一银行控股公司纳入联邦监管范围，并强化了对银行控股公司可从事非银行业务的限制。[③]

然而，金融技术创新和混业经营大发展带来的巨大收益让美国最终放弃了以往的分业经营法律限制，《金融服务现代化法》宣称的“现代化”本质上是经营混业化、监管放松化，原有的金融分业防火墙被推倒，银行、证券、保险之间的混业经营没有了法律上的阻碍。不仅商业银行重新操起投资银行的“旧业”，而且许多保险公司也加入到这一浪潮之中。美国官方也宣称，这能够大为增强美国金融业的国际竞争力。

2. 防火墙推倒后的系统风险失控

然而，失去缰绳控制的野马会坠落悬崖，失去风险防范的金融业也会陷入危机。推倒金融分业防火墙的金融行业开始大规模开展所谓的“金融创新”（financialinnovation），各大金融机构纷纷投身住房贷款支持证券相关业务，使金融市场的系统性风险在大范围内扩散。商业银行、贷款公司、投资银行、对冲基金等各类机构都围绕次级住房贷款及其衍生证券产品的链条形成了宏观的风险传染系统，系统性风险最终失控。从微观的金融集团角度看，投资银行机构从事高杠杆性、期限错配性业务的风险也极为“方便快捷”地传递到集团内的其他机构，从而使整个集团面临较大的困境。这并不是单个金融集团的风险控制失效，而是废弃金融“防火墙”制度导致的恶果。正如

---

① See The Bank Holding Company Act of 1956, May 9, 1956, ch. 240, 70 Stat. 133.

② See Bank Merger Act of 1960, Pub. L. 86 – 463, 74 Stat. 129 (1960).

③ See The 1970 Amendments to The Bank Holding Company Act of 1956.

美国总统金融市场工作组于2008年的一份政策声明所归纳的，此次危机的产生体现了美国金融机构风险管理特别是风险集中度、低流动性资产估值以及流动性风险的管理方面的严重不足，而监管政策的失灵也加剧了风险管理的薄弱性。[①] 为了拯救陷入危机中的贝尔斯登、AIG等集团，美国政府动用了大笔的财政资金。巨大的代价让官方与民间不得不反思金融集团的风险防控和再监管问题。（见图12）

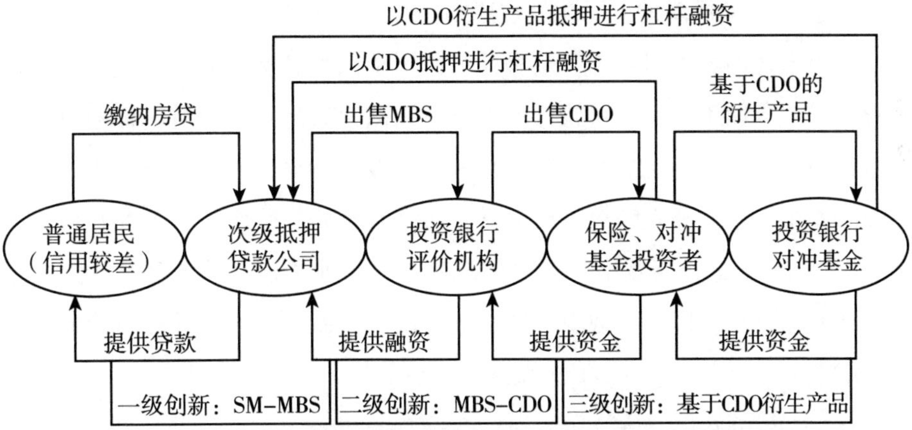

图12　金融危机风险传导机制

3. 恢复金融分业防火墙的呼声

在此次危机后，主张恢复金融分业经营的呼声不绝于耳。著名的诺贝尔经济学奖得主斯蒂格利茨教授就认为，废除原有的1933年银行分业法是导致金融危机的重要原因，他指出同一集团内商业银行与投资银行的协作导致巨大的利益冲突。[②] 许多人士也提出要重新建立《格拉斯－斯蒂格尔法》监管制度的意见。[③] 前美联储主席保罗·沃尔克虽不赞成全面恢复该项法律，但

① The President's Working Group on Financial Markets, *Policy Statement on Financial Market Developments* (2008), available at: https://www.treasury.gov/resource-center/fin-mkts/Documents/pwgpolicystatemktturmoil_03122008.pdf.

② 参见［美］斯蒂格利茨：《金融危机及其对宏观经济的影响》，载新浪财经网，www.finance.sina.com.cn，最后访问日期：2021年11月8日。

③ 提议者如共和党参议员约翰·麦凯恩与民主党玛丽亚·坎特维尔。

也在奥巴马政府的金融改革中提出了禁止银行从事高风险自营交易以及对冲基金交易的“沃尔克规则”，其目的同样是限制金融风险的过度传染效应。在2016年美国政府换届期间，不仅民主党的伊丽莎白·沃伦和伯尼·桑德斯等议员强烈支持恢复《格拉斯－斯蒂格尔法》，就连通常被认为是华尔街金融利益集团代表人的共和党也显露出对恢复金融分业防火墙制度的较大认可。①

4. 金融业务风险的差异化处理原则

通过上述内容可以看出，金融业务的风险属性各有差异，传统的商业银行存贷款业务属于风险相对较低的业务，而以次级房贷为支持的证券以及由其继续衍生而成的衍生品则属于风险较高的业务。对这些风险属性各异的金融业务实施一定的分立隔离不仅有意义而且有必要。所谓的“消除自由竞争障碍”“提高金融经营效率”口号体现的是银行业为谋求跨业经营追逐高额利润的利益诉求，但因为缺少了适当的风险隔离制度，最终导致风险的广泛“溢出”。

（三）各国金融“防火墙”制度的发展趋势

近年来，人们在反思金融危机教训时认识到，金融业务差异化处理原则应当得到足够的重视。于是，欧美各国都展开了恢复金融“防火墙”的研究与实践，主要成果有英国的维克斯报告（Vickers Report）、欧盟的利卡宁报告和德国的金融监管法改革。

1. 英国

英国银行独立委员会（ICB）于2011年发布了维克斯报告，其中提出了“栅栏”（ring-fence）原则，将传统银行业务与投资银行业务隔离。根据其报告内容，银行业务划分为三类：一是必须放入围栏的零售银行业务；二是可以放入围栏的大企业银行业务；三是不得放入围栏的投资银行业务。这三类

① 参见李园：《华尔街噩梦：共和党吁恢复〈格拉斯－斯蒂格尔法案〉》，载“金融之家”，http://www.jrzj.com/163113.html，最后访问日期：2021年1月13日。

业务应当分立为不同的主体机构，对于零售银行应当实施相对独立的公司治理和信息披露，并实行10%的资本充足率标准，削减政府对投资银行业务的担保支持。正如报告主导者约翰·维克斯所说，"这一改革是为了将零售银行和纳税人与投资银行的高风险隔离"。①

2. 欧盟

欧盟在2012年完成了《银行业结构改革高级专家组报告》，因该工作组由利卡宁领导，故该报告又被称为"利卡宁报告"（Liikanen Report），其主要内容与维克斯报告相似，也是旨在建立一定的风险隔离墙。该报告建议，如果银行的证券交易和可供出售的证券资产超出总资产的15%～20%，或绝对值超出1000亿欧元，则禁止其从事自营交易和做市交易，而应转移至集团内的独立法人名下，该独立法人的资金不得源于银行，这两个独立法人分别独立满足监管要求。

3. 德国

德国的金融体系以其全能银行模式而闻名，然而采纳全能银行模式的德国也采取了风险隔离的"防火墙"制度，其在很大程度上采纳了利卡宁报告的思想。也正是由于监管制度中的风险隔离制度，德国全能银行体系能够维持长久的稳定性。除了证券业务与银行业务之间的业务隔离和各个部门之间的信息隔离外，德国《保险监管法》还规定了保险业的业务隔离，保险公司不得兼营人寿保险、健康保险、信用保险、诉讼费用保险种类，不同保险种类由不同主体经营，不得相互依赖或兼营。

可见，金融危机后的各国都对金融领域的风险传染问题作出了回应，并将其作为监管改革的重点内容，这种改革往往被称为"结构改革"，以便防止高风险业务对金融集团偿付能力的不当影响，降低系统性风险。

三、债券保险机构的业务隔离

鉴于不同业务之间的风险传染与溢出效应，业务隔离应当是金融行业奉

---

① Timothy Edmonds, *The Independent Commission on Banking: The Vickers Report*, p. 3, available at: http://researchbriefings. parliament. uk/ResearchBriefing/Summary/SN06171#fullreport.

行的原则。曾有人提议将业务隔离的方式用于投资银行，以防止其“对冲基金”业务与“基础业务”之间的风险传染，其实质也是在倡导一种不同业务之间的风险隔离制度。① 虽然在当今混业集团经营的现实下，对集团内部实行完全意义上的隔离已不可能，但实施一定的业务隔离制度却是防止集团内部风险传染的必要举措。业务风险隔离制度对债券保险业具有极为重要的影响。

（一）债券保险业早期的风险隔离

作为专业风险处理者的保险业较早地遇到了风险性质差异的问题，保险监管也在这方面有了丰富的经验。保险公司承保的风险可分为高风险与低风险，高风险者即巨灾性风险（catastrophe risk），② 保险公司一般很难有完全充足的资本来抵御“巨灾”来临时的保单赔付损失，保险公司无法赔付时保单持有人即按比例受偿；低风险者如一般的财产损失风险，这类风险基本适用大数法则（the law of large numbers），损失规模和范围比较有限，所需资本准备也就有限，因而一般不会造成保险公司的负担和被保险人的受偿困难。保险集团的情况会更为复杂，因为保险控股公司旗下会有各个保险公司经营各类保险业务，既有巨灾保险，也有一般财产保险。而巨灾保险业务的损失会导致控股公司的破产，使普通保险公司的保单持有人的债权受到损失。

最早的业务分离实践始于按揭保险（mortgage insurance）领域。1957 年 MGIC 公司申请从事按揭贷款保险业务，监管者的答复是附条件的许可——只能开展商业按揭贷款保险业务，从而保证多业务保险集团中普通保险业务的保单持有人不受按揭贷款保险公司的违约损失。此后，按揭保险业就逐渐确立了单一业务规则。

到了 20 世纪 70 年代，债券保险业务出现，并率先适用于公共债券领域。

---

① See Dwight M. Jaffee, *Monoline Regulations to Control the Systemic Risk Created by Investment Banks and GSEs*, The B. E. Journal of Economic Analysis & Policy: Vol. 9: Iss. 3 (Symposium), Article 17, available at: http://faculty. haas. berkeley. edu/JAFFEE/Papers/115BEOct09Conf. pdf.

② 此处的巨灾性风险，并不仅指巨大的地震、海啸、洪水、飓风等自然灾害风险，还包括会导致大范围损失后果之社会事件的风险。

MGIC 旗下的 Ambac 公司成功帮阿拉斯加市政债券完成了融资。在 20 世纪 80 年代中期以前，债券保险业务与其他财产保险业务兼营，都是属于财产保险公司的业务范围。然而，20 世纪 80 年代的几个案例让监管者认识到了风险隔离的重要性。于是，在 NAIC 的立法以及后来的各州立法中都将债券保险公司作为单独的一类保险公司，对其规定了特别的规范要求。Ambac 公司也从 MGIC 公司分离出来。

虽然债券保险业自 20 世纪 90 年代起涉足资产支持证券并逐步拓展至 CDS 领域，但却缺少了必要的风险隔离措施，相关法律也逐步放松了对高风险的 CDS 业务的限制。公共债券保险、ABS 保险和 CDS 出售这几类业务的账户与资本相混同而不予区分，这正是对其以往“单一业务”原则的违反，终于致使债券保险公司业务的“火势蔓延”。

即便如此，债券保险业的倾塌却并未对其他保险业领域造成过大的影响，其他保险业虽有损失，却并非由债券保险直接引起。这也反映出“单一业务”原则对风险隔离的重要性。

（二）危机后债券保险业的风险隔离及其不足

在 2007 年第四季度遭受 23 亿美元净损失的债券保险公司 MBIA 曾于 2008 年 2 月与债券保险公司协会就债券保险行业的前景产生了巨大的分歧，MBIA 公司认为实行业务隔离是行业未来的应然选择，并且债券保险公司应当停止发行 CDS 产品，FGIC 在同期也提出了将公司业务一分为二的计划。[①] 沃伦·巴菲特在欲为 Ambac、MBIA 和 FGIC 三家债券保险公司提供再保险时也只是愿意为它们的市政债券保险业务提供担保，而不包括其更具风险的 CDS 业务。[②]

为应对金融危机的不良后果，美国债券保险公司已经有了分拆的实践：

---

① See Alistair Barr, *MBIA Quits Trade Group after Disagreement*, available at Market Watch: http://www.marketwatch.com/story/mbia-quits-trade-group-after-disagreement-over-future-of-industry/.

② 参见《“股神”巴菲特8000亿美元救市　援助债券保险业》，载 http://news.xinhuanet.com/fortune/2008-02/13/content_7595150.htm。

将市政债券保险业务、资产支持证券保险业务和 CDS 业务的账户分立。目前，各个债券保险公司集团大多已实施了业务分离。例如，Assured Guaranty 集团就有 Assured Guaranty Municipal Corp. 和 Municipal Assurance Corp. 两个子公司专门从事公共债券保险业务，Assured Guaranty Corp. 公司则从事公共债券与私营债券的保险业务；MBIA 集团下有 National 公司和 MBIA Insurance 公司分别从事公共债券和私营债券的保险业务。另外，Ambac 公司也依据威斯康星州法律实施了账户隔离，划分为一般账户与隔离账户，对其隔离账户实施重组复原。这确实是正确的发展方向，但也存在两个问题。

首先，债券保险公司并未全面实行账户分离。目前，除上述集团实行了账户分离外，FGIC 公司、Syncora 公司均未进行不同账户的分离。这使其仍处于风险交叉的威胁之下。加之，集团内部各公司并未完全按业务性质明确划分，如 Ambac 公司。它的账户分离是为开展破产复原程序而迫于无奈的选择结果，目的是为完成 Ambac 公司的重建，而且其一般账户与隔离账户的划分并非严格按照业务的性质类别，很大程度上是为满足 CDS 交易相对方债权人的利益要求。

其次，目前的账户分离导致了各类债权人的利益冲突。经过对 Ambac 各类业务及其预期损失的细致分析，保险监管局于 2010 年 3 月对 Ambac 公司做出账户分离安排，将大约 1000 份问题较大的保单放入分离账户之中，包括所有 RMBS 承保业务与小部分市政债券承保业务以及一些未达成债务宽容协议的 CDS 承保业务，这些保单的重大预期损失和交易结构问题难以避免；而剩余的 1.4 万份保单留在了一般账户中，主要是与 Ambac 公司达成宽容协议的 CDS 承保业务和绝大部分市政债券承保业务。[①] 根据这一安排，Ambac 公司的主要资产仍在一般账户中。如果 Ambac 向其关联公司或其他主体转移资

① See Ambac FIN, *Plan of Rehabilitation Filed by Wisconsin Commissioner for Segregated Account of Ambac Assurance Corporation*, http://www.4-traders.com/Ambac-FIN-11499/news/Ambac-FIN-Plan-of-Rehabilitation-Filed-by-Wisconsin-Commissioner-for-Segregated-Account-of-Ambac-A-13473993/; see also List of Policy and CUSIP Numbers Allocated to the Segregated Account as of October 8, 2010, Ambac Policyholders Information Center: http://ambacpolicyholders.com/segregated-account-key-docs/.

产，Ambac 公司许多无预期损失的优质保单（绝大部分是市政债券保单）也将面临加速偿还、提前终止等不利境况。因此，分离账户中的债权由一般账户按照复原计划发行的担保票据和超额损失再保险提供资金偿还。这使分离账户可按需获取一般账户的资产来偿还负债而不会触犯一般账户保单中的资产转移限制。这一设计可谓精明，达到了双重的效果。① 但是，这样的划分由于划分标准不明、偿付顺位无序与受偿比例偏颇等问题而曾遭到诸多被保险人（债券持有人）的强烈反对，产生了 CDS 债权人、ABS 债权人与市政债券债权人之间的巨大冲突。

（三）债券保险机构业务隔离的未来方向

风险隔离是为了遏制风险在不同主体之间的传染，而债券保险集团由于内部各公司的相互关联，同样也面临风险的传染，而且其风险传染更具特殊性。在债券保险集团内部，债券保险公司与信用衍生品公司、投资公司、融资通道公司都有密切的联系，由债券保险公司对各类投资、信用衍生品进行承保。各类投资或衍生品交易的损失都会传导至债券保险公司，而债券保险公司的财务困境也会影响债券保险业务公司。因而，债券保险业的业务隔离可谓金融“防火墙”原则在债券保险领域的应用。

1. 债券保险业务分离的现实意义

债券保险业务分离不仅在理论上具有金融“防火墙”的功能，而且也具有稳定预期、提供指引的重要作用。在 Ambac 公司案中，威斯康星州保险监管局认为有必要根据《威斯康星州法典》第 645 章（保险公司复原与清算）采取必要的监管行动，但 Ambac 并未如其他公司那样申请整体复原或停保新业务，而是采用了账户分离后的部分复原方式。该州监管局采用这种部分复原方式的原因如下。

首先，完全复原会产生大量不必要的损失。其 15, 000 份保单中绝大部分

① See Plan of Rehabilitation & Segregated Account Key Documents, availableat Ambac Policyholders Information Center: http://ambacpolicyholders. com/plan-rehabilitation-documents/.

是承保了没有问题、预期损失很小的债券交易。例如，Ambac 承保了一些较大公司（如 Sonic、Hertz 公司）的债券，Ambac 公司整体进入复原程序会使这些公司的债权人有权拒绝提供融资，或使债券持有人有权要求加速付款或宣布违约，进而导致 Ambac 公司的赔付损失。据测算，整体进入复原程序会导致 Ambac 公司仅对商业 ABS 交易的额外保单损失就达到约 10 亿美元。Ambac 的其他业务同样面临类似的威胁，包括集团内其他公司出售的利率互换、汇率互换等，与 CDS 相关的按市价计值损失将高达 100 多亿美元。其次，整体复原程序也会造成对国民经济的更大风险。包括美国联邦财政部和纽约联储委员会在内的政商各界都认为，Ambac 公司整体复原会形成市场崩塌、经济下滑的系统性风险。

基于上述原因，威斯康星州监管机构选择了部分复原的方案，利用该州保险法独有的账户分离法，该条规定允许保险公司经监理官批准后设立分离账户。[①] 该条规定之前也曾在保险公司破产程序中使用过，但此案与之前有所不同。

然而，正如威斯康星州法典第 645 章明示的立法宗旨所说，“保护被保险人、债权人和公众的利益”“公平分配不可避免的损失”是其基本目标，[②] 本案采取的隔离方式虽然起到了一定的积极作用，但也对各类债券保单持有人的权益赔付造成了极大的不确定性。由此可见，若能用法律预先规定不同业务之间的风险分离，使具有不同风险水平的各类债券保险业务之间实现相互独立和破产程序的隔离，就可以避免整体进入破产程序的诸多问题，为保单持有人及其他债权人提供明确而稳定的行为指引和心理预期。

2. 债券保险业务分离的具体内容

债券保险监管法应当推行风险隔离制度，具体内容应是业务账户的相对分离。债券保险公司的业务应当根据业务性质分拆为两类相对隔离的业务账户：一般账户与特殊账户。一般账户应当是风险较低的公共市政债券类账户，

① See Wis. Stat. §611.24.

② See Wis. Stat. §645.01.

特殊账户是风险性相对较高的资产支持证券类账户。这两类账户之间应当实现资金账户、偿付风险以及业务人员的隔离，也即从设立、经营到人员、资金的“自始至终”的风险隔离，而非仅为处置财务危机的临时分割，以此达到债券保险业风险隔离的完整性、确定性与一贯性。

有人会担心业务账户分离制度可能造成较大的合规成本，但经仔细分析后便可发现，这一制度的实施并不会产生过高成本，同时也包含了巨大的社会收益。从制度实施成本来看，债券保险公司业务隔离制度并不会造成太高的合规成本。虽然会增加一定的管理成本，但债券保险公司仍可经营各类债券的保险业务，经营收入并不会因为业务分立而大为减少。同时，从业务隔离制度的收益来看，这一制度分离了不同业务的风险，防止了不同承保业务类型之间的风险过度扩散，从而防止造成社会公众的利益损失，不必耗费纳税人的公共财政资金来拯救市场危机，可谓收益巨大。因而，对于债券保险行业，不同业务的分离是一项势在必行的监管制度改革。(见表10)

表10　主要债券保险公司业务分离情况

名称	集团/公司	公共债券	私营债券（含ABS、CDS）
ACA	公司	ACA Financial Guaranty	N/A
Ambac	集团	Ambac Assurance	Ambac Assurance
Assured Guaranty	集团	AGC、AGM、MAC	Assured GuarantyC
MBIA	集团	National	MBIA Insurance
Syncora	公司	Syncora	Syncora

第五章

债券保险定量审慎监管制度

偿付能力，是指保险公司在保险事故发生时充分赔付被保险人的能力。对保险公司偿付能力的监管不仅是维护被保险人利益的基本要求，而且是维持保险公司正常经营的必要保障。偿付能力监管的一个基本指标就是资本充足率，它不仅是商业银行的重要指标，而且是保险公司经营的根本性指标，表明保险公司用自己的资本偿付未来债务的能力，对于维持保险公司的偿付能力具有十分关键的影响。①

第一节　风险资本监管要求

保险公司偿付能力监管的首要标准是其资本具有抵御风险的适足性。与银行业的风险不同，保险业的风险主要产生于负债一侧，因而保险公司的风险资本规范主要与其负债相联系。由于保险公司的负债经营性特征，资本不足会导致保险公司难以有效应对未来的赔付要求。对于保险公司及其集团的偿付能力监管，国际上近年来呈现风险应对性更加强化的趋势。无论是国际保险监理官协会的核心原则、欧盟的偿付能力体系还是美国 NAIC 及各州的风险资本的监管要求，都彰显出偿付资本的风险适应性主张。然而，债券保险公司却依然陷入财务危机，其中出现了什么问题？

① 参见覃有土：《保险法概论》（第 2 版），北京大学出版社 2001 年版，第 514 页。

一、《巴塞尔协议》的风险资本监管经验

《巴塞尔协议》，是由巴塞尔委员会逐步制定和完善的银行业监管国际标尺。巴塞尔委员会是国际清算银行（BIS）常设的银行监管委员会，由10个国家的中央银行于1974年联合设立而成，旨在消弭各国银行监管的差异。①

成立后，巴塞尔委员会制定了许多关于银行监管的协议规定，如1975年制定并于1983年修改的《银行境外机构监管原则》，1988年巴塞尔委员会制定了《关于统一国际银行资本计算与资本标准的协议》，这一协议即常说的《巴塞尔协议》。2004年，巴塞尔委员会发布了《新资本协议》框架。虽然这些协议并不直接具有法律约束力，并非强制要求具体内容的一致，但由于其本身具有的合理性、可操作性，巴塞尔委员会各成员国一致对其认可与接受，世界其他各国在监管实践中也逐渐采纳《巴塞尔协议》作为其银行监管的标准。

1988年的《巴塞尔协议》将资本进行了分类，并开始采用风险加权方式计算资本充足率，对不同等级资产规定了不同的风险权重，并规定资本充足率应不低于8%，核心资本充足率不得低于4%。2004年定稿、2006年开始实施的《新资本协议》框架规定了银行业监管的“三大支柱”：最低资本要求、监督检查与市场纪律，最低资本要求是最重要的支柱。此外，在金融集团的情况下，适用范围也就扩展至其控股公司和集团。在金融危机之后，巴塞尔委员会也作出了回应，对《巴塞尔协议》作出修改：2009～2011年先后发布了三个新文件对原有协议进行完善。特别是《巴塞尔协议Ⅲ》在将一级资本充足率提高到6%的同时，也要求提取2.5%的防护缓冲资本和不高于2.5%的逆周期储备资本，这样核心资本充足率的要求可达到8.5%～11%。此外，还引入了杠杆率、流动性覆盖率、压力测试和净稳定资金比例等工具来优化资本监管。②

---

① See Bank for International Settlements, *Basel Committee on Banking Supervision - overview*, available at: http://www.bis.org/bcbs/index.htm, visited on Mar. 18, 2021.

② 参见巴塞尔银行监管委员会：《巴塞尔协议Ⅲ》（综合版），杨力、吴国华译，中国金融出版社2014年版。

《巴塞尔协议》虽然主要适用于银行业监管，但其注重风险资本计算和资本充足性的精神原则和规范内容却值得保险监管机构吸收和借鉴。

二、IAIS《保险核心原则》中的资本充足性

《保险核心原则》是 IAIS 对国际保险监管的指引性文件，同样强调对保险公司的偿付能力监管要求。其第 17 条核心原则就是关于资本充足性的原则：“监管者应为偿付能力之目的建立资本充足性要求以使保险公司能承受巨大的意外损失，并规定需要监管干预的程度。”

1. 监管资本要求的设立

根据该条原则，应当确保保险机构有充足的资本来对抗其风险，降低由于资产减值、负债增加产生严重损失而导致失败的可能性，保证保单持有人的权益偿付，监管者应当建立监管资本要求以满足这一目标。

该条原则要求，应当使用总资产负债表的方法评估偿付能力以识别资产、负债、监管资本要求和资本资源的相互依赖性，且风险被充分识别。整体财务状况应当基于对资产和负债的一致度量和风险及其潜在影响的明确识别和一致度量。①

为了保障保险机构的偿付能力，各国当局应设定包括不同偿付能力控制水平的监管资本要求，这些不同的控制水平可引发监管机构不同程度的干预行动：首先是“规定资本要求”，高于此水平时监管机构不会介入；其次是“最低资本要求”，低于此水平时监管机构将采取最强干预行动。同时，在这两个控制水平之间，还可设立其他的控制水平以确定不同的监管行动层次。②

2. 资本监管的风险适应性

监管者应能处理所有相关类型的重大风险，对于各类风险及其累计也应明确体现在监管资本要求之中。这些风险包括：承保风险、信用风险、市场

① IAIS，Insurance Core Principles，ICP 17. 1.

② IAIS，Insurance Core Principles，ICP 17. 3，17. 4.

风险、操作风险和流动性风险。对于不同种类的风险以及同类风险，应当注意其相互依存与影响关系。关于再保险对资本要求的影响，应当考虑到风险转移的有效性和再保险人的相对方风险。对难以量化的风险，则要考虑敞口限制法和定性要求法。[①] 这些都是保险机构资本风险应对性的指引。此外，在资产与负债的评估方面，也应当采用与基于风险的偿付能力监管要求相契合的方法。

三、欧盟 Solvency Ⅱ体系中的资本充足性

不同国家和地区对偿付能力的计算方式与衡量标准有所不同，但它们的共同之处在于，都注重资本对风险的适应性。强调保险公司偿付能力的欧盟一直不断改进偿付能力标准体系，获得了世界其他国家的关注。Solvency Ⅱ体系正是其改善优化偿付能力监管的体现。

Solvency Ⅰ 起始于1970年，框架内容较为简单，根据保险公司的业务规模来评估理赔损失风险，因此公司整体的风险状况难以得到充分发现。于是，欧盟保险与职业养老金委员会便启动了对欧盟偿付能力体系的改革，自2001年起开始了 Solvency Ⅱ体系起草项目，于2009年通过了这一体系的指令，即 Solvency Ⅱ Directive，原来预期于2012年开始实施，最终自2016年起实施。[②]

该指令的目标主要有：提高监管效率，保护消费者权利，制定基于风险的制度体系，严格资本金与准备金要求，为风险管理提供综合框架。为此，该指令借鉴《巴塞尔协议》对商业银行监管的三大支柱体系，对欧洲保险业者也制定了偿付能力监管的“三大支柱”：定量要求、定性要求与信息披露（如图13所示）。

---

① IAIS，Insurance Core Principles，ICP 17.7.

② Directive 2009/138/EC of the European Parliament and of the Council of 25 November 2009 on the Taking-up and Pursuit of the Business of Insurance and Reinsurance，available at EU website：http://eur-lex.europa.eu/legal-content/EN/TXT/？qid=1485702788595&uri=CELEX:32009L0138.

图 13　欧盟 Solvency Ⅱ体系三大支柱

1. 第一支柱：定量要求

这一支柱主要关注资产与负债的确定、各项准备金的计提、自有资本和偿付能力的计算，其中偿付能力的计算又包括偿付能力资本的计算和最低偿付能力资本的计算。Solvency Ⅱ设置了两个层次的资本要求：最低资本要求与偿付能力资本要求。最低资本要求是监管机构自动采取相应监管措施的门槛，实际资本低于该要求时，监管机构即可采取监管行动；而偿付能力资本则是监管机构对保险公司提出监管要求的条件，实际资本低于此标准时，监管机构可提出相应的要求。此外，该指令除规定受压在险价值（stressed VaR）的标准公式外，还允许保险公司使用经监管者审查的风险计量内部模型，从而使资本的要求更加细致，各保险公司能够找到适合自身的风险管理体系。

2. 第二支柱：定性要求

定性要求是对定量要求的补充，基本内容是保险公司内部的风险控制，即对偿付能力和内部风险的自我评估。风险控制内容的实现也需要依靠外部的监督检查。正是由于保险公司中的许多风险是定量要求无法充分发现的，因此定性监管也就成为保险公司审慎监管新的突破口。

3. 第三支柱：信息披露

信息披露要求得到了欧盟的重视，是对前两个支柱内容的补强。因为集团内部的经营信息须经一定的方式加以披露，既包括对社会公众的披露，也包括对监管机构的报告。

欧盟 Solvency Ⅱ体系三大支柱内容的全面性、科学性也对包括我国在内的许多国家产生了深远的影响。中国在确立保险公司偿付能力标准体系的过程中，也是以欧盟偿付能力监管体系为蓝本的。

四、美国保险业风险资本要求及其进展

风险资本监管要求，是指基于保险公司面临的风险程度对保险公司确立的资本要求和监管措施。美国各州监管者一般要求保险公司维持一定的资本水平以满足保险金偿付和其他业务经营的需要，NAIC 制定了保险公司风险资本示范法。自 20 世纪 90 年代以来，这一标准体系得以逐步完善，NAIC 对各州保险监管机构实施的监管认证程序即以采纳该示范法为认证的主要标准。

（一）风险资本要求的内容与意义

1. 风险资本要求的内容

根据 NAIC 的示范法，各州保险监管者应在考虑保险公司规模与风险状况的基础上确定保险公司的最低资本要求。该示范法也规定了在保险公司陷入财务困境时监管机构进行干预的不同门槛层次。在 RBC 体系之下，监管者有权采取预防性和矫正性措施，如果 RBC 显示出危险状况，则监管者有权介入干预。

风险资本规范的宗旨是限制保险公司的风险大小并要求高风险的保险公司维持更高的资本金。该体系不允许使用内部模型，而是基于无须模型的要素计算，计算公式为：RBC 比率 = 调整后总资本 ÷ 认可控制水平 RBC。风险资本规范主要与以下因素有关：（1）保险公司的资产；（2）保险公司承保的保单负债；（3）其他影响风险的因素。针对每一类保险都有关注该类保险共有风险的风险资本要求。例如，对人寿保险公司的风险资本要求就包括利率风险，因为进行长期投资是人寿保险公司的一项基本活动，而利率水平的变动则是长期投资所面临的重大风险。而对财产保险公司的风险资本因素就包括信用风险和其他业务风险。[①]（见表 11）

---

① NAIC，Risk-Based Capital（RBC）For Insurers Model Act，§2，“RBC Reports”.

表 11　RBC 比率行动层次

行动层次	RBC 比率	内容
公司行动	150% ~200%	向监管机构提交计划，解释财务现状的原因，提出整改措施
监管行动	100% ~150%	检查保险公司，提出纠正措施
授权控制	70% ~100%	对保险公司实施整顿或清算
强制控制	0 ~70%	接管保险公司

为了更加准确地掌握保险公司财务状况，NAIC 要求保险公司的财务数据必须使用 NAIC 提供的标准格式和法定会计准则（SAP）进行编制和提交。

2. 风险资本要求的意义

风险资本要求是美国对保险公司进行偿付能力监管的重要形式，能够密切关注保险公司的资本充足性，并能在其资本不足以应对自身风险时采取一定的监管措施，从而使其保单债权人的权益得到保障。而且这一体系对不同 RBC 比率下的公司设定不同的行动层次，不仅能够产生较好的预警效果，而且体现出了监管权力由弱到强、由浅入深的逐步延伸过程，对于保险公司偿付能力监管而言是非常有力的工具。

截至 2016 年，美国采纳最新版 RBC 示范法及相关指引的州已有 42 个，只有特拉华州、佐治亚州、马萨诸塞州、密歇根州、新泽西州、俄勒冈州、罗得岛州、哥伦比亚特区、关岛、美属萨摩亚、波多黎各、维京群岛、西弗吉尼亚这些地区尚未采纳。绝大多数州采纳这一体系正是体现了对风险资本监管意义的积极认识。

（二）风险资本要求的进展——偿付能力现代化项目（SMI）

2008 年，NAIC 对各州的保险偿付能力监管进行了审查，并启动了“偿付能力现代化项目”以改进各州的偿付能力监管制度。[①] 基于保险偿付能力监管的任务，该项目确定了保险偿付能力监管的 7 条关键原则。这 7 条原则

---

① See NAIC, *Solvency Modernization Initiative* (*SMI*), http://www.naic.org/index_smi.htm, visited on Mar. 6, 2017.

是：（1）监管报告、披露与透明；（2）非现场监控和分析；（3）关注风险的现场检查；（4）准备金、资本充足性；（5）对重大、广泛的风险相关活动的监管控制；（6）预防性、矫正性措施；（7）市场退出与接管破产。在这些原则的基础上，改革重点关注了5个领域：资本要求、公司治理与风险管理、集团监管、法定会计和财务报告以及再保险。[①]

在资本要求方面，RBC体系仍是对资本进行检测和衡量的基本方法，是保险监管的终极支撑。但监管者们也意识到了RBC体系的不足，于是开始探索对这一体系的改进举措。首先，对未被囊括风险类型进行评估，例如，NAIC希望将财产保险公司面临的所有相关风险（如巨灾性风险）纳入其中；其次，对各类风险因子权重进行考察调整，如提高信用风险计算的准确性，改善资产风险因子等。最后，探究风险资本加总优化方案，细化不同类型的风险等级。[②] 不难发现，偿付能力现代化项目仍是以风险资本要求为主体内容的，这种改革是对风险资本要求体系的补充、完善与改进。

五、风险资本监管对债券保险业的遗漏

NAIC建立了一套保险监管信息系统（IRIS），用来对各个保险公司的相关数据进行统计，并计算相应的统计比率，这些比率反映了盈利性、损失准备金、流动性、资本与盈余的状况。根据学者的研究，2000～2007年，如果以IRIS比率衡量，相关指标不在正常范围的债券保险公司占了很大比例，最常超出正常范围的比率指标是反映稳定性的比率，这些比率的异常显示了其承保与投资活动的异常。[③] 然而，债券保险公司的风险未被及时发现和处理，原因何在？

一个重要原因是，NAIC的风险资本监管标准并非适用于所有保险公司，

---

① See NAIC, *SMI Overview*, http://www.naic.org/documents/smi_overview.pdf, visited on Mar. 6, 2017.

② See NAIC White Paper, *The U. S. State-Based System of Insurance Financial Regulation and the Solvency Modernization Initiative* (2013), available at: www.naic.org.

③ Pamela Peterson Drake, Faith Roberts Neale, *Financial Guarantee Insurance and the Failures in Risk Management*, available at: http://ssrn.com/abstract=1703602.

一般只适用于普通的人寿保险公司和财产保险公司，而债券保险公司不受NAIC风险资本指引要求的约束，不在其适用范围之中。① 按照美国NAIC的说法，风险资本是保险公司监管的基本要求，但NAIC的报告中没有关于债券保险公司风险资本的内容，而是转致于各州监管法。② 遗憾的是，各州债券保险法也没有对风险资本的监管要求，而在债券保险公司的年报之中也确无风险资本计量与报告的内容。这就构成了债券保险公司风险失控的原因之一，因为这意味着在债券保险公司的风险指标异常之时，监管机构并不会有敏捷快速的反应，不会采取及时有效的监管措施，债券保险公司少了有力的监管保障。与此同时，风险资本要求的初衷就是克服原先过于简单化的最低资本与盈余要求，但各州的债券保险法律与监管规章依然是简单化的最低要求，缺乏必要的风险适应性。

1. 各州法律缺乏风险适应性

美国的债券保险法规定了债券保险公司的资本要求。以《纽约州保险法》第69条为例，该条规定了对债券保险公司资本与盈余、应急准备金等相关内容。例如，第6902条规定债券保险公司的实收资本为250万美元，实收盈余为7250万美元，总计7500万美元；③ 第6904条规定了债券保险公司的应急准备金，公共债券的应急准备金提取比例是受保本金额的0.55%～2.5%，私营债券的应急准备金比例是受保本金额的1%～2.5%。此外，还有累计风险额上限的相关要求。但是在2007年债券市场下挫时，其承保债券的违约损失率早已超过这样低下的准备金比例，特别是对CDS的承保更是成为对债券保险公司资本基础的重大打击。

① 除了债券保险公司之外，又如运营人寿保险的互助社（fraternal benefit societies），仅有14个州采纳了对此类组织的风险资本监管标准。See FIO, *How to Modernize and Improve the system of Insurance Regulation in the United States*, p. 29, available at: https://www.treasury.gov/initiatives/fio/reports-and-notices/Documents/How%20to%20Modernize%20and%20Improve%20the%20System%20of%20Insurance%20Regulation%20in%20the%20United%20States.pdf.

② See NAIC, *RBC Forecasting and Instructions-Property/Casualty* (2007).

③ See NY Insurance Law, §6902.

2. 监管措施缺乏风险适应性

为了挽救债券保险公司危局，纽约州保险局发布2008年第19号通告，希望通过修改《纽约州保险法》第6902（b）（1）条的规定，要求债券保险公司提高资本和盈余的数额，将实收资本额从250万美元提高到1500万美元，实收盈余从7250万美元提高到1.65亿美元。此外，保险局也寻求修改《纽约州保险法》第6902（b）（1）条，将债券保险公司应维持的保单持有人盈余从6500万美元提高到1.5亿美元。对于各个层级债券的应急准备金，该通告要求提高到该层级以往所需数额的3倍或高于该层级的所有层级所需数额这两者中较高者的水平。①

虽然纽约州保险局做出的努力值得肯定，但这只是当时为减缓冲击而实行的“权宜之计”，这种临时“管制”无法解决长久的问题：最低资本数额相对于数十亿元的风险敞口依然太小；最低数额标准为静态要求，而未考虑其他压力因素；资本要求与风险水平无关，没有真正反映其承保债券的实际风险状况。这也凸显了对债券保险公司进行更加全面细致风险资本规范的必要性。在这一背景下，尽快将风险资本标准拓展适用于债券保险公司，使其资本充足性得到适足监控，就十分有必要。

第二节　集团资本充足性监管

金融经营者集团化是对偿付能力监管的巨大挑战，由于集团内部各个子公司之间的相互关联与往来增加了监管的难度，也导致了集团内部的风险失控，所以金融危机后的金融监管改革都将集团监管作为重点，保险监管亦是如此。

① See New York Insurance Department, Circular 19, 2008.

一、IAIS《保险核心原则》的集团资本要求

《保险核心原则》第17条原则“资本充足性”明确指出，本条原则适用于保险机构个体与保险集团。[①] 对保险集团中保险公司的资本充足性评估需要考虑相关的持股价值及其风险，使监管资本要求更加准确。[②]

1. 集团资本监管方法

对集团资本充足性监管的方法有三类：集团中心、法人机构中心和混合方法，方法的选择取决于前提条件、法制环境、集团结构和监管体制。“集团中心”是指将集团视为一个完整的主体，再对单个法人实体的资本提出额外的调整要求。“法人机构中心”是指将保险集团视为一组相互依靠的法人机构，资本充足性计算是基于各个机构，并考虑到相互关联产生的风险。[③] 混合方法则是将前述两种方法的要素结合使用。

2. 集团监管资本要求

保险集团也应符合监管资本要求。采用集团中心法时，监管资本须满足集团整体的要求；采用法人机构中心法时，在单个机构资本的基础上也要充分考虑其相互关系。[④] 资本充足性应当包含集团成员对集团带来的风险影响。无论如何，集团的监管资本要求是单个法人机构监管资本要求的补充。[⑤] 集团监管资本要求应当与集团资本充足率计量方法相适应。

3. 集团风险应对规范

保险集团具有一些特定风险，包括多样化风险、内部交易风险、非保险机构风险等。对这些关键的风险因素往往难以度量，可允许使用内部模型法加以规范。这些风险应从集团和机构个体两个层面进行处理，从而保证充分性。[⑥]

---

① IAIS, Insurance Core Principles, ICP 17.0.1.
② IAIS, Insurance Core Principles, ICP 17.1.
③ IAIS, Insurance Core Principles, ICP 17.1.14.
④ IAIS, Insurance Core Principles, ICP 17.2.10.
⑤ IAIS, Insurance Core Principles, ICP 17.2.11.
⑥ IAIS, Insurance Core Principles, ICP 17.8.15 – 17.8.22.

二、欧盟的集团资本监管体系

(一)《保险集团指令》中的集团资本要求

由于集团属性会对保险公司的偿付能力产生较大影响,《保险集团指令》要求对总公司的偿付能力应按指令规定方法进行调整计算。计算时应当将子公司、总公司、总公司的子公司包括在内。若发现其偿付能力会发生缺口,则监管机构应采取适当措施。

1. 调整计算的基本原则

(1) 比例性。应考虑总公司在其子公司中的股份比例。在子公司偿付能力不足时,该缺口应当考虑在内。[①] (2) 排除偿付能力额度的双重使用。不同保险公司偿付能力额度的双重使用应被排除。若已认未缴资本构成总公司、子公司或其他关联公司的潜在义务,则应被完全排除在外。[②] (3) 排除集团内部资本创造。在计算偿付能力时,不得将保险集团内部各个保险公司间的互惠融资计算在内。[③] (4) 监管机构应当确保保险集团调整偿付能力的计算频率、资产与负债价值评估方法与单个保险公司相同。[④]

2. 调整计算的基本方法

该指令规定了三种计算偿付能力的方法,各国应规定监管者可选择三种方法之一,也允许监管者可使用法定方法之外的另一种方法。三种方法如下:(1) 扣减加总法。总公司的调整偿付能力是总公司偿付能力额度与其在子公司偿付能力额度中的比例份额之和,减去总公司在子公司中持股的账面价值、总公司的法定偿付能力要求与子公司偿付能力要求的比例份额所得之差。(2) 要求扣减法。总公司的调整偿付能力是母公司偿付能力额度要素之和减去总公司偿付能力要求、子公司偿付能力要求的比例份额所得之差。(3) 会

---

① See Directive 98/78/EC of the European Parliament and of the Council of 27 October 1998 on the Supplementary Supervision of Insurance Undertakings in an Insurance Group, Annex Ⅰ, Calculation of the Adjusted Solvency of Insurance Undertakings, Art. 1 (B).

② Id., Art. 1 (C).

③ Id., Art. 1 (D).

④ Id., Art. 1 (E).

计合并法。此种方法以报表合并为基础。总公司的调整偿付能力是基于并表数据计算的偿付能力额度与（总公司偿付能力要求+子公司偿付能力要求的比例份额）或并表计算的偿付能力要求之差。[①]

（二）《金融集团指令》中的集团资本要求

指令要求，适格金融监管机构对受监管机构的资本充足性进行监管，特别是集团内资本的相互调节问题。集团层面的自有资金也应满足资本充足的要求。计算集团的资本充足性时，非受监管金融机构与混合金融控股公司也应被包括在内。集团内每一个金融机构都应满足本部门的资本监管要求，在集团层面的自有资本不足时，只有符合各部门规则的自有资本才能用于集团资本充足性的计算。[②]

该指令也规定了计算集团层面的资本充足性的三种方法：会计扣减法、[③]扣减加总法[④]和账面价值/要求扣减法，[⑤] 监管机构可选择或结合使用。这与《保险集团指令》的规定基本相同。

以上的原则与方法都体现了对保险公司偿付能力计算依据集团特征进行相应调整的属性，有利于保险监管者更加真实地监测保险公司的偿付能力水平，从而防止集团结构对偿付能力的计算产生过大的扭曲性影响。

（三）Solvency Ⅱ体系中的集团资本监管

保险集团在Solvency Ⅱ体系中得到了充分的重视。主要有以下三点体现。

---

① See Directive 98/78/EC of the European Parliament and of the Council of 27 October 1998 on the Supplementary Supervision of Insurance Undertakings in an Insurance Group, Annex Ⅰ, Calculation of the Adjusted Solvency of Insurance Undertakings, Art. 3.

② See Directive 2002/87/EC of the European Parliament and of the Council of 16 December 2002 on the Supplementary Supervision of Credit Institutions, Insurance Undertakings and Investment Firms in a Financial Conglomerate and Amending Council Directives 73/239/EEC, 79/267/EEC, 92/49/EEC, 92/96/EEC, 93/6/EEC and 93/22/EEC, and Directives 98/78/EC and 2000/12/EC of the European Parliament and of the Council, Annex 1, sub Ⅰ, 2（ⅱ）.

③ 会计扣减法是基于合并报表的账户，适用于并表的同业集团。

④ 扣减加总法是在集团不能并表的情况下，将各个子公司的自有资本加总，减去交叉持股的价值，所得结果再与各个子公司偿付能力要求进行比较。

⑤ 账面价值/要求扣减法是用母公司的自有资本减去：（1）母公司的偿付能力；（2）母公司对其他实体的参股价值之和或这些实体的偿付能力要求之和。

首先，对保险集团的适用。Solvency Ⅱ指令相对于 Solvency Ⅰ指令的一大进步是其扩展到保险集团的层面，更加重视对保险集团偿付能力的规范。保险集团偿付能力计量方面，该指令规定了三种计算方法：一是报表合并的方法，二是扣减加总的方法，三是上述两种组合的方法。方法一是采用合并报表的方法，以设置偿付能力资本与最低资本的要求；方法二是扣减加总法，用集团的合格自有资金总和减去参股公司的参股价值与集团累计偿付能力要求额。①

其次，全面的集团风险管理。Solvency Ⅱ不仅规定了资本方面的量化要求，更包括保险公司集团的公司治理、风险管理与内部控制以及信息披露与监管报告的内容，体现了对集团的全面风险管理内容。

最后，较高的监管标准。该体系规定的偿付能力是在 99.5% 置信水平的标准上，即预期未来一年内偿付能力充足的概率达到 99.5% 时持有的资本；同时，该体系要求资产与负债的估值应按照市场一致性原则，与国际财务报告的标准相一致，对于集团资本的要求较高。②

三、债券保险集团资本监管的非均衡性

（一）集团资本监管要求的失位

与单个保险公司相比，保险集团的偿付能力监管更具有复杂性，法律监管要面对的不是单个保险公司的简单相加，而是各个公司之间相互交易、经常往来而形成的企业集团。适用于单个保险公司的偿付能力规范难以直接简单适用于此。加上资本双向传动（doublegearing）导致的资本重复计算，同样也会对保险集团造成扭曲性压力。

然而，这一状况在当前的监管体系下却未能得到有效的处理应对。美国

---

① See Directive 2009/138/EC of the European Parliament and of the Council of 25 November 2009 on the Taking-up and Pursuit of the Business of Insurance and Reinsurance, Art. 230, "Method 1 (Default method): Accounting Consolidation-based Method"; Art. 233, "Method 2 (Alternative method): Deduction and Aggregation Method".

② Id., Art. 101, "Calculation of the Solvency Capital Requirement".

目前的保险机构资本充足率监管还是在单个机构层面，在集团资本监管方面却憾然失位，目前各州法律和美联储都没有针对集团层面的资本要求。这种资本要求的缺失形成的非均衡性不仅会使集团内部关联交易和资本互调带来的风险加大，也会使经营者有动力利用各州集团的监管差异实施套利活动。

目前，FIO 的职责之一是监控保险行业，发现保险监管中存在的问题，但却缺少解决这些问题的实际权力。美联储的监管权虽已扩展到一些具有系统重要性的非银行金融机构，然而这种针对单个机构的逐一监管并不能取代针对其他保险公司和保险行业的监管，针对保险集团的具体规定依然必要，是集团监管的规范保障。IMF 在对美国保险监管进行评估后的建议是：各州监管者应有能力建立集团层面的资本要求，美联储应当快速建立资本标准。①

（二）债券保险资本监管应“统分结合”

债券保险集团偿付能力监管的复杂性尤为突出。债券保险集团的报表合并虽然可从整体层面展现集团的财务状况，但缺乏“统分结合”的风险资本监管制度。所谓“统”，是指对债券保险公司各类风险的综合分析判断。目前虽然已有对债券保险公司的零散风险标准，但并没有对保险、CDS 交易和担保投资合同以及各类投资的综合风险进行评估。所谓“分”，是指对特别子公司（特别是 CDS 子公司）资本充足率的单独披露与审查，即特殊风险属性业务主体偿付能力的规范。因为债券保险集团内部公司的性质有所差异，同样的项目在不同的公司账目下会有不同的属性，即便属性相同，各自的风险程度也不相同，这就凸显了对集团内部风险进行综合评估和单独规范的重要意义。

当前，《多德－弗兰克法》要求对金融衍生品交易方实行资本金与准备金要求。应当看到，对 CDS 市场参与方规定资本金与准备金标准固然能在很大程度上起到防范资本风险、维持偿付能力的作用，但对于其进行 CDS 交易

---

① See IMF, *Detailed Assessment of Observance of the Insurance Core Principles on the United States*, p. 6, available at: http://www. imf. org/external/pubs/cat/longres. aspx? sk = 42826. 0.

的特殊目的子公司而言，偿付能力的单独披露才能起到更为明显的作用。资本金与准备金的要求不具有充分的风险适应性，只有将其偿付能力进行充分的披露公示与有力的外部监督，才能使监管者与公众都充分了解这些特殊公司的实际偿付能力标准，并作出相应的监管督促举措。此外，为了应对债券保险公司及此类子公司的偿付能力不足问题，应当对其从事的 CDS 交易业务进行必要的限制。限制的具体内容将在下一章中加以论述。

第六章

债券保险机构 CDS 交易监管

债券保险公司在经营传统债券保险业务的同时，也经营着 CDS 产品。该产品是由特定主体或债券的信用状况衍生出来的金融工具，自 20 世纪 90 年代起获得了迅猛的发展。自 2007 年美国爆发金融危机之后，CDS 再次受到广泛的关注，甚至是严厉的批判。根据 ISDA 的统计，债券保险公司在 2008 年 3 月的 CDS 余额为 5650 亿美元。许多人士认为，CDS 是金融危机的重要导火索。CDS 市场的崩塌不仅导致了商业银行、投资银行等金融机构的巨大损失，而且导致了以稳健著称的保险行业的损失，特别是债券保险业蒙受了巨大灾难。那么，CDS 与债券保险之间的关系如何？债券保险的监管制度如何对 CDS 这类经营客体予以补强监管？本部分将从 CDS 与债券保险的基本性质与影响说起。

第一节　CDS 对债券保险业的致命损害

CDS 是盛行于美国的一种金融衍生工具，由于其是对某个主体或债项的违约风险进行“对赌”，故而被称为“信用衍生品”：“使信用风险从其他风险类型中分离出来，并从一方转让给另一方的金融合约，是一系列从基础资产上剥离、转移信用风险的金融工程技术的总称……在一项信用衍生产品交易中，需要转移信用风险的一方向愿意接受该风险、提供保护的一方支付一定费用，在指定参照物因信用风险严重恶化而出现指定的信用事件后，要求信用保护卖方支付约定的款项……”①

一、CDS 的基本性质——投资工具

（一）CDS 的基本机制

CDS 的交易存在两方当事人，双方签订协议，约定由保护买方（protection buyer）向另一方——保护卖方（protection seller）——定期缴纳保护费用，在参考实体（reference entity）或参考债券（reference obligation）发生信用事件（credit event）② 时，保护卖方向保护买方支付一笔赔偿金或购买其持有的债券。

例如，A 对冲基金持有 1 亿元的 B 公司 5 年期债券，A 可向 C 保险公司购买 1 亿元指向 B 公司债券的 5 年期 CDS 来对冲其持有的风险敞口。B 公司即为指向实体，B 公司债券为指向债券。信用事件可以是 B 公司进入破产程序或 B 公司债券付款违约。该 CDS 交易的名义价值为 1 亿元。C 保险公司会根据信用事件发生概率来设定其保护费用。该费用被称为利差（spread）或保费（premium），以基点为单位。③ 若设定保费为每年 100 基点，则 A 基金须在 CDS 的 5 年期间内每季度缴纳 25 万元。如果未发生信用事件，则 C 保险公司赚到了 A 缴纳的保费，即 500 万元。如果信用事件发生，C 有义务按约赔偿 A，可以是实体交割（physical settlement）或现金交割（cash settlement）。实体交割是 C 按票面价值购买 C 交付的 B 公司债券，交割完成后交易终止。现金交割是交易双方就指向债券的市价达成一致，C 向 A 支付其市价与面值的差价，例如，B 债券的市价降到票面价值的 30%，则 C 应向

① 中国银行间市场交易商协会编：《〈中国银行间市场金融衍生产品交易主协议〉释义》，中国金融出版社 2008 年版，第 154 页。

② 根据国际互换和衍生品协会（International Swaps and Derivatives Association，ISDA）对“信用事件”的定义，信用事件包括破产、债务加速到期、债务违约、拒绝支付、延期支付、重组等。See ISDA，2003 ISDA Credit Derivatives Definitions，Art. Ⅳ（2003）& 2014 ISDA Credit Derivatives Definitions，Art. Ⅳ（2014）.

③ 基点（basis point）是金融领域常用计量单位，1 个基点为 1 个百分点的 1%，即 0.01%。

A 支付7000 万元，交割完成后交易终止。

(二) CDS 的性质之争：是否保险

从表面来看，CDS 的运作机制与保险十分相似，一些学者将 CDS 视作对债券的保险。那么，CDS 能否等同于债券保险？两者之间究竟只是不同名称下的同一事物，还是仅仅形式相同而实质各异？这是摆在我们面前的基本问题。

1. 学界与业界的较量

最早对 CDS 性质发表意见的应当是英国学者罗宾·波茨（Robin Potts QC），其受国际互换和衍生品协会赞助，于 1997 年撰写了一篇关于 CDS 的报告，提出了 CDS 并非保险合同、不应受保险法规制的观点，被称为“波茨观点”（the Potts Opinion）。其主要理由是：在普通法中，保险应当是在危险事故发生时对被保险人的利益损失进行补偿的合同，CDS 与保险的概念存在关键差别：CDS 的赔付义务不以被赔付人遭受损失或有损失风险为条件；因而，CDS 也就不是为保护被赔付人的可保利益，其受赔付权不取决于可保利益的存在。波茨认为，虽然 CDS 交易在效果上类似于保险合同，但其结果并不是决定性的，他还建议 ISDA 在其协议文本中加入“交易各方无意于签订保险合同”的条款。①

可以说，波茨的观点基本代表了以 ISDA 为代表的国际金融衍生品市场参与者的立场。此后，衍生品市场人士都基本承袭了波茨的观点，特别是美国的衍生品市场交易方，大多认为 CDS 并非保险合同。

但是不难发现，ISDA 作为衍生品市场交易者的国际组织，众多会员在很大程度上是为各类金融衍生品的交易发展服务，其真正目标在于推广衍生品交易，使其在世界范围内扩张。若将包括 CDS 在内的各类衍生品置于严格的金融监管之下，势必会与其目标宗旨相悖。因而，“去监管化”是其内在的真实需求，将 CDS 排除在保险监管之外也是这一需求的显著体现。

① Opinionfor ISDA by Robin Potts QC, Erskine Chambers, June 24, 1997. See Oskari Juurikkala, *Credit Default Swaps and Insurance*: *Against the Potts Opinion*, 3 Journal of International Banking Law and Regulation, 132 – 139 (2011).

针对业界的这一倾向，学界的一些学者发起了反击。例如，赫尔辛基大学国际经济法研究所的 Oskari Juurikkala 就发表过反驳“波茨观点”的文章，认为 CDS 是否为保险的答案并非如波茨一派所宣称的那样绝对，CDS 在经济实质上与保险十分相近。①

2. 不同国家的分歧

美国金融衍生品市场的发达，源于各大投资银行的积极参与并为其“去监管化”不断努力。在这些市场交易商的呼吁和施压下，美国的立法者逐步接受了其诉求，将 CDS 等场外衍生品交易排除在主要的几部金融法律之外。在 20 世纪 90 年代至金融危机发生时，CDS 基本处于不受金融监管的状态。②

与其他国家不同，澳大利亚对保险利益的要求呈放松趋势。1984 年《保险合同法》并未规定保险的一般定义，而是直接规定“本法所指的保险合同包括通常被认为是保险的合同，即便其中某些条款不经由保险”。③ 同时，该法废除了非人寿保险（一般保险）的“保险利益”原则要求。④ 后来，1995 年的人寿保险法修正案又删去了对人寿保险的“保险利益”要求。⑤ 因而，在澳大利亚，“保险利益”不再是保险合同的有效要件。

3. 争议焦点归结

从以上内容来看，各方对于 CDS 是否属于保险的争议焦点主要集中于两点：一是保险是否以“损失补偿”为原则，即保险是否仅对被保险人所遭受的实际损失进行赔付；二是保险是否必须具有“保险利益”，即在被保险人若对合同标的不具有实质上的利害相关关系时，该合同是否为保险合同。

---

① Oskari Juurikkala, *Credit Default Swaps and Insurance: Against the Potts Opinion*, 3 Journal of International Banking Law and Regulation, 132 – 139 (2011).

② 关于美国对 CDS 的“去监管化”，下文还会有具体论述，此处不再多言。

③ Australian Insurance Contracts Act 1984, §10: “Contracts of Insurance”.

④ Id., §16, 17.

⑤ Australian Life Insurance (Consequential Amendments and Repeals) Act 1995, §45.

（三）CDS 不具备保险的基本要素

追究这一问题的答案，就应从保险入手，发掘保险的真正含义与基本要素。

从各类辞书看，英国《剑桥英语词典》对保险的定义是：一方支付另一方金钱，另一方在其发生事故或伤害时赔偿其损失的合同。[①]《布莱克法律词典》对保险的定义，保险是指一方（保险人）承诺在因发生某些特定意外事故而导致损害、损失或责任时赔偿另一方（被保险人）的合同。[②] 美国《韦氏词典》对保险的定义是：由一方按照合同承担起在发生意外事故或危险事故时赔偿、保证另一方使其免受损失的义务。[③]

从权威机构看，英国保险监理官协会于 2000 年组成了保险定义工作组，该工作组同年发布了《保险定义草案》，旨在为各州保险监管者提供对保险要件的指南，给予监管者在不断变化的市场环境中适用监管措施的空间。[④] 该草案总结了保险的基础要件，共有如下四个要件：（1）保险是合同；（2）被保险人承诺向保险公司缴纳保费；（3）保险公司承诺在发生损失时补偿被保险人；（4）存在会引发保险公司按约补偿义务的损失的风险。[⑤] 该草案指出，风险可以以不同方式表述，“偶发事件、可测定风险偶发事件、危险”等，但“风险”概念的关键在于，被保险人遭受价值损失的不利可能，这是保险合同的核心，这也是保险区别于其他合同交易的要件。[⑥]

从司法案例看，美国联邦地区法院在相关案例中给出了判断某项业务是

---

① See Cambridge English Dictionary: http://dictionary. cambridge. org/dictionary/english/insurance, visited on October 28, 2021.

② See Black'S Law Dictionary 870 (9th ed. 2009).

③ See Merriam-Webster Dictionary online: https://www. merriam-webster. com/dictionary/insurance, visited on October 28, 2021.

④ NAIC Definition of Insurance Working Group, Definition of Insurance Draftworking Paper, p. 2 (September 12, 2000), (available at: www. naic. org/store _ pub _ whitepapers. htm # definition _ insurance.

⑤ Id., p. 4.

⑥ Id.

否属于保险的三条标准：（1）是否有转移或分散保单持有人风险的效果；（2）是否为保险人与被保险人之间关系的必要部分；（3）该业务是否仅限于保险业内的主体。[①] 由此可见，司法者对保险的判断更加强调了承保主体的重要性，认为保险业务必须是由保险专业机构进行。

从学者的论著看，埃佩尔曼的保险学专著《埃佩尔曼论保险》也将保险定义为："一方（保险人）收到一定对价（通常是金钱）而允诺在另一方（被保险人）具有利益的'某事/物'遭受毁坏或损失时给予一定支付（通常是金钱）的合同。……保险人在保单持有人所缴保费的资金支持下提供财务风险转移服务。"在评估哪些"财务风险转移服务"属于保险时，有五个必要特征。

首先，被保险人具有和偶然事件相关的、可以经济估计的"可保风险"（如因灾难、偷窃或信用违约而受到财务损失的风险）。其次，被保险人根据为其提供风险补偿（限于其实际损失）的合同，将其"受损风险"转移给保险公司。再次，被保险人因保险公司承担"可保风险"而向其支付保险费用。又次，保险公司承担的单个合同风险是其通过持有大量类似保险合同进行损失管理的一部分，合同数量足够大，能使实际损失在其统计学基准之内（被称为"风险分摊"）。最后，被保险人必须证明自己因出现"保险事件"发生"可保风险"而遭受了损失，才能获得相应补偿。[②]

综合上述内容，我们不难发现保险所具有的基本要素：（1）保险是一种损失补偿合同；（2）损失发生的风险具有不确定性；（3）作为损失补偿的对价，一方须向另一方支付保护费用；（4）被保险人遭受实际损失是赔付补偿的前提。

不妨再考察一下各国保险法的规定。美国保险法是以"保险利益"为基本原则。这在其各州的法律中也都得到了体现。《纽约州保险法》在保险合

---

① See Union Labor Life Ins. Co. v. Pireno, 458 U. S. 119, 102 S. Ct. 3002, 73 L. Ed. 2d 647 (1982).

② See Appelman, *Appelman on Insurance*, 2d edition, Lexis Nexis (2006), §1.4.

同一节的第 3401 条规定：在本州制作或发行的，或者针对本州内财产制作或发行的保险合同或保单，只有是为了对受保财产有保险利益之人的利益时方为有效。这种“保险利益”包括对受保财产免遭毁坏、遗失或金钱损失而享有的合法的、实质性经济利益。[①] 法院的判例法也很早确立了这一原则。[②] 德国《保险合同法》第 80 条规定，保险责任开始后，保单持有人无保险利益时，没有缴纳保费义务；未来利益保险合同中保险利益未出现时同样如此；如果保单持有人为不存在的利益投保以获取非法钱财，保险合同无效，保险人知情前仍有权获得保费。[③] 英国最新的《2015 年保险法》也再次明确规定了保险的基本要求，其中最为基本的条件之一就是“保险利益”原则。

故而从各国立法来看，“保险利益”原则仍然是保险法的基本原则。少数国家对保险利益要求的废除不能代表保险法的基本立场和根本精神。从目前来看，在我国的信用衍生产品市场中，作为保险监管机构的中国银行保险监督管理委员会（以下简称中国银保监会）则并没有过多参与规则制定或监督管理。从这一角度看，我国也未采纳 CDS 属于保险合同的观点。

二、CDS 的功能异化——投机套利

除了前面叙述的信用风险防护功能之外，CDS 更为显著的特征在于其投机性。这也是导致美国金融危机的主要“推手”。所谓投机，是指对参考主体或债券本不具有经济利益关系的人通过购买对应的 CDS 产品进行赌博射幸，获取投机性收入。套利与投机相似，但并非一回事。套利技巧包括在买卖债券的同时也买卖指向该债券的 CDS，利用债券和 CDS 利差之间暂时的价格错位以获得零信用风险回报。这一异化源于两个方面：内在缺陷与外部纵容。

---

① N. Y. Ins. Law § 3401 (McKinney).

② 如 Howard Fire Ins. Co. v. Chase 案法官就认定，被保险人必须对受保财产拥有利益。See Howard Fire Ins. Co. v. Chase, 72 U. S. 509, 512 – 13 (1866).

③ Insurance Contract Act of 23 November 2007 (Federal Law Gazette Ⅰ p. 2631), as last Amended by Article 2 (79) of the Act of 22 December 2011 (Federal Law Gazette Ⅰ p. 3044), § 80, “Lack of Insured Interest”.

（一）内在属性：投资工具

美国的金融衍生品专家弗兰克·帕特诺伊在其《泥鸽靶——华尔街高等金融实录》一书中用自身的亲身经历讲述了金融衍生品市场的种种“内幕”，并在这本“金融实录”中尖锐地指出了金融衍生品的投机本质，各类衍生产品都以复杂而精密的设计与操作取胜。就连世界级投资大师乔治·索罗斯也认识到，即便是最精明的投资者也难以理解这些深奥的衍生品中潜藏的风险。①

CDS协议亦是如此，虽然一直号称是“信用风险管理的有效手段”，但是作为金融衍生品的CDS协议，本质上就是一种投资工具，其保护买方并不须持有协议所指向的债券，也就造成了保护买方与标的债券之间的“利益无关性”甚至是“利益反向性”，即可以不持有其所看空的债券而购买以该债券为参考标的的CDS，在该标的债券发生违约等信用事件时获取CDS保护卖方的巨额赔付。

仍以A、B、C为例说明：假设A对冲基金并不持有B公司债券，但其认为B公司信用质量会在两年内降低，于是购买了1亿元指向B公司债券的三年期现金交割CDS，保费为200基点。若一年后信用事件发生，市价下降到票面价值的20%，则A能从中获利7800万元（1亿元×80% －1亿元×2% =7800万元）。若B公司信用状况显著恶化但未致信用事件发生，此时信用利差扩大至700基点，而A相信B信用状况在接下来的两年内会好转，则A会通过出售二年期现金交割CDS来营利，收益为1亿元×7% ×2 －1亿元×2% ×2 =1000万元。

由此可见，投资工具的本质成为CDS交易的内在缺陷，导致CDS成为市场交易者做空债券市场的“利器”。这种投资工具蕴藏着极大的风险。这种风险常被称为“对手方风险”（counterparty's risk），也就是卖方的信用

① 参见［美］弗兰克·帕特诺伊：《泥鸽靶——华尔街高等金融实录》，邵琰译，当代中国出版社2004年版。“泥鸽靶”（FIASCO）就是“固定收益部年度泥鸽靶射击比赛”的代称，该项比赛是摩根士丹利公司意在磨炼金融产品经纪人员的战斗性和侵略性的活动。

风险。

不难看出，CDS 的交易依赖于保护卖方的财务实力，若卖方的财务力量不足或受损，则保护买方的利益很容易受到影响。故而若卖方丧失履约能力或违约，由于金融市场内的互联性（interconnectedness）极强，当市场各方主体都习惯于或痴迷于买卖这一类产品时，最终不仅会导致买方的损失，还会诱生整个金融市场的系统性风险。

为了应对卖方的信用风险，CDS 协议往往会要求卖方提供相当于 CDS 面值一定比例的担保物。若 CDS 的利差上升，说明市场认为该卖方的违约概率升高，CDS 协议会要求卖方追加担保。一般而言，卖方信用评级越高，则市场就越能认可其信用状况，协议规定的担保物比例就越低。

（二）外部处理：去监管化

总体来说，"去监管化"是 CDS 获得迅猛发展的有利外部条件，却也是金融风暴产生的重要外因。不受监管的 CDS 交易最终酿成了巨大的金融风暴。CDS 属于金融衍生品，具有证券、远期和保险的特征，然而却并非这三种金融产品的任何一类，不受这三类金融业务相应监管的约束。面对大量的投机需求和套利做法，无论是法律还是监管者都没有提前做出风险的防控举措，直到危机发生也没有有力的监管来遏制 CDS 失控的旋涡。

在美国，证券主要受《1933 年证券法》和《1934 年证券交易法》调整，期货和远期受《大宗商品交易法》（Commodities Exchange Act，CEA）调整，保险则受各州的保险法调整。2000 年以前，美国对 CDS 的盛行观点是认为其属于《证券法》和《证券交易法》中规定的证券或《大宗商品交易法》中规定的远期合同。但 2000 年《商品期货现代化法》的出台，却令以 CDS 为代表的互换衍生品失去了受《证券法》《期货法》调整的可能，造成了巨大的法律漏洞。造成这一漏洞的原因，不是立法者的疏忽，而是立法者刻意为之。

1. CDS 不受《证券法》《期货法》调整

1974 年以前，《大宗商品交易法》只适用于农产品期货，《1974 年商品期货交易委员会法》（the Commodity Futures Trading Commission Act of 1974）创设了商品期货交易委员会（CFTC）作为期货交易监管者，并将适用范围扩大至大部分农产品期货，场外的金融衍生品并未被排除在外。[①] 这也就意味着商品远期合同仍须在场内进行，场外交易属于非法。

然而，金融互换市场迅速发展，以至于监管者和司法机关都对其抱十分谨慎的态度："如果法院判定互换协议不合法，数十亿元计的互换协议会失效，这会导致金融市场的巨大混乱，因为互换使用者将被突然暴露于其意欲回避的风险之下。"[②]

为消除互换市场的法律不确定性，CFTC和国会采取了相应行动。首先，CFTC发布了一些政策声明和法定解释，说明互换交易、混合工具（hybrid instrument）[③] 和一些远期交易不受《大宗商品交易法》调整。[④] 其次，国会于1992年通过了《期货交易法》[Futures Trading Practices Act of 1992（FTPA）]，授予CFTC豁免某些交易不受交易所买卖的要求。[⑤] CFTC根据该法对互换、混合工具和远期做了豁免。[⑥] 该法也规定了CFTC的豁免优先于可能使这些交易因投机而违法的各州法律。[⑦] 但其同时也禁止CFTC对"非豁免证券"期货进行豁免。

1997~1998年，CFTC和SEC就SEC的一项提案发生了争议，该项提案旨在放松对参与场外衍生品交易的券商关联企业的监管。SEC对场外衍生品交易都在受监管的券商关联企业之外进行这一状况忧虑已久，为将这些活动

---

① See The Commodity Futures Trading Commission Act of 1974, Pub. L. 93 - 463, Oct. 23, 1974, 88 Stat. 1389.

② Mark Jickling, *Regulation of Energy Derivatives* (2008), CRS Report for Congress, RS21401, p. 3.

③ 混合工具，是指带有衍生品性质的证券或银行存款，因具有混合属性，故有此称谓。

④ Policy Statement Concerning Swap Transactions, 54 Fed. Reg. 30, 694 (July 21, 1989); Statutory Interpretation Concerning Certain Hybrid Instruments, 55 Fed. Reg. 13, 582 (Apr. 11, 1990).

⑤ Futures Trading Practices Act of 1992, Pub. L. 102 - 546, Oct. 28, 1992, 106 Stat. 3590.

⑥ See 17 CFR. Pt. 34, 35; 58 Fed. Reg. 21, 286 (Apr. 20, 1993).

⑦ 禁止"空中交易号子"的州法如纽约州商法。See New York General Business Law, Art. 23, § 351.

纳入监管，SEC 推出了放松对场外衍生品交易商净资本要求的提案。[①] CFTC 反对该提案，因为这一提案认可的一些交易是《大宗商品交易法》不允许的。CFTC 发布公告要求对两个问题做出评论：场外衍生品在现行的《大宗商品交易法》豁免下是否受到了有效监管；市场发展是否需要监管改革。[②]

在关于场外衍生品监管的问题上，CFTC 与财政部、美联储、SEC 发生了分歧，CFTC 希望能发挥《大宗商品交易法》的保护市场"公平准入"、"财务健全"、"价格发现"和"健康标准"、"使市场参与者免受欺诈和不当对待"的作用。[③] 而其他监管者则认为其作用在于防止价格操纵和保护散户投资者。当时的财政部长鲁宾、美联储主席格林斯潘和 SEC 主席李维特致函请求国会防止 CFTC 改变对场外衍生品的现有监管。他们认为，质疑这些衍生品是否为期货就是在质疑证券相关衍生品的合法性，他们认为 CFTC 不是合适的监管主体，《大宗商品交易法》也不是合适的规制法律，若要增加对场外衍生品交易的法律监管，只会使这类业务逃离美国。

最终，CFTC 未能说服其他三者，政府成立了由当时的财政部长、美联储主席、证交会主席和商品期货委员会主席组成的工作组，该工作组撰写并提交了一份重要的报告：Report of the President's Working Group on Financial Markets—Over-the-Counter Derivatives Markets and the Commodity Exchange Act（1999）。该报告认为，场外衍生品市场存在法律不确定性，若不能恰当处理，必将阻碍市场的创新和发展。然而，其认为不应对互换协议施加过多的法律监管，而应推动场外衍生品市场的创新、竞争和效率，消除创新的障

---

① See SEC Release 34 – 39454（December 17，1997），the "Broker-Dealer Lite" proposal，https://www.sec.gov/rules/proposed/34 – 39454.txt，visited on October 5，2021.

② See CFTC Comment Letter on Broker-Dealer Lite Proposal，https://www.sec.gov/rules/proposed/s73097/webb2.htm，visited on October 5，2021；CFTC Over-the-Counter Derivatives Concept Release，http://www.cftc.gov/files/foia/fedreg98/foi980512a.pdf，visited on October 5，2021.

③ 当时的 CFTC 主席 Brooksley Born 女士曾主张对场外衍生品进行"功能监管"而非有限的"机构监管"。See Brooksley Born，*Remarks Before the Futures Industry Association's 24th Annual International Futures Industry Conference*，March 18，1999，available at：http://www.cftc.gov/opa/speeches/opaborn-45.htm，visited on October 6，2021.

碍，并提议将精明交易方之间达成的双边交易（除去涉及供应有限的非金融商品的交易）置于《大宗商品交易法》之外。主要理由是：（1）没有明显证据表明双边互换协议需要《大宗商品交易法》的规制。精明的交易方并不需要《大宗商品交易法》对零售商那样的保护。互换市场的交易商们大多是受 SEC 和 CFTC 监管的证券经纪商—交易商或期货经纪商，或是受银行监管机构监督的金融机构，即便要让未受监管的机构受到合理规制，适用对冲基金的监管举措即可。[①]（2）大多数场外衍生品不易被操纵。绝大多数互换合约是现金交割，无限量的供给使市场流动性充足。互换合约不同于其他供应量有限的非金融产品。例如，农产品生产的季节性强，易波动，因而其市场易发生供给和定价扭曲，易发生价格操纵；而且非金融商品需要期货市场来发现价格。[②]

该报告提出的建议主要有：（1）将现行对场外金融衍生品的监管豁免作为“除外”写入《大宗商品交易法》，允许“适格参与者”之间的电子交易，实施标准化合约和集中结算；（2）继续由 CFTC 对非农产品期货实施《大宗商品交易法》适用豁免；（3）继续对混合工具实施豁免，避免其被视为“非豁免证券”期货；禁止 CFTC 单方面修改这一豁免规则；（4）继续保持《大宗商品交易法》对各州法律的优先地位；（5）鼓励 CFTC 根据商品易受价格操纵的程度和场内交易方精明度、财力的不同对场内交易放松管制。[③]

根据这一报告，美国国会于 2000 年通过了《商品期货现代化法》，修改

---

① 商业银行和证券公司是互换市场的主要交易商，而其各自都有联邦的监管机构进行监管。银行监管者发布了银行从事场外衍生品交易的指南与要求，证券公司则按照 SEC 和 CFTC 的要求建立了衍生品方针小组，确立了类似于银行的基本原则。See the US General Accounting Office，*Financial Derivatives*：*Actions Needed to Protect the Financial System*（1994），available at：http://www.gao.gov/assets/160/154342.pdf，visited on October 5，2021.

② 本书认为，《商品期货现代化法》将互换协议排除在证券定义外，也是基于该报告同样的理由与动机。报告原文请参见美国财政部网，https://www.treasury.gov/resource-center/fin-mkts/Documents/otcact.pdf，最后访问日期：2021 年 10 月 2 日。

③ 详情请参见该工作组报告，载美国财政部网，https://www.treasury.gov/resource-center/fin-mkts/Documents/otcact.pdf，最后访问日期：2021 年 10 月 2 日。

了《大宗商品交易法》。《大宗商品交易法》授予商品期货交易委员会对“涉及货物远期交付的买卖合同交易”的排他性管辖权,[①] 并规定这类交易仅可在商品期货交易委员会许可的交易所买卖。[②]“货物”包括现已涉及或将会涉及未来交付的合同约定的某类特定的农产品（如小麦、棉花、大米、玉米、大豆和牲畜等）或其他的产品或物件，以及所有的合同服务、权利和利益。[③] 这样宽泛的“远期”定义很容易被认为包括 CDS 在内，但由于远期必须是在交易所内交易，因而产生了 CDS 场外交易是否合法的不确定性。《商品期货现代化法》消除了这种不确定性，它将“适格合同交易方”（eligible contract participants）之间缔结的关于“例外商品”（excluded commodities）的场外交易和执行的合同排除在《大宗商品交易法》和商品期货交易委员会监管之外。[④]“例外商品”包括利率、汇率、外币、证券、证券指数、信用风险、债务或股权工具、通胀指数以及其他宏观经济指数。[⑤] 而关于信用风险的 CDS 明显属于这种例外。该法不仅广泛排除了“适格参与者”之间的金融衍生品交易，而且扩展了“适格参与者”定义，允许资产在 500 万美元以上的个人参与。这些适格参与者可使用电子交易系统买卖而不受期货那样的监管，同时该法保留了《大宗商品交易法》优先于州法的地位，使 CFTC 豁免交易不至于被认定为非法。[⑥]

与此同时，《商品期货现代化法》也修改了《证券法》，将互换协议（无论其是否基于证券）排除在“证券”的定义之外，因而不受 SEC 的监管。根据之前法律的定义，“证券”包括“负债的证明”和“证券的卖出期权”（put）。[⑦] 卖出期权是给予一方要求另一方在将来以特定价格购买特定资产的权利，因而 CDS 被视为保护买方购买的一种卖出期权是正常的，即要求保护

---

① 7 U. S. C. § 2 (a) (1) (A) (2000).

② 7 U. S. C. § 6 (a) (1).

③ 7 U. S. C. § 1a (4) (2000).

④ 7 U. S. C. § 1a (12) (13); 7 U. S. C. § 2 (d) (1) (2000).

⑤ 7 U. S. C. § 1a (13) (2000).

⑥ 7 U. S. C. § 1a (10) (12), 16 (e) (2) (2000).

⑦ 15 U. S. C. § 77b (a) (1), 78c (a) (10) (2006).

卖方在信用事件发生时购买标的债券或支付相应差价的权利。虽然 CDS 具备这两部法中的若干豁免条件，但 SEC 仍有可能为其制定并实施相应的规则。

然而，在 2000 年《商品期货现代化法》实施之后，由 SEC 监管 CDS 市场的可能性被排除，因为该法将所有“基于证券的互换协议”（security-based swap agreement）排除在证券的定义之外。[①] 该法对“互换”的定义是：“任何在适格参与方之间签订的合同……其重要条款（除了价格与数量外）须个别协商，且一项以上的付款交易（并非必然履行）基于一种以上……证券或其他财务经济利益的价值，且该交易在交易双方之间转移该价值未来变动的财务风险，而不同时转移资产的现有或将来的直接权益，包括所知的……信用违约互换。”[②] 该法对“适格参与方”的规定则包括金融机构、[③] 保险公司、投资公司、净资产值超过 100 万美元的工商企业，以及总资产超过 1000 万美元的自然人。[④] “证券互换”（security-based swap）是指“重要条款基于证券的价格、收益、价值或波动性……的互换协议”。[⑤]

CDS 协议的参考债务、交付债务、期限和信用事件都是保护卖方和买方之间私下协商，在发生信用事件而导致参考实体或债券的价值波动时，买方将与参考实体或债券有关的财务风险转移给卖方，且 CDS 的保费和付款数额都是基于证券价值的变动。因此，其构成了《商品期货现代化法》规定的证券互换，而不再是《证券法》和《证券交易法》中的证券。[⑥]

---

① 15 U. S. C. § § 77b-1 (b) (1), 78c-1 (b) (1) (2006).

② See Commodity Futures Modernization Act, Pub. L. No. 106 – 554, tit. Ⅲ, sec. 301, § 206A (a), 114 Stat. 2763 app. E, at 2763A – 445 to – 450 (2000), reprinted in 15 U. S. C. 78c note (2006).

③ 指受《联邦储备法》等法律调整规制的银行、存款机构、信用社等机构。See 7 U. S. C. § 1 (a) (15).

④ 7 U. S. C. § 1a (12) (2006) (defining “eligible contract participant”).

⑤ Commodity Futures Modernization Act, Pub. L. No. 106 – 554, tit. Ⅲ, sec. 301, § 206B, 114 Stat. 2763 app. E, at 2763 – 451 (2000), reprinted in 15 U. S. C. 78c note (2006).

⑥ 对于 SEC 和工作组报告都意识到的缺少中央清算方可能导致系统性风险的问题，《商品期货现代化法》虽设置了中央清算方的规定，但并未强制要求通过其进行清算。See 7 U. S. C. § 1a (9) (2000).

2. CDS 不受保险法调整

虽然 CDS 在形式上具备保险的特征，由保险法予以规制似乎非常合适，但保险监管者同样对其采取了“宽容”的态度，一直未将 CDS 纳入保险监管范围之中，这种方式一直处在保险法规制的范围之外。

以纽约州为例，《纽约州保险法》于 1989 年根据 NAIC 的示范法加入了第 69 条（Article 69）“金融保证保险公司”，对金融保证保险业务的相关定义、主体资格、财务要求、投资行为准则、准备金提取、再保险等各个方面作了较为全面的规定。[①] 但当时的规定还没意识到 CDS 交易会在之后的日子里大行其道，也就没有对 CDS 交易问题作出相应的规定。

后来，随着 CDS 市场的扩大，债券保险业界逐渐开始关注这个问题，并致函纽约州保险局询问此事。该州保险局财产保险处于 1997 年回复了债券保险公司能否依法承保关联变形公司在 CDS 项下的债务的问题。保险局认定，这种保险与 CDS 保护的基础债券的直接保证相类似，按第 6904（b）（1）（J）条规定系可允许的其他情形，因而可以进行承保，只要满足一定条件：（1）债券保险公司按其惯常承保标准进行承保；（2）CDS 期限不超过 5 年；（3）CDS 指向的证券至少为投资级；（4）若标的债券是市政债券，债券保险公司遵守适用于公司债券的风险上限要求和准备金要求；（5）债券保险公司遵守保险法关于控股公司的要求和年度报告的要求。[②]

1999 年，保险局财产保险处发布信函称：（1）对“终止合约应付款”（CDS 项下发生“终止事件”如违约、破产、证券信用降级等时的应付款项）的保险并非保险法禁止的“加速付款”；（2）CDS 支持证券可视为《纽约州保险法》第 6901（e）分条规定的资产支持证券，因而为可保标的。[③] 2000 年，纽约州保险局总顾问办公室再次发布意见称，“若保护卖方对买方的付

① 由于 1989 年的新法第 6903（a）（2）条和第 6907（b）条都规定了在新法生效前的保险适用原有的准备金标准，因而，第 61 号规章仍得以继续适用。

② See New York Insurance Department, Circular 19, 2008, “B. Credit Protection for CDS”.

③ Id.

款不依赖于买方遭受损失，则 CDS 交易不属于保险”。[①]

2004 年，在资产支持证券和 CDS 飞速发展的背景下，纽约州修改《纽约州保险法》第 69 条，将 CDS 正式纳入可保范围。在对 CDS 的定义中规定，在互换协议符合信用衍生品的定义而又不构成保险合同、交易 CDS 也不构成经营保险业务时，即构成 CDS 协议。也即允许承保 CDS 的同时不将其作为保险进行监管。纽约州保险法于 2004 年修改时明确将 CDS 排除在外，理由非常有力：保险是为了保护美国的消费者，而 CDS 市场参与者都是精明老练的机构投资者，并不包含需要保护的消费者利益。此外，由于 CDS 保护买方并不需要实际持有 CDS 指向的证券，故而其并不能算真正意义上的保险。然而，将 CDS 纳入保险监管的呼声却时而有之。

（三）小结：法律对市场投机的放纵

CDS 市场的风暴，使许多人认为其是金融危机的重要根源。[②] 纽约州保险监理官 Eric Dinallo 评论道：“不受监管的 CDS 市场是金融体系近来发生系统性崩塌的核心起因，CDS 在 AIG、贝尔斯登、雷曼兄弟和债券保险公司的财务危机中扮演了主要角色。当前金融危机的主要原因不是监管有效性的问题，而是我们选择不监管。”[③]

《商品期货现代化法》对 CDS 的规定受到了广泛的关注。纽约州保险监理官 Eric Dinallo 认为，《商品期货现代化法》废弃了州法这一有用的法律工

---

① New York Insurance Department Office of General Counsel, 2000, NY Insurance OGC Opinions LEXIS 144, *2, June 16, 2000.

② See Alex Blumberg, *Unregulated Credit Default Swaps Ledto Weakness*, available at: www. npr. org/templates/story/story. php? storyId = 96395271, visited on Oct, 4th, 2021; James B. Kelleher, *Buffett's 'time bomb' goes off on Wall Street*, Reuters, September 18, 2008.

③ Eric Dinallo, *Testimony to the United States House of Representatives Committee on Agriculture Hearing to Review the Role of Credit Derivatives in the U. S. Economy*, November 20, 2008, available at: https://archives-agriculture. house. gov/sites/republicans. agriculture. house. gov/files/testimony/110/110 – 49. pdf, see also New York State Insurance Department, Recognizing Progress by Federal Government in Developing Oversight Framework for Credit Default Swaps, New York Will Stay Plan to Regulate Some Credit Default Swaps (November 20, 2008), available at: http://www. dfs. ny. gov/insurance/press/p0811201. htm.

具，因为其可遏制投机交易号子和赌博。不难发现，此言确有一定道理。在19世纪，不持有相关证券而就证券价格进行赌博的活动一般被视为非法投机，各州法律也都禁止“空中交易号子”（bucket shop），[①] 1909年通过的《纽约州普通商法》第351条（New York General Business Law，Art. 23，§351）即是代表。然而，对于受CFTC“互换豁免”调整的金融衍生品，1992年的FTPA排除了州法的适用。也就是说，《大宗商品交易法》对州法的优先地位导致无法区分正当的CDS合约和投机的CDS合约。而在1992年之前，州法可对CDS适用，法院即能视情况判定CDS为赌博投机而非法。

虽然《商品期货现代化法》是为了防止互换业务逃离美国，但是不难发现，AIG公司将从事CDS业务的子公司设在英国伦敦，通过一家法国银行（Banque AIG）从事受监管的CDS业务。这一事实至少说明了《商品期货现代化法》避免互换业务外流他国的立法意图并未充分实现。立法的刻意纵容与保护最终导致了巨大的金融灾难。

从上述分析可以看出，以CDS为代表的信用衍生品是美国华尔街投资银行创造出来的投资工具，并意图使其免受严格的金融监管以追逐衍生品交易的高额利润。虽然有很多研究将CDS风暴的原因归咎于“按市价计值（或曰‘逐日盯市’）”的会计准则，但这只是表面上的技术性问题，这一表象所反映的依然是它的投机性本质。它展现了资本无坚不摧的力量，正如马克思在100多年前就已认识到的一样，资本原则已成为市场经济的现实原则，资本的逻辑显露无遗，就是资本会为自己开辟出道路。CDS在金融危机之前的爆炸式增长充分说明，立法者与监管者满足了衍生品交易者的逐利动机。

三、CDS与债券保险公司的风险抵御性相悖

债券保险公司是专门经营债券保险（金融保证保险）业务的主体，是抵御金融市场风险的“守护者”。这种公司本身即面临着巨大的风险敞口，而

---

① “空中交易号子”，是指由其自身作为交易场所，并与客户进行对赌，一般会有经纪商操纵市场价格，使“号子”居于有利地位，或者该场所会对赌赢可能性大的客户进行限制或禁入。

CDS 的巨大风险性则是与债券保险公司本身的风险抵御性南辕北辙。MBIA 公司在 2008 年 2 月意欲退出债券保险公司协会时也曾认为，债券保险公司应当停止发行 CDS 产品以维护行业安全。那么，本部分就来探讨 CDS 对债券保险公司造成的伤害。

（一）债券保险公司交易 CDS 的形式

保险业本身是风险管理的重要行业，保险公司是金融市场中较为稳健的环节，发挥着重要的社会功能。债券保险公司自其产生之日起就担负起应对债券市场风险的“重任”，安全性一直被作为其经营业务的主要考量因素。其承保标准一度被称为严格的“零损失”（zero-loss）标准，可见其注重安全、抵御风险的价值导向。虽然在少数案例中有所亏损，但并不影响其总体经营的稳健有力。

但是，债券保险公司在 20 世纪 90 年代后期到 21 世纪初期的 CDS 扩张狂潮中也未能免俗，从事了大量的 CDS 交易，CDS 交易甚至反客为主，成为债券保险公司业务收入的主要来源之一。① 然而，正如前文所说，以 CDS 为代表的信用衍生品因其具有的投资工具属性而蕴含着巨大的做空风险，最终导致各大债券保险商跌落马下、损失惨重。

至 2007 年，结构化金融产品（包括 RMBS，CDOs）保险已成为债券保险公司的重要业务领域。整个市场中，带有债券保险的债券总额达到约 2.4 万亿美元。其中，出售 CDS 又成为债券保险公司对债券进行信用保护的流行方式。

与直接出售债券保险不同，债券保险公司交易 CDS 并非由自己出售，而是通过与其关联的特殊目的子公司（被称为“变形公司”，transformers）专门发售 CDS。② 变形公司只是出售而不购买 CDS，其所出售的 CDS 并不转

---

① See Ambac Financial Group, Inc., Annual Report (Form 10 – K), p. 35 (Feb. 29, 2008), available at SEC official website: https://www.sec.gov/Archives/edgar/data/874501/000119312508043920/d10k.htm#toc.

② 根据《纽约州保险法》第 6902 条的规定，债券保险公司仅可为对冲风险之目的而购买信用违约互换产品，故而债券保险公司使用这种方法通过子公司进行 CDS 销售。

让，而是一直持有至期满，由债券保险公司承保这些 CDS，作为这些 CDS 的信用支持者。

由于债券保险公司承保普通的市政债券、RMBS 债券都需要按照法律规定提取相应的准备金，而对 CDS 进行承保则没有较高的准备金要求，故而 CDS 为其提供了逃脱偿付能力监管的强大动力和有效渠道，随着 CDO 产品的兴盛，由债券保险公司对相关的 CDS 产品进行大量承保，并作为主要业务增收来源之一。由于 CDO 产品多以 RMBS 为基础资产，导致次贷的风险在逐步打包为 CDO 产品的过程中呈指数级扩大的趋势。在 Ambac 从 2004 年到 2006 年的新承保业务中，对 CDO 产品的承保所占比例从 6% 上升到 33%。另外，Ambac 承保的 CDO 也越来越多地以 RMBS 为基础资产。对此类 CDO 的风险敞口从 2004 年的 9 亿美元增长到了 2007 年的 290 亿美元。

（二）CDS 引发债券保险公司危机

如前所述，CDO 是由其他的 ABS 构成的资产支持证券，而很多 CDO 的基础资产是涵盖多个领域的不同种类 ABS，如住房按揭贷款支持证券、商业房产贷款支持证券、车贷支持证券、信用卡应收款支持证券等。

债券保险子公司有大量出售的 CDS 指向这种多部门 CDO（multi-sector CDO），而其基础资产就包括大量由次级按揭贷款支持的 RMBS 产品。自 2007 年中期发生的次级按揭贷款危机爆发以后，次级按揭贷款损失传导到次贷支持证券，又进一步传导到 CDO，CDO 的损失则最终传染给 CDS 产品。AIG 经营的 CDS 产品减值在 2007 年达到 112 亿美元，2008 年前三季度的减值为 199 亿美元。CDS 的减值促使债券保险子公司的现金流断裂，由于其资产减值、信用状况恶化，CDS 的追加担保条款被触发，子公司被要求追加相当于 CDO 市价与其 CDS 名义价值差额的担保。

此外，Ambac 公司旗下投资公司还经营融券业务（securities lending），将证券借给投资者买卖，并要求投资者提供现金担保，Ambac 投资公司则将这些现金投资于债券以获取回报。然而，当 Ambac 的 CDS 产品大幅减值、追加担保义务激增时，投资者信心下滑，于是归还所借证券以撤回自己的担保现金。但投资公司已将这些现金大量投于同样哀鸿遍野的 RMBS 领域。结果，Ambac 公司没有充足的现金予以偿还，不得不向融券业务投入大量现金。

债券保险公司对 CDS 的保险使其暴露于自己不能有效处理的风险之下。通过子公司出售 CDS 也并不符合对债券保险公司审慎监管的要求，因为子公司不具有充分履行 CDS 付款义务的财务实力，债券保险公司对其承保就相当于直接成为 CDS 的交易相对方。最终各大债券保险公司都陷入了流动性危机而无法自拔。

四、CDS 债权与债券保险保单债权的利益冲突

债券保险公司的业务原本依赖于其高信用评级。然而，在次贷市场及次贷证券化市场形势急剧恶化之时，债券保险公司也由于承保了大量的房贷支持证券和相关的 CDS 而深陷泥潭，引发了接连的信用降级，反过来也加剧了相关证券产品的价格下跌。债券保险公司被评级机构降级，不仅使其无法拓展新业务，而且引发了 CDS 项下追加担保的义务和高额罚金。在 2007 ~ 2008 年，各大债券保险公司遭受了巨额的资产支持证券保险损失和 CDS 承保损失。

（一）典型案例：Ambac 公司的复原程序

住所地位于威斯康星州的债券保险公司 Ambac 是下属于 Ambac 金融集团的子公司。① 由于陷入了金融旋涡之中，其在 2007 年年末的信用评级虽然是 AAA 级，但被告知未来会被降级。2008 年 6 月，标普公司将其信用评级降为 AA 级，信用观察为负面；穆迪公司将其降为 Aa3 级，信用展望为负面。2008 年 11 月，标普公司将其评级再度降为 A 级，信用展望为负面；穆迪公司将其降为 Baa1 级。2008 年 12 月 31 日，Ambac 公司在其年度报告中称其因各项要求追加担保的合同交易而有 10 亿美元流向了其关联公司。②

① See Ambac Assurance Corp. , https://ambac. com/about-us/default. aspx.

② See Ambac Financial Group Inc. , Annual Reports（Form 10 – K）of 2007, 2008 and 2009, available at SEC website: https://www. sec. gov/cgi-bin/browse-edgar? action = getcompany&CIK = 0000874501&type = 10 – K&dateb = &owner = exclude&count = 40.

为了让其关联方能履行追加担保的义务，Ambac 公司请求威斯康星州保险监理官允许其在集团内部进行“流动性增进”。监理官最终向 Ambac 发了一份信函，实质上是许可其集团内部的流动性支持交易。① 而 Ambac 则停止其信用衍生品业务。2008 年，Ambac 金融公司发行了 12.5 亿美元普通股和 2.5 亿美元的混合证券，并从其后备资本金中筹集 8 亿美元。这 8 亿美元基本都投入其各个子公司。

然而，其亏损趋势却日益明显。2008 年，其赔付了 6.38 亿美元，损失达 5.89 亿美元。2009 年，其赔付了 17 亿美元，损失达 14 亿美元。② 面对这一形势，2010 年 3 月，威斯康星州保险监理官要求 Ambac 保险公司将其业务进行分立，并进入复原程序。③ 保险公司业务账户的分立都规定在威斯康星州分离账户法中，该法允许保险公司将其某类业务整体与其他业务进行分离，而不仅是个别账户的分离。④ 此外，分离的账户在保险公司接管法的复原程序中被视为独立的保险子公司。⑤

Ambac 于 2010 年 3 月建立了分离账户，将所有的 RMBS 承保业务与一小部分市政债券承保业务转入该账户（后来又转入所有尚未交换风险敞口的 CDS 业务和其他一些资产支持证券承保业务），风险敞口约 680 亿美元的 1000 份债券保单被放入分离账户之中。同时，也转入了两笔资产：一是由上述业务保费支持的 20 亿美元融资票据，二是由一般账户承担的超额损失再保险。⑥ 根据运营计划，分离账户可请求一般账户为其债权付款，只要不会导致 Ambac 的资产降至 1 亿美元以下。另外，公司未经分离账户的事前书面同

① 交易内容包括：Ambac 保险公司可向投资业务公司购买多达 30 亿美元的投资证券，可向投资业务公司提供 16 亿美元的循环无担保信贷支持；可向 Ambac 金融服务公司提供不低于 7.5 亿美元的循环无担保信贷支持，并可向投资业务公司进行 13 亿美元的担保贷款。

② See Ambac Financial Group Inc., Annual Reports (Form 10 – K) of 2009 (Mar. 16, 2009) and 2010 (Apr. 9, 2010).

③ *In re* The Rehab of Segregated Accountof Ambac Assurance Corp., No. 10 – CV – 1576 (Wis. Cir. Ct. Dane Cnty. Apr. 30, 2010).

④ WIS. STAT. §611.24 (2) (2010).

⑤ WIS. STAT. §645.03 (1) (f) (2010).

⑥ 但在一般账户的盈余低于 1 亿美元时则无须为分离账户付款。

意不得签订 500 万美元以上的交易。之后，监理官向法院申请分离账户复原令，法院同意了该申请，并发布禁令：禁止对分离账户、关于分离账户的一般账户事项和监理官采取任何行动，禁止对分离账户行使抵销权。①

2010 年 6 月，Ambac 将其与一般账户中剩余 CDS 债权人的互换安排做了结清。其同意向 14 家 CDS 交易相对方支付 26 亿美元现金和 20 亿美元盈余票据，Ambac 也免除了这些 CDS 相对方的一些债务。根据贝莱德公司（Blackrock）的评估，这些 CDS 的风险敞口现值在基本情况下是 77 亿美元，在压力情况下是 92 亿美元。按此计算，CDS 的交易相对方可以获得很高比例的偿付。②

但是，本案利益相关方对法院的复原令、账户分离与 CDS 交易和解提出了异议。大体如下：（1）RMBS 持有人反对设置分离账户，理由是其不满足威斯康星账户分离法中“资本与盈余充足”的要求，因为其无法用现金偿付债券持有人，而且一经设立就进入了复原程序；设立分离账户是对其保单的不当更新（novation）；（2）债券持有人反对与 CDS 交易相对方的和解，法院未经全面审查就批准该和解协议是错误的；（3）一些保单持有人、受益人、债权人也反对将其债权归入隔离账户。但是，这些反对意见经法院审查后均被裁定驳回。③ 上诉法院否定了质疑复原程序的诸多反对意见，而是支

---

① See *In re* the Rehabilitation of the Segregated Account of Ambac Assurance Corp., 2010 WL 6574941 (W. D. Wis.), No. 10CV00778., p. 2 – 3.

② Disclosure Statement Accompanying Plan of Rehabilitation, *In re* the Rehabilitation of the Segregated Account of Ambac Assurance Corp., No. 10 – CV – 1576 (Wis. Cir. Ct. Dane Cnty. Oct. 8, 2010).

③ 反对者诸如拉斯维加斯单轨铁路债券（the Las Vegas Monorail bonds）持有人、各类 RMBS 持有人、富国银行（Wells Fargo）、房地美等。See Brief by Wells Fargo Bank, N. A., in its Capacity as Trustee for the Benefit and Protection of Certain Bondholders, in Support of its Motion to Modify Temporary Injunction Order and to Intervene at Ex. A, Brief in Support of Motion and Emergency Motion to Modify Order for Temporary Injunctive Relief Filed by Certain RMBS Policy Holders and Motion Seeking Expedited Relief, *in re* the Rehab. of Segregated Account of Ambac Assurance Corp., No. 10 – CV – 1576 (Wis. Cir. Ct. Dane Cnty. Apr. 30, 2010).

持监管当局复原程序合法的主张，认为保单债权优先受偿只是适用于清算程序。①

此后，监理官提出了隔离账户的复原计划（相当于重整计划），计划提出继续实施法院的禁令，并逐步偿还债务，隔离账户 25% 的债权以现金偿还，75% 的债权以隔离账户之后发行的盈余票据偿还，该类票据将与一般账户用于偿还 CDS 相对方的盈余票据同步发行。② 不难看出，债券保单持有人的债权首期清偿比例并不高，而且后期清偿程度也依赖于盈余票据未来的发行状况。

（二）问题焦点：CDS 债权与保单债权发生矛盾

1. CDS 的“优先地位”已逐步获得立法认可

交易终止净额结算是国际金融衍生品市场的基础性制度，其基本要义是交易当事人出现违约、破产等风险事件时，提前终止全部交易，并按照约定方式计算现值，在冲抵交易各方互负支付义务的基础上，最终得出一个单向的应付金额。这一制度的核心意义在于，发生信用风险事件时的交易终止净额结算机制不受破产法中挑拣履行权、破产撤销权等规定的影响，从而保证金融衍生品净额结算的有效性。因其具有降低当事人信用风险和流动性风险、防止系统性风险等作用，这一制度逐步获得了各国法律的接受认可。据 ISDA 统计，目前已有 73 个国家和地区的法律确立了衍生品交易终止净额结算制度。③ 美国联邦破产法中规定了互换协议的交易终止净额结算制度，互换合约不受破产受托人挑拣履行权约束。④ 我国目前仅在银行间市场交易商协会（NAFMII）和证券业协会（SAC）等市场自律组织的业务规则中有所规定，尚未有法律认可该制度。但是，2021 年公布的《期货法》草案中已经纳入交

---

① See William D. Goddard & Vasiliy Nazarov, *Ambac and the New World Order*, available at: http://www.martindale.com/insurance-law/article_Bingham-McCutchen-LLP_2037642.htm.

② See Plan of Rehabilitation, *in re* the Rehab. of Segregated Account of Ambac Assurance Corp., No. 10 – CV – 1576 (Wis. Cir. Ct. Dane Cnty. Oct. 8, 2010).

③ See ISDA website: https://www.isda.org/opinions-overview.

④ See 11 U.S.C.A. § 560, “Contractual Right to Liquidate, Terminate, or Accelerate a Swap Agreement”.

易终止净额结算条款。[①] 可以说，场外衍生品在破产法中的“特别待遇”已成为各国立法的大势所趋。

2. Ambac 案体现出了利益优先难题

在美国，保险监管实行以州为主的体制。在这一体制下，各州都有自己的保险法，保险公司破产并不适用联邦破产法，而是由各州保险公司接管法规范，其破产程序与普通破产程序类似，分为清算程序（liquidation）与复原程序（rehabilitation or conservation），[②] 在各州的接管法院（receivership court）内进行。保险公司破产时的优先权由各州的优先权法调整。各州保险公司破产法规定的债权受偿顺序与联邦破产法典并不完全相同。在 U. S. Department of the Treasury v. Fabe 案中，最高法院重述管理费用首先受偿、保单持有人其次受偿的一般原则。同时，根据各州法律，再保险的保单债权属于普通债权。[③] 保险公司的保单持有人应优先于其他的普通债权人受偿。根据破产法的一般原理，在前一顺位的债权人未得到全额清偿之前，顺位靠后的债权人不得受偿，此即“绝对优先”原则。与联邦破产法相同之处在于，受托人的管理费用最先受偿而股东权益最后受偿。美国各州保险公司破产法对破产债权受偿顺位的规定虽有所差异，但却大致相近。对保险公司破产而言，保单持有人的债权顺位一般排在政府债权与普通债权人之前。[④] 以纽约州保险法为例，该法规定的保险公司财产清偿顺序是：（1）接管人的管理费用；（2）保单持有人（包括持有保单的政府机关）的债权以及保险保障基金的债权，但不包括再保险债权；（3）联邦政府债权；（4）劳动债权；

---

① 第 37 条：按照本法第 35 条规定的协议方式从事其他衍生品交易的，发生约定的情形时，可以依照协议约定终止交易，并按净额对协议项下的全部交易盈亏进行结算。依照前款规定做出的净额结算行为不因交易任何一方依法进入破产程序而无效或者撤销。

② 复原程序，接近于《联邦破产法》第十一章（Chapter 11）规定的重整程序（reorganization）。

③ See N. Y. Ins. Law § 7434; Cal. Ins. Code. § 1033 (West 2000); 40 p. a. Stat. Ann. § 221. 44 (West 2011); Ohio Rev. Code Ann. § 3903. 42 (West 2005).

④ 虽然联邦优先权法（Federal Priority Statute）规定联邦政府对联邦破产法之外的破产程序享有优先权，但联邦最高法院在 U. S. Department of the Treasury v. Fabe 案中认定，州法有权为了保护保单持有人的利益而将保单持有人排在联邦政府之前。See U. S. Department of the Treasury v. Fabe, 508 U. S. 491, 492 (1993).

（5）州与地方政府债权；（6）一般债权（含再保险债权）；（7）除第八、九两类之外的其他晚申报债权；（8）预收款或预借款债权；（9）所有者债权。[①]

在债券保险公司破产时，就产生了 CDS 交易对方与债券保单持有人之间孰者优先的问题。Ambac 案虽然可视作破产法中的优先权案件，但同样牵出了 CDS 导致的债权受偿顺位问题。在本案中，保险公司破产时的原有受偿顺位受到了挑战。CDS 的债权人得到了直接受偿，而债券保单持有人则须承受极大的不确定性。

同时，金融衍生品交易的典型特征在于担保性，即衍生品交易双方往往会约定，由卖方向买方提供一定比例的担保物作为履约的保障。这样的合约安排虽然不是为了提高融资主体或债券的信用等级，却也是为了增强双方之间的信任关系，提高衍生品协议履行的确定性，防范衍生品交易履约风险，降低衍生品交易的成本。[②] ISDA 颁布的《金融衍生品主协议》附件中就采用了这种制度，被称为“信用支持安排”（credit support arrangement，CSA）。[③] 以 CDS 为代表的信用衍生品也多采用这样的协议担保安排。信用支持安排主要有质押式与转让式两种，区别在于是否发生所有权转移。然而，债券保险公司作为保护卖方出售 CDS，却有其特殊性。要求其提供担保物或按约追加担保物，会给其带来严重的财务压力。通过查阅 Ambac 公司的年度报告发现，该公司 2007 年提供了价值约 22 亿美元的担保物，而在其被标普或穆迪降级时还需再追加担保，这就给其造成了极大的流动性负担。[④] 这会损害保单持有人的权益，导致保单持有人本应享有的优先受偿权无法保障。

---

① See N. Y. Ins. Law § 7434.

② 参见唐波等：《金融衍生品市场监管的法律规制》，北京大学出版社 2013 年版，第 135 ~ 136 页。

③ 我国银行间市场交易商协会颁布的金融衍生产品交易制度安排将“信用支持”的名称改为“履约保障”。

④ See Ambac，Form 10 – K（2007），p. 76，available at SEC website，https://www.sec.gov/Archives/edgar/data/874501/000119312508043920/d10k.htm#toc.

第二节　美国金融衍生品规范改革

金融危机之后，美国和欧盟各国都进行了深入反思，特别是对以 CDS 为代表的信用衍生品的规范做了重新整理。美国奥巴马政府在金融危机后推出了对美国金融体系所存弊端进行全面改革的动议。2009 年，奥巴马政府公布了名为《金融监管改革——新基石：重建金融监管》（Financial Regulatory Reform—A New Foundation：Rebuilding Financial Supervision and Regulation）的金融监管改革计划，提出了金融监管改革的五个关键目标：（1）促进金融企业的稳健监管；（2）建立对金融市场的全面规范；（3）保护消费者与投资者不受“金融滥用”的侵害；（4）给予政府处理金融危机所需要的工具；（5）提高国际监管标准，增进国际合作。[①] 在此基础上，奥巴马政府同年提交了《2009 年场外衍生品市场法》（Over-the-Counter Derivatives Markets Act of 2009），该法案后来并入《多德 - 弗兰克法》中，经参议院和众议院分别两次表决，期间也经过参众两院法案版本的协商整合，最终于 2010 年 7 月正式通过并由奥巴马总统签署生效。《多德 - 弗兰克法》是对金融危机的全面反思，该法案围绕监管系统性风险和消费者金融保护两大核心，展开了多方面的改革。衍生品监管改革是其中重点。

一、衍生品监管改革的内容

对于 CDS 等衍生品交易的改革内容主要集中在“华尔街透明度与问责性”一编中。根据该编的规定，场外衍生品交易改革的主要内容如下。

（一）场外交易场内化

根据其规定，场外衍生品交易应实现清算的集中化，标准化衍生品合约

① See US Department of Treasury, *Financial Regulatory Reform-a New Foundation: Rebuilding Financial Supervision and Regulation*, available at: https://www.treasury.gov/initiatives/Documents/FinalReport_web.pdf.

应通过中央交易对手方（central counterparties）进行结算，不通过依法注册的衍生品清算机构（derivative clearing organization）而进行互换交易是非法行为。[①] 衍生品清算机构须为各类互换交易提供清算服务。集中清算是通过将信用风险转移给风险控制严密的中央对手方，以降低系统性风险。此外，对于监管机构确定必须实施清算的互换与证券互换，都应当在受监管的交易所、互换交易平台（Swap Execution Facility，SEF）、证券互换交易平台（Security-based Swap Execution Facility，SSEF）内交易。[②]

（二）交易主体要求严格化

《多德－弗兰克法》增加了对“互换”“互换交易商”“主要互换参与者”“证券互换”“证券互换交易商”“主要证券互换参与者”的定义，并修订了《1933 年证券法》，即无论是否符合《1933 年证券法》中的注册豁免规定，只有依法注册，方可向非适格参与者买卖证券互换或提出买卖要约。互换交易商和主要互换参与者须在 CFTC 注册，而证券互换交易商和主要证券互换参与者则须在 SEC 注册。交易商和主要参与者，应当满足 CFTC 和 SEC 制定的资本金与保证金的严格要求，保证金要求又包括初始保证金与动态保证金，从而确保交易商的稳健性。此外，监管机构有权准许使用非现金担保品，如实物资产或信用，但前提是不损害市场的完整性和金融稳定的大目标。[③]

（三）监管机构明确化

针对金融危机前场外衍生品的监管空白状况，《多德－弗兰克法》规定了较为明确的监管机构，并对 SEC 和 CFTC 做了监管授权。CFTC 对互换和互换交易商、互换参与者进行监管，SEC 对证券互换及其交易商、参与者进行监管；混合互换作为证券互换，规则由 CFTC 和 SEC 联合制定，从而消除

① Dodd－Frank Wall Street Reform and Consumer Protection Act（Dodd-Frank）（Dodd-Frank Act）（Dodd-Frank Act of 2010），Pub. L. 111－203，July 21，2010，124 Stat. 1376，§723.

② Id.，§733，734.

③ Id.，§711，721，731，761，764.

衍生品监管的“空白地带”。在制定监管规则时，CFTC 和 SEC 以及其他审慎监管机构应当相互协调，在监管规则发生冲突时，可在首都华盛顿联邦上诉法院进行诉讼。[①]

（四）衍生品交易透明化

金融危机让人们认识到衍生品市场低透明度的巨大危害，衍生品交易信息披露不足使投资者难以发现金融机构的真实风险敞口。雷曼兄弟、AIG 集团都是如此，法律并未要求对衍生品信息做单独的充分披露，从而掩盖了其中的风险规模，[②] 债券保险公司也面临同样的问题，对信用衍生品缺乏充足的信息披露。因而，危机后对信用衍生品的监管改革举措也大多关注其信息披露制度的改进。

美国财务会计标准委员会（FASB）于 2008 年发布了对信用衍生品信息披露的提高要求，以更好揭示信用衍生品卖方的风险敞口。其发布的标准文件要求信用衍生品卖方披露每种或每组衍生品的相关信息，如将各类信用衍生品分别披露并做更细的分类。其要求披露的信息主要有：衍生品的性质、期限、原因、履约事件、当前状况、最大潜在付款额、于报告日的公允价值、追索权、担保物等。[③] 2010 年《多德－弗兰克法》提高了衍生品交易的透明度，规定有关衍生品的价格、交易量和其他交易数据应当及时公开发布。[④] 这些披露报告的监管改革都是为了使普通投资者与专业投资者都能认识到衍生品交易的内在风险。

---

① Dodd－Frank Wall Street Reform and Consumer Protection Act (Dodd-Frank) (Dodd-Frank Act) (Dodd-Frank Act of 2010), Pub. L. 111－203, July 21, 2010, 124 Stat. 1376, §712, 715.

② See Frank Partnoy, *Historical Perspectives on the Financial Crisis: Ivar Kreuger, the Credit-Rating Agencies, and Two Theories about the Function, and Dysfunction, of Markets*, 26 Yale J. on Reg. 431 (2009).

③ FASB, Staff Position (FSP) No. 133－1 and FIN 45－4, Disclosures about Credit Derivatives and Certain Guarantees: An Amendment of FASB Statement No. 133 and FASB Interpretation No. 45; and Clarification of the Effective Date of FASB Statement No. 161, available at: http://www.fasb.org/jsp/FASB/Document_C/DocumentPage? cid = 1218220136758&acceptedDisclaimer = true.

④ Dodd－Frank Wall Street Reform and Consumer Protection Act (Dodd-Frank) (Dodd-Frank Act) (Dodd-Frank Act of 2010), Pub. L. 111－203, July 21, 2010, 124 Stat. 1376, §727.

二、监管改革的低效性——以信息披露为例

虽然美国采取了对衍生品交易场内化和交易主体严格化的改革，但这些措施的作用也只是将交易风险做了相对集中和透明，衍生品的投资工具性质和杠杆交易特征并未得到根本改变。同时，虽然改革举措的本意高尚，但实际效果却依然堪忧。此处选取信息披露监管改革为例，说明这一改革的可能实际效果不及预期。

（一）信息披露功能受阻的原因

信息披露的重要性，也已为公众广泛接受。然而，其真实效用如何却有待考证。理论上，债券保险公司的信息披露制度使投资者能充分了解其风险水平。在债券保险公司所从事的CDS业务的信息披露方面，实际效果却并不如设想得那么简单。就上市的Ambac公司而言，股价能较为明显地体现投资者对其经营状况、风险水平的认知，特别是对其承保标的风险状况的认识。根据有效资本市场假说，在“半强有效市场”条件下，公开交易股票的价格体现了其所有公开信息的影响。[①] 故而若承保标的风险水平升高，则其承保的损失概率也会提高，股价会随之降低，投资者会对其相关信息作出及时的反应。

首先，衍生品的复杂设计和结构妨碍了信息披露的功能，因而债券保险公司衍生品交易信息披露并不能起到很好的风险防范作用。其次，投资者并不具有认识、分析和评估信用衍生品风险敞口的能力，精明老练的投资者也是如此。如巴菲特所言，“‘提高透明度’是政客、评论员和监管者喜欢的手段，却无法真正治愈衍生品造成的问题。我还没听过能描述和测量巨大而复杂的衍生品组合风险的报告机制……我所能知道的就是我无法知道它们的状况”。[②]

① See Stephen J. Choi & A. C. Pritchard, *Securities Regulation: Cases and Analysis*, 4th edition, Foundation Press (2015), p. 30 – 31.

② Warren Buffet, *Letter to the Shareholders of Berkshire Hathaway*, p. 17 (Feb. 27, 2009), available at: http://www.berkshirehathaway.com/letters/2008ltr.pdf.

（二）债券保险公司的实例证明

在 2001 年的太平洋电气公司（PG & E）破产事件中，Ambac 公司与 MBIA 公司的投资者们就表现出对其风险水平的充分认识和反应。2000 年加州发生电力供应短缺，太平洋公司售电成本上升的同时却因电价上限规定而无法用收入弥补支出，从而陷入财务困境。于是，其债券信用评级被降低至垃圾级，该公司也于 2001 年 4 月申请破产。① 据观察，作为其债券承保机构的 Ambac 公司与 MBIA 公司股价在太平洋公司债券评级降低时也随之发生了不同程度的降低。②

2007 ~ 2008 年，CDS 产品成为其承保的重要类别，很多机构投资者就用 Ambac 的衍生品信息为其股票出价，因而股价变动可作为信息披露有效性的标志。这一时期，债券保险公司的信息披露不仅要符合 NAIC 的相关要求，欧盟 2003 年发布、2005 年生效的《公开发行说明书指令》也对 CDO 的信息披露作了要求。③ 而衍生品发行也往往会面向欧洲的机构投资者，因而这些衍生品交易都受到这一指令的信息披露约束。④ 所以此时的衍生品信息披露达到了很充分的程度，包括总体发行情况和风险因素分析，内容可谓全面。但通过考察 Ambac 的股价变动情况可知，在其承保的 CDO 产品信用评级下降时，该公司股价并未有较大波动，但在其季度报告公布了巨额营业损失后，股价即遭遇了明显下挫。这说明衍生品信息披露制度并不能发挥向投资者警示风险的作用。⑤

---

① See PG & E Annual Reports (Form 10 – K) of 2000 & 2001, available at SEC website: https://www.sec.gov/Archives/edgar/data/1004980/000092962401500037/0000929624 – 01 – 500037 – index.htm; https://www.sec.gov/Archives/edgar/data/1004980/000095010902001149/0000950109 – 02 – 001149 – index.htm.

② 其股价历史数据可参见芝加哥大学商学院的证券价格研究中心（CRSP）的相关数据库。

③ Council Directive 2003/71/EC of the European Parliament and of the Council of 4 November 2003 on the Prospectus to be Published When Securities are Offered to the Public or Admitted to Trading and Amending Directive 2001/34/EC, 2003 O. J. (L 345), 64.

④ 例如，大部分 CDO 产品说明书均可在爱尔兰股票交易所（ISE）找到，包括 Ambac 等公司承保的诸多 CDO 产品。

⑤ See Ambac Financial Group Inc., Annual Reports (Form 10 – K) of 2007, 2008 and 2009, available at SEC website: https://www.sec.gov/cgi-bin/browse-edgar? action = getcompany&CIK = 0000874501&type = 10 – K&dateb = &owner = exclude&count = 40.

因而，信用衍生品的信息披露固然重要，但并非解决其监管问题的根本之策。如若一味依靠信息披露，势必会忽视其他有效监管制度，令整体监管制度的效果大打折扣。因而，债券保险公司出售信用衍生品交易还必须受到其他的规制，以扼制信用衍生品的巨额风险敞口。具体监管内容将在下一章论述。

三、抑制过度风险——“沃尔克规则”的启示

“沃尔克规则”，是由美国前联邦储备委员会主席保罗·沃尔克所提出的关于商业银行从事自营业务的限制性规定，这一规则的提出有其深刻的背景。金融危机的肆虐，让人们逐步认识到了加强金融监管的必要性。特别是对于商业银行从事自营交易业务应当如何规范的问题，让人们感到忧心忡忡。被称为“最伟大的美联储主席”的保罗·沃尔克也在金融监管改革中作出了自己的重要贡献，“沃尔克规则”即是其智慧与责任的结晶。

（一）沃尔克规则的基本内容

沃尔克规则的出台经历了曲折与等待。该规则引起了不小争议，反对者认为，对银行施加过多的限制会导致市场流动性降低，美国金融机构失去竞争优势。然而，这一提议获得了奥巴马总统的大力赞许。2010 年《多德 - 弗兰克法》颁布以后，美国联邦储备委员会、联邦存款保险公司、证券交易委员会、商品期货交易委员会和货币监理署这五大金融监管机构于 2011 年年底联合公布了《沃尔克规则》实施细则草案。经过征求各方意见与论证，2013 年 12 月，五大监管机构终于投票通过了沃尔克规则的最终版本，该规则被写在《多德 - 弗兰克法》中的第 619 条，该条对禁止银行自营交易（proprietary trading）和限制银行投资对冲基金与私募股权基金作了具体规定。按照最初的设想，该规则的基本内容是禁止银行从事自营交易，并禁止银行投资私募基金或对冲基金。[①] 沃尔克规则的核心精神在于禁止银行从事

---

① See Dodd – Frank Wall Street Reform and Consumer Protection Act（Dodd-Frank）（Dodd-Frank Act）（Dodd-Frank Act of 2010），Pub. L. 111 – 203，July 21，2010，124 Stat. 1376，§619，12 U. S. C. A. § 1851，“Prohibitions on Proprietary Trading and Certain Relationships with Hedge Funds and Private Equity Funds”.

高风险交易，因为银行的投机行为是导致金融危机的主因，而银行却一直寄希望于政府的兜底援助，这是极大的道德风险。经表决通过的最终版本规则与最初的目标有所差异，这是各方妥协后的产物，但保留了该规则的主要精神内核。基本的内容有如下几点。

1. 禁止银行业机构从事自营交易。自营交易，是指银行业机构以自己名义所从事的短期买卖股票、衍生品、期货、期权或联邦银行监管机构所认定的其他金融工具以获取利润的交易行为。该项禁止也有若干例外：（1）交易是为做市之目的所做的交易；（2）代理客户进行的交易；（3）为对冲风险进行的交易；（4）买卖美国各级政府债券的交易；（5）外国银行机构开展的符合规定的交易等。

2. 限制银行业机构投资私募股权基金或对冲基金。不得直接或间接地持有这些基金的任何股票或其他所有权益，或成为其一般合伙人、管理合伙人、受托人或者对董事会、受托人、管理层有控制权。但银行可购买这些基金，对这些基金的投资额不得超过该基金净资产额的 3%，这类投资总额也不得超过银行一级资本的 3%。

3. 要求银行业机构建立内部合规程序。内部合规程序应当与上述禁止和限制规定相符合，具体包括以下要素：（1）对相关交易和投资业务进行监测限制的书面政策和程序；（2）监测合规性的内部控制体系；（3）明确相关职责并由管理层进行审查的管理框架；（4）由内部合规人员或外部第三方做独立的测试与审计；（5）确保相关要求被理解和实施的培训机制；（6）5 年内的交易与投资记录。当然，规则也明确了过渡期和差别化监管安排，不同的银行业机构有所差异。①

（二）沃尔克规则的启示——回归金融安全网的定位

早在金融危机爆发之前，沃尔克就一直对美国的金融体系深怀忧虑。他

---

① See Prohibitions and Restrictions on Proprietary Trading and Certain Interests in, and Relationships with, Hedge Funds and Private Equity Funds, Release No. 34 – 65545, 2013 WL 7099567, 17 CFR Part 255, File No. S7 – 41 – 11, RIN: 3235 – AL07. 该规则于 2020 年修改，放松了对银行在风险投资基金等方面的交易限制。See 17 C. F. R. § 255. 6 (Effective: October 1, 2020).

在2005年4月的《华盛顿邮报》上发表文章表达了自己的担忧："平静的表面之下，是令人不安的暗流：巨大的失衡、不均衡、风险……整体环境是我众多记忆中最为危险与棘手的一次。"① 由此可见，沃尔克对此次危机已有先见之明。在金融危机发生之后，沃尔克也提出了其对银行业监管加以改革的想法，并得到了积极的支持。正如前中金公司董事长、现任亚投行行长金立群所归纳，"沃尔克规则"的实质就是"不允许用别人的钱去赌博"。② 这是基于其对银行业危机深层次反思作出的结论，对于债券保险行业同样具有深远的启发意义。

由于债券保险行业本来应是对债券市场的信用风险防护网，承担着维护金融安全的重要职能，属于高负债性的金融领域，其承担的是巨量的保险金赔付，面临的是大额的或有负债。如果过度从事投机性交易（如出售CDS产品），会使其风险敞口不当扩张，在应对债券保单赔付风险的同时，又叠加了投机交易的风险。在市场风险集中爆发时，债券保险公司的资本金就会遭受严重削弱，陷入债权偿付危机，这无疑是对债权人利益的巨大伤害，也是对金融体系稳定的重大威胁。因而，对于债券保险业，应当奉行同样的准则：回归其作为金融安全网的传统定位，限制从事高风险性的金融产品交易行为。对于债券保险公司从事的CDS交易，应当施加特别的要求，从而抑制其投机性，减小债券保险业的不当风险。

第三节 CDS信用事件限制
——以信用降级为例

按照交易实践，CDS所包含的信用事件主要有偿付违约、申请破产、债务重组、信用降级、信用利差（creditspread）扩大等。但是这些信用事件的

---

① See Paul A. Volcker, *An Economy on Thin Ice*, Washington Post, April 10, 2005, B07.

② 冯禹丁：《前美联储主席保罗·沃尔克：不允许银行用别人的钱赌博》，载民主法制网，www.mzyfz.com，最后访问日期：2021年11月8日。

范围十分宽泛，而且往往具有较大的不确定性。本书认为，其应当在债券保险公司出售的CDS协议中有所限制。由于信用等级降低是CDS协议中除实际违约与破产之外的典型信用事件，故本部分以信用评级降低为例予以分析讨论。

一、信用评级的符号功能

信用评级（creditrating），是指由专门的评级机构按照一定的标准与方法对特定主体或证券在进行调查研究分析的基础上，对其债务履行能力与意愿进行评估，并给予相应等级符号加以指示的行为。[①] 信用评级源于对商业信贷偿还能力进行评价的市场实践，后来逐渐发展为专门从事信用等级评定的专业业务。其出现和发展都反映了信用在经济中的基础作用和公众对市场主体信用信息的需求。

（一）信用评级是市场的“守护者”

1975年，SEC认可7家机构为“国家认可统计评级机构”（NRSRO），后来合并为6家，到2003年只剩下了著名的3家机构：标准普尔、穆迪与惠誉。目前的NRSRO有10家，但最受关注的依然还是标准普尔、穆迪与惠誉这3家。在金融危机发生之前，市场对信用评级机构具有非常高的信任程度，联邦与各州的立法往往都会采用NRSRO的信用评级作为法定的标准。我们看到，即便是规范债券保险的法律之中也有多处以一定的信用评级为标准。[②] 由此可见，无论是立法者还是社会公众，都对信用评级这一事物无比信任。（见表12）

---

① 参见朱荣恩编著：《资信评级》，上海财经大学出版社2006年版，第4页；邱仰林：《评级真相》，中国经济出版社2013年版，第15页。

② 例如，《纽约州保险法》第6901条对“政府机构”“投资级”“公用设施按揭证券”的定义、第6902条对债券保险公司投资的限制规定、第6903条对准备金提取的规定、第6904条对承保外币债券的限制等，都用到了信用评级的标准。

表 12　三大信用评级机构长期信用评级符号

评级	标准普尔	穆迪	惠誉
投资级	AAA	Aaa	AAA
	AA +	Aa1	AA +
	AA	Aa2	AA
	AA –	Aa3	AA –
	A +	A1	A +
	A	A2	A
	A –	A3	A –
	BBB +	Baa1	BBB +
	BBB	Baa2	BBB
	BBB –	Baa3	BBB –
投机级	BB +	Ba1	BB +
	BB	Ba2	BB
	BB –	Ba3	BB –
	B +	B1	B +
	B	B2	B
	B –	B3	B –
	CCC +	Caa1	CCC +
	CCC	Caa2	CCC
	CCC –	Caa3	CCC –
	CC	Ca	CC
	C	C	C
违约级	SD	D	RD
	D	–	D

正是对信用评级的这种广泛接受，使信用评级成为一种“准公共服务”，它为市场提供“客观、科学、公正”的评价符号，使人们能够作出理性的决策与选择，促进资源的优化分配，达到最佳的配置状态。在金融市场领域，各类证券的发行也多依赖于信用评级的有力促进。由于金融市场中的信息不对称性，

投资者往往不具有关于融资人的充分信息，而信用评级机构则可以通过自己的主动搜集和要求融资人配合提供，掌握较为完整全面的信息，然后通过使用相关的评估模型方法分析和加工所得信息，对相关主体或证券的信用水平进行判定，最后用简单的符号加以说明，从而为人们提供参考。因此，从理论上讲，信用评级是消除金融市场信息偏差的有效手段。(见表13)

表13　三大信用评级机构短期信用评级符号

标准普尔	穆迪	惠誉
A-1	P-1	F-1
A-2	P-2	F-2
A-3	P-3	F-3
B	NP	B
C	—	C
R	—	—
SD/D	—	D

例如，包括资产支持证券在内的债券的发行，实际上就是依靠信用评级机构的“认证”，这种认证是一种标志信用质量的符号。此处以CDO为例加以说明。CDO产品代表美国资产证券化的高级阶段，可认为是证券化的再证券化，以简单的MBS或ABS产品为基础资产，经过打包与重组，形成新的资产支持证券。该类产品可分为担保债券凭证、担保贷款凭证、担保合成凭证、担保保险凭证以及继续衍生而成的CDO^2和CDO^3。CDO产品又可分为现金型CDO、合成型CDO、混合型CDO。① 这种多层结构化的设计，让人们从心理上相信，只有信用评级机构才能作出科学合理的判断。于是，信用评级得到了广泛的适用。(见图14)

① 现金型CDO的资产需要资产的完整真实出售。合成型CDO只转移资产的信用风险，基础资产池被视为参照资产池；SPV既可发行信用违约互换，即交易双方互换信用风险，本质上是一方为另一方提供信用违约保护，对方根据本金额度支付一定的保护费用。产品发起人作为信用违约互换的购买者，将信用风险转移给了SPV；SPV又可发行基于该资产的信用联结票据，将风险转移给投资者，并将发行收入投资高信用等级的证券，从而相当于为发起人提供资产组合的信用保障。混合型CDO则是现金型和合成型组合在一起的CDO产品。

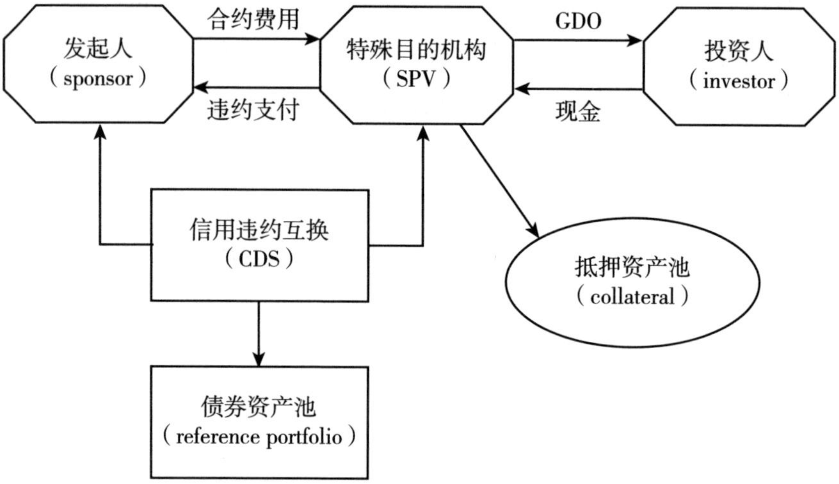

图 14 合成型 CDO 产品结构原理

（二）信用评级是债券保险的依据与尺度

在债券发行过程中，信用评级机构负责对所发行证券的信用等级进行评定，以确定该证券是否达到了投资级别以上，从而帮助投资者做出选择，也能帮助发行人确定所需要的信用增级幅度，降低债务融资成本。[①] 理论上，评级机构不仅在发行前做评估，还需要在整个期限内进行跟踪监测，若有变动应及时调整评级。债券保险业务正是基于标的债券的初始评级不高而对其承保，从而将自身的高信用评级"转借"给这些债券，从而使其信用等级快速提高，使债券投资者能乐于购买。信用评级为债券保险业务开展提供了"客观"的依据和尺度。

与此同时，信用评级机构也会对作为信用增进者的债券保险公司进行评级，以确定其是否有足够的债务履行能力，这也方便了债券发行人和投资者对债券保险公司的信用状况作出判断。在危机发生前，各个债券保险公司的评级都是最高的 AAA 级。

① 投资级（investment grade），是指主管机关认可的评级机构所使用评级体系中前四个等级，一般是指 BBB 级以上。

根据流行理论，债券利率是对该债券信用风险的定价，债券发行也多以此“权威符号”为依据。最终结果是，债券评级的高低影响了债券利率的高低，进而影响了债券市场中的资金流向和资源分配。而且随着金融工程技术的发展，各类结构复杂、设计精密的金融衍生工具不断出现，早已“乱花渐欲迷人眼”，令人深陷云中雾里而不知所以。这种持续拉大的信息鸿沟让人们无从了解关于各类金融产品真实风险的有效信息，对信用评级的依赖性也就愈加严重。

二、信用评级功能失灵及其原因

（一）信用评级的功能失灵

但是，信用评级机构并非完全公正客观的市场守护者。对于信用评级机构的批评自安然公司破产之时便已存在，在 2007 年金融危机爆发之后更加广受各界诟病。次级贷款风险暴露之前，评级机构在对结构化融资产品评级时有意将风险多元化，并给予各类风险因素额外的评级意义从而多收取评级费用。评级机构在实际评估这些风险时便有意淡化其风险值，各类资产支持证券都取得了较高的评级。最终，评级机构在结构化融资产品领域获利颇丰。同时，保险监管者也依靠这些评级机构来评估结构化融资产品的风险。这些因素叠加，导致金融市场系统性风险日益积聚。但在风暴到来之时，各大评级机构却为维护形象而顺势将各类债券的评级一再调低，同时被调低的还有牵涉次贷证券化之中的各类金融机构，其中也包括债券保险公司。对债券的降级与对金融机构的降级相互叠加、相互推动，债券降级导致了金融机构降级，金融机构降级又推动了债券的降级，最终使金融市场的风险逐步放大，形成了系统性的灾难。信用评级成为危机的扩音器和助推机，理想中的“守护者”“看门人”角色早已了无影踪。

信用评级在危机前后表现的巨大反差，令人对其产生了深深的质疑。美国政府于 2013 年提起对标准普尔评级公司的诉讼，控告其在对资产支持证券评级时弄虚作假，明知一些作为 CDO 基础资产的次级 RMBS 信用状况恶化且会影响 CDO 的信用风险，但没有调整相应评级，未揭示真实风险，造成市场损失严重，向其主张50亿美元索赔。[①] 然而，我们不能把责任归咎于宏观经济周期的衰退抑或房产市场的下跌。金融危机更应是一面镜子，能映射出信用评级本身的弊端。正如有人曾经对CDO债券的信用评级模型所做的研究结论所言：即便CDO债券信用评级很高，也不能完全显示出其真正的信用风险水平，也就是信用评级与实际风险的不符。[②]

（二）信用评级功能失灵的原因

那么，信用评级的问题到底出在何处？研究者与执业者纷纷出面对信用评级进行批判，并试图找出信用评级这一符号失灵的原因所在。综合各种研究观点，主要有以下几个原因。

1. 利益冲突。信用评级机构也是以营利为目的的企业，追求利益是其基本宗旨。而债券发行人则希望获得较高评级以顺利发行，于是向信用评级机构进行付费，以求得到信用评级机构授予的认可。二者一拍即合，债券发行人出钱购买评级，信用评级机构出于利润的考量，也已将其“客观公正”的宗旨忘之脑后。这就是“发行人付费模式”对“订购用户付费模式”的取代。不仅如此，在资产支持证券的构建与发行过程中，信用评级机构还主动参与，为其提供初始信用评级，帮助其确定信用增进的规模幅度，为其提供咨询与建议。这样的利益冲突导致信用评级机构不自觉地偏向于提高评级。正如众议院的监督与政府改革委员会主席 Henry A. Waxman 所说，“信用评级机构因对次级贷款和CDO产品评级而变富，美国三家评级机构的收入也由2002年的30万亿美元增长到2007年的60万亿美元”。[③]

2. 责任缺失。信用评级机构手中掌握着决定融资成败、投资选择与监管

---

① See U. S. v. McGraw-Hill Companies, Inc., 2013 WL 3762259 (United States District Court, C. D. California, Southern Division).

② 参见谭志强：《CDO债券评级模型研究——基于模型风险和评级选购的实证研究》，复旦大学2009年硕士学位论文。

③ See Opening Statement of Rep. Henry A. Waxman Chairman on Credit Rating Agencies and the Financial Crisis, available at: https://democrats.oversight.house.gov/sites/democrats.oversight.house.gov/files/documents/20081022102221.pdf.

标准的巨大“权力”，能够以自己的行为影响到监管者、融资者、投资者的相互关系，甚至成为一种“准监管者”，这种“权力”给信用评级机构带来了丰厚收益，却同样可以带来道德风险。[①] 权力与责任的不对称便是这种道德风险的诱因。信用评级机构享受着法律与公众赋予的“权力”，却没有受到相关责任的约束，于是产生了“寻租”，在债券市场中收取不菲的评级费用，给予相关主体和债券相应的高评级。金融危机之前，SEC不仅很少有对信用评级机构的责任规定，而且还制定了免责规定，对信用评级机构加以宽容。[②] 虽然后来这一规定得以废除，但在追究评级机构法律责任的司法实践中，信用评级机构又常常拿出宪法规定的“言论自由”作为自己的挡箭牌。[③]

3. 寡头垄断与信息缺乏。美国施瓦茨教授认为，信用评级机构依靠自身的声誉资本进行经营。声誉资本依靠多年的经营积累而获得，若其出现玩忽职守的行为，则会对其名誉产生巨大的损害。信用评级机构出于维护自己声誉的需要而会尽力避免不当的行为，这种无形的资本被称为“声誉资本”（reputation capital）。[④] 这种声誉影响机制基于两个前提：一是市场的竞争性；二是信息的充分性。而信用评级市场实际上并不具备这两个前提。首先，由于政府认可制度、市场过度依赖等原因，信用评级市场的竞争性很低，信用评级市场已经形成了标准普尔、穆迪与惠誉“三足鼎立”之势，基本占据了

---

① “权力”的真正含义并不仅是国家机关的立法、行政或司法权力，从本源上讲，更应是指凭借自身意志改变他人地位或权利义务的能力。王彦鹏的《管控的失语与权力的高歌——美国信用评级机构助推次贷危机根源论》一文，十分准确地概括了信用评级机构“权力失控”的病症。参见王彦鹏：《管控的失语与权力的高歌——美国信用评级机构助推次贷危机根源论》，载《金融法苑》2009年第1期，第43～58页。

② 例如，SEC Rule436（g）⑴就规定，除另有规定外，NRSRO对债券、可转债券、优先股的评级或有关报告不得被视为由专家准备或认证的注册报告，不得据以提起民事赔偿诉讼。See 17 CFR 230.436（g）.

③ 美国的法院在处理此类案件时对“言论自由”主张的态度有所分歧。See Dun & Bradstreet, Inc. v. Greenmoss Builders, Inc., 472 U.S.749, 105 S.Ct.2939, 86 L. Ed. 2d 593, 53 USLW 4866, 11 Media L. Rep.2417; Lowe v. S.E. C., 472 U.S.181, 105 S.Ct.2557, 86 L. Ed. 2d 130, 53 USLW 4705, Fed. Sec. L. Rep. P 92, 062.

④ See Steven L. Schwarcz, *Private Ordering of Public Markets*: *The Rating Agency Paradox*, 2002 U. Ill. L. Rev. 1 2002.

90%以上的信用评级业务，这样的市场支配力使其他竞争者难以望其项背。[①]其次，信用评级机构的公司管理制度、内部评级程序、评级业务表现等很少为公众所知，在公众与评级机构之间形成了信息的鸿沟，公众难以对信用评级机构的过往业绩进行充分的评价和判断。

三、美国对信用评级监管改革的主要内容[②]

根据《多德－弗兰克法》对信用评级机构监管改革的规定，主要的改革内容如下。

1. 遏制利益冲突。《多德－弗兰克法》规定信用评级机构应当：（1）审查是否有被评级机构或被评级证券的发行人、承销商的雇员在与评级有关行动的前一年内被信用评级机构雇佣并参与了评级结果的确定，并建立、维持和执行恰当的政策与程序以确定该雇员是否影响了信用评级；（2）及时审查利益冲突政策以有效消除利益冲突；（3）将评级决策部门与销售、推广部门分离，违反者可被SEC暂停或取消资格；（4）禁止雇员向证券发行人提供与评级无关的相关服务。[③]

2. 强化法律责任。《多德－弗兰克法》的规定主要有：（1）废除信用评级机构免于私人诉讼的特权，要求其与其他中介机构同等适用相关处罚规定；（2）降低对信用评级机构提起证券欺诈集团诉讼的标准；（3）废除《1933年证券法》对信用评级机构免于承担关于证券注册的专家责任的条款；（4）SEC有权对信用评级机构的违法行为进行通报、限制业务甚至暂停或取消注册资格的处罚；（5）资金和管理资源不足以作出可靠评级时，SEC可暂停或取消信用评级机构对某些证券的评级资格。[④]

---

① See SEC, Annual Report to Congress on Nationally Recognized Statistical Rating Organizations (2015), available at: https://www.sec.gov/ocr/reportspubs/annual-reports/2016－annual-report-on-nrsros.pdf.

② 本部分内容原文详见《多德－弗兰克法》内容。See Dodd－Frank Wall Street Reform and Consumer Protection Act, Subtitle C, §931－939H, PL 111－203, July 21, 2010, 124 Stat. 1376.

③ Id., §932.

④ Id. §932, 933, 939G, PL 111－203, July 21, 2010, 124 Stat. 1376.

3. 加强信息披露。为提高信用评级透明度，《多德－弗兰克法》要求：(1) 资产支持证券发行人与承销商须公开披露第三方的尽职调查报告，且须向信用评级机构提交其对评级所需信息已做审查的书面保证；(2) 信用评级机构须公开披露被评级者、被评级债券的评级历史记录；(3) 发布评级时须包含声明，确认评级为未受其他影响的独立判断；(4) 信用评级机构应建立书面政策与程序，清楚披露评级符号的含义；(5) 信用评级须附表披露相关的定性与定量信息；(6) 评级机构需披露评级、监控程序或方法及其重大变化和发现的重大错误。

4. 严格公司治理。信用评级机构须：(1) 设立董事会，半数以上为独立董事，且必须有评级信息的用户；(2) 董事会职责：监督评级政策与程序、解决利益冲突、实施内部控制与决定雇员薪酬；(3) 建立内控管理体系，做好维护、运行与记录保存；(4) 合规官职责：提交年度合规报告，禁止参与评级相关业务，薪酬不与机构业绩挂钩。①

5. 消除法律依赖。取消了多部联邦法律中关于信用评级的规定，要求监管机构创设新的可信度（creditworthiness）标准代替之前的信用评级标准。例如，(1) 将《存款保险法》禁止储蓄协会购买未被评为投资级的公司债券的规定改为没有满足 FDIC 的可信度标准的证券；(2) 将《1864 年全国银行法》中关于全国性银行收购金融子公司的“发行较高评级债券”的要求改为“发行满足由财政部和美联储共同制定的可信度标准的债券”要求；(3) 将《1934 年证券交易法》对住房按揭贷款相关证券的信用评级和小企业相关证券的信用评级要求改为由 SEC 制定的可信度标准。②

四、信用评级监管的整体局限与局部误区

（一）信用评级监管改革的整体局限：技术性变革

美国的立法者逐渐看到了信用评级行业的弊端，并逐步改变对其的监管

① See Dodd－Frank Wall Street Reform and Consumer Protection Act，Subtitle C，§932.

② 此外还有《1940 年投资公司法》《1992 年联邦住房企业金融安全与稳健法》《国际货币基金组织与国际复兴开发银行法》等联邦法律中也将信用评级标准改为可信度标准。

制度，这本身十分值得赞扬，但目前的监管依然是以自律监督为主，SEC 的监管职权也并未有实质性扩展。可以说，《多德－弗兰克法》对信用评级机构监管的改革是在维持原有的整体监管体制下的技术性变革。

1. 现有改革未能撼动寡头垄断格局

由于各方对评级的过度依赖，虽然金融危机使信用评级行业遭受了一定的损失，但对于其庞大的市场体量而言可谓微小。虽然也有新的市场参与者进入这一市场，但由于三大评级机构的先发优势和既有市场份额，其已经具有雄厚的“声誉资本”，其他新兴的评级机构难以撼动其寡头地位。这使信用评级市场内的竞争程度依旧很低，寡头垄断产生的弊病无法得到有效抑制。

2. 现有改革未能消除信息偏差问题

信息披露是《多德－弗兰克法》金融监管改革的重要内容，立法者寄希望于通过改善信息披露的状况实现投资者的自主理性选择。然而，对于信用评级行业来说，信息披露很少能真正做到完全、充分，虽然法律规定了信息披露的众多标准，但实际操作会有很大的弹性空间。因为会涉及其所采用的评级模型与方法，这些信息是其最为核心的商业秘密，评级机构必然会直接或间接地予以保留。同时，即便能充分披露，投资者也没有充足的理解能力对相关信息做出判断和评测。这会使信息披露的美好愿望最终落空。根据学者的实证研究，监管法律所要求的业绩披露并未取得良好效果，比较不同评级机构的数据仍然困难。①

3. 现有改革未能解决利益冲突弊端

虽然美国于 2006 年通过了《信用评级机构改革法》，SEC 于 2007 年通过了关于利益冲突的规则，《多德－弗兰克法》也对利益冲突问题作了相应规定。但是，这些规定仅是局限于对雇员从业的利益冲突限制和评级机构内部部门的“相对独立”，而整体的业务模式并没有改变，饱受诟病的“发行

---

① See Lynn Bai, *The Performance Disclosure of Credit Rating Agencies: Are They Effective Reputational Sanctions?*, New York University Journal of Law & Business (2010), p. 20.

人付费”方式依然并未有所改变。尽管 SEC 主席夏皮罗提议实行“投资者付费”，但遭到了标准普尔公司和穆迪公司的反对。[①] 对于究竟应采取何种方式，目前并未有一致的结论或切实的行动。

4. 法律责任未能形成有效威慑力量

如前所述，虽然已有不少关于信用评级机构的诉讼案例，但评级机构却经常以“言论自由”系宪法权利为理由逃脱责任。法院对此类案件的判定也多是体现了宽容的立场。例如，杰斐逊学区诉穆迪公司案的法官就认定，除非能证明金融信息的发布机构具有主观恶意，否则不得以这些机构的信用评级报告中有错误信息为由对他们进行起诉或提出索赔。[②] 虽然《多德 - 弗兰克法》破除了对其提起私人诉讼的禁忌，并将信用评级机构纳入承担专家责任的范围中，但信用评级机构具有较大的专业优势，由其主张自己并无主观恶意或轻率并非难事。而且，法院对信用评级机构责任的立场依然有待重新树立和调整。

5. 客观条件限制了信用评级的有效性

除了上述因素外，客观条件的限制也不可忽略。无论是评级模型与方法的局限、数据资料的欠缺还是债券结构设计的复杂，都是导致信用评级难以准确的重要原因，体现了人类的“有限理性”。但这并不是本书所应研究的内容，故而在此不再多言。

综上所述，美国现有的信用评级监管改革并不完全彻底，而所谓的“声誉机制”在大体维持原有体制的影响下，仍然存在失灵的可能。改革的实际效果依然有限，无法克服信用评级行业的弊端。

（二）信用评级监管的局部误区：评级差别化

在认清现有改革整体局限的同时，也应看到现有监管改革的一个误区，

① See SEC Roundtable to Examine Oversight of Credit Rating Agencies, https://www.sec.gov/spotlight/cra-oversight-roundtable.htm.

② See Jefferson County School Dist. No. R – 1 v. Moody's Investor's Services, Inc., 175 F. 3d 848, 1999 – 1 Trade Cases P 72, 509, 135 Ed. Law Rep. 24, 27 Media L. Rep. 1737, 1999 CJ C. A. R. 2973.

就是评级差异化的趋向。所谓“评级差异化”，就是对不同种类证券实行不同的信用评级符号体系。美国 SEC 曾在 2008 年讨论过对信用评级机构监管进行改革的构想，其中提到的一点是应当对资产支持证券与其他种类债券的评级加以区分，包括使用不同的评级符号，或者发布报告解释不同种类债券评级的差异。

1. “评级差异化”未看清问题本源

在信用评级机构广受批评之时，SEC 认为主要原因之一是不同种类债券评级的混同，特别是使用了相同的评级符号，以致市场无法从这些等同的符号中辨别出不同债券的信用风险差别。这样不利于帮助投资者识别不同债券种类的不同风险特征。①

但是，仔细推敲后便可发现，这样的观点有些“只见表象，不见实质”的片面合理性，只看到了评级混同对债券评级的不良影响，却没有看到债券评级混同背后的根源——评级标准的混乱。正是对不同债券的评级标准混乱，导致了相同的评级符号不能充分显示各类债券内在风险的差异：评级同为 AAA 级的市政债券与 CDO 债券所承受的信用风险程度并不相同。若只是简单地采用不同的评级符号体系或技术体系，则无异于“头痛医头、脚痛医脚”，没有解决根本性问题，却会让市场陷入更深的迷茫与困惑：日益复杂多样的评级符号与技术体系越来越令人难懂，越来越使人眼花缭乱而无所适从。这也背离了信用评级原本应有的“简洁明了”原则。

2. 债券信用评级应当确立相对统一的标准

本书认为，对债券的信用评级应当有相对统一的原则与标准。原因如下。

首先，债券信用评级应当有一以贯之的宗旨原则。信用评级的根本目的是客观准确地揭示信用风险水平，也就是能否按时足额履行债务的可能性。②信用评级虽然并未有完全一致的定义，但无论对其如何定义，其中的核心理

---

① See Christopher Cox, *Statement on Proposal to Increase Investor Protection by Reducing Reliance on Credit Ratings*, http://www.sec.gov/news/speech/2008/spch062508cc_credit.htm.

② 参见李振宇等编著：《资信评级原理》，中国方正出版社 2003 年版，第 34～35 页。

念在于揭示主体或证券的违约损失风险。债券信用评级更是如此，无论信用评级如何分类，都应当是对违约风险的充分反映。在理论上，信用评级与违约风险应当是一种“逆向映射关系”：高评级者违约风险较低，低评级者违约风险较高。①

其次，统一的标准才能准确揭示债券风险差异。无论是资产支持证券的评级还是公司债券评级抑或市政债券评级，虽然各类债券的信用基础有所不同，评估的具体方法也不完全相同。纵使影响信用违约风险的因素有很多，计算信用违约风险的模型有多么不同，评级依据的基本标准应当一致。这个基本标准就是违约概率（probability of default）以及违约发生时的可能损失（违约损失率，loss given default）。对各类债券的信用风险分析，最终都应归结于违约概率和违约损失率的结果，这一结果才是债券违约风险的最终体现。标准普尔公司也宣称，“违约可能性是可信度的核心”。②

3. 评级标准不一促使债券保险不当经营

信用评级与债券保险密切相关，同样影响到债券保险功能的有效发挥，不仅表现在对债券保险公司的评级，更体现在对标的债券的评级。但是，在对债券保险的相关方面所做的信用评级，也更加暴露出了其没有发挥应有功能的状况。例如，标准普尔与穆迪故意采取了一套使市政债券与资产支持证券不同的评级标准。按照该标准，具有同样违约率水平的市政债券获得的评级却比资产支持证券的评级要低。这一行为模式受到了批评。

在 2008 年金融危机前，债券保险人很少有重大损失，市政债券领域的例外情况如 MBIA 在 1998 年对 Allegheny Health，Education and Research Foundation（AHERF）的风险敞口案。债券保险人从基本从未违约的市场中获得了稳定的利润。一篇 1994 年的商业周刊文章将 MBIA 称为“近乎完全的赚钱机器”。该文注意到，截至 1994 年，MBIA 只有一次损失。业内人士于

① 参见谢多主编：《信用评级》，中国金融出版社 2014 年版，第 17 页。

② See Standard & Poor's，*General Criteria*：*Understanding Standard & Poor's Rating Definitions*，http://www.standardandpoors.com/en_US/web/guest/article/-/view/sourceId/5435305.

2008年言称，自1971年起，全行业在36年时间里承保了约6万亿美元的公私债券，节省了市政债券400亿美元的利息支出。[①] 然而，根据专业人士对评级机构评级模型的观察，它们对债券保险公司的评级很大程度上是在关注其规模大小与市场份额，对其真正面临的或有负债则没有过多侧重。[②]

此外，美国的部分专业人士已对其整个业务模式提出了批评。在2008年众议院举办的关于债券保险行业现状的听证会上，也有人对信用评级机构提出了批评，指出信用评级机构对市政债券和公司债券、结构化债券采用了"双重标准"，这使相同信用质量的市政债券和公司债券获得的信用评级并不相同。由于市政债券固有的高信用质量（体现为其很低的历史违约率），保险对其增值并不明显。若按照同样的评级标准，绝大部分市政债券应当是AA级或AAA级，BBB级的一般市政义务债券的违约概率为AAA级公司债券的1/4。[③] 也即市政债券的信用质量被大规模地低估，从而为债券保险公司创造了向市政债券多收保费的机会。

Christine S. Richard在其著作《信心游戏》中也通过检验这个行业的基本假设证实了上述观点。她认为，这种保险业务基本可视为向市政债券发行人出售AAA评级，但其对市政债券有一套不同于非市政债券的单独评级尺度。[④] 标准普尔评级公司否认其对市政债券和非市政债券采用不同尺度，穆迪公司的投资者服务部则承认其使用了不同尺度。

因而，美国信用评级机构给我们的教训是，应当适用相对统一的违约概率标准而不是使用差别化的评级符号来体现差异。在信用评级法律规范中应

① MBIA, Written Testimony for the "The State of the Bond Insurance Industry" Hearing before the Subcommittee on Capital Markets, Insurance, and Government Sponsored Enterprises of the Committee on Financial Services U. S. House of Representatives, February 14, 2008, p. 114.

② See Moody's, *Moody's Rating Methodology for the Financial Guaranty Insurance Industry* (2006).

③ William A. Ackman, Statement before the "The State of the Bond Insurance Industry" Hearing before the Subcommittee on Capital Markets, Insurance, and Government Sponsored Enterprises of the Committee on Financial Services U. S. House of Representatives, February 14, 2008, p. 87.

④ Christine S. Richard, *Confidence Game: How Hedge Fund Manager Bill Ackman Called Wall Street's Bluff*, John Wiley & Sons, 2011.

当明确规定，对各类债券产品应当采取相同的评级标准，以其违约的概率为主要依据，不得对不同债券产品采取差异过大的尺度。这在很大程度上能够降低系统性风险，维护金融市场的稳定。

五、剔除“信用降级”：信用评级的祛魅

从债券保险公司的风险监管看，信用评级的角色同样应被再度审视。在Ambac的证券欺诈诉讼案中也暴露了对信用评级的过度依赖问题：Ambac公司在CDO承保过程中过于依赖信用机构的评级，并以此确定是否对CDO进行审查。[①] 而对于债券保险公司出售的CDS协议，“信用评级降低”事件应从其信用事件中删除，这具有十分重要的意义。

（一）预防信用评级的非正当有效性

对于信用评级的过度依赖是需要解决的监管难题之一。联邦法律和各州法律都乐于将信用评级作为规范的依据，立法者与监管者都将高信用评级视为高流动性和低价格波动性的象征，而不再进行独立的自主评测。包括金融稳定委员会都认为，“在对银行及其他金融机构的监管中使用信用评级标准导致了市场对评级的机械化依赖”。[②] 去除对信用评级的过度依赖已成为金融监管改革的重要组成部分。[③] 同时，基于上文的论述，信用评级行业存在的诸多内在矛盾极易导致信用评级符号功能失灵，而现有的监管改革既不足以产生充足的整体效果，也对评级符号、评级标准的认识有所偏误，这些都会对信用评级的准确性、有效性、正当性带来极为不利的影响。将“信用评级降低”事件从债券保险公司出售的CDS协议中剔除，正是为了预防信用评级

---

① See *In re* Ambac Financial Group, Inc. Securities Litigation, 693 F. Supp. 2d 241 (S. D. N. Y. 2010).

② Financial Stability Board, *FSB Publishes Principles to Reduce Reliance on CRA Ratings*, http://www.fsb.org/2010/10/financial-stability-board-publishes-principles-to-reduce-reliance-on-cra-ratings/.

③ 根据SEC内部三个部门的研究，SEC监管规则对信用评级的规定（共44份）可分为三类：(1) 完全没必要参照信用评级的规定。对于此类规定，应当删除对信用评级的参照。据统计，此类规定共有11个。(2) 信用评级依然有价值，但规定的方式应予改变。对于此类规定，应当清晰说明其欲实现的监管目标，并将信用评级作为其中一种方式。该类规定共27个。(3) 信用评级仍然是必要标准的规定。由于这些规定对信用评级的参照并无害处，应当予以保留。这类规定仅有6个。

正当性、有效性不足的问题。

（二）去除信用降级的非现实风险性

CDS 规定的信用事件范围广泛，再次体现了 CDS 的投资工具属性。它是交易双方对信用状况的对赌，参考实体或债务的任何信用状况变动趋势都被其纳入对赌的范围，无论是实际的付款违约、申请破产，还是可能导致偿付违约的债务重组抑或信用降级、信用利差扩大等，都是其对赌的内容。

特别是信用评级降低，它是 ISDA 的信用衍生品交易协议文件中规定的主要信用事件类型之一。由于信用评级在客观与主观上的局限性，信用评级只是对某一主体或债券的信用状况所做的估测，虽然具有一定的指示性，但并非现实的无法偿付；而且信用评级的依据是过往积累的经验数据，与当下的实际情况并不完全相符。虽然信用机构一直宣称自己在不断改进评级模型，但囿于数据的有限和模型的缺陷，信用评级的符号并不准确；而且信用评级的变动与否未必能代表真实的信用风险，更不代表真实的损失。比较之下，普通的债券保险承保的风险范围则只限于因现实的财务违约或破产而未支付到期债务本息的情况，并不包含 CDS 协议中的诸多信用事件。[①] 所以，CDS 协议中的各类信用事件，除了真实违约和破产外，许多事件只是“赌博射幸”的对象，会增加交易风险。债券保险公司出售 CDS 若同样采用这样的信用事件范围，无异于将自己暴露于宽泛的风险范围之下，也就拓宽了债券保险公司进行赔付的覆盖面，提高了债券保险公司支付“保险金”的概率，扩大了债券保险公司的风险敞口。

由此可见，非现实损失的“信用事件”范围似乎已超出了正常的“损失补偿”范畴，更加是一种投机性质的协议。对于这类非现实的“风险”，加以限制才是最好的选择。

---

① 根据债券保险单的条款，未付款（non - payment）是指债券发行人未能提供足够资金全额支付债券本金和利息的到期付款，而到期付款（due for payment）则是指：（1）关于本金：是指债券本金的约定到期日或该债券已被适当要求用偿债基金（sinking fund）进行强制赎回的日期，但不包括由于其他原因而要求提前赎回、加速支付或提前届满的付款到期；（2）关于利息：是指债券利息的约定到期日。

第七章

建立完善中国债券保险监管制度的初步构想

“他山之石，可以攻玉。”债券保险作为美国债券市场最常见的信用保护方式之一，是债券市场重要的防护网。其巨大的发展成就和监管体系的失败教训对于我国而言同样具有较大的启发意义。法律本来不是目的，而是一种手段，服务于我们的目的。① 同时，法律是一种稳定可靠的预期，它能降低市场经济中发生的交易费用。② 因而，如果设计监管制度并运用得当，一定会对我国债券市场的健康发展起到巨大的推动作用。这就需要我们认真总结与借鉴美国债券保险监管制度的经验和教训，确立起适合我国实际情况的债券保险监管制度，为债券保险业务发展打下良好的基础。

一、现实需求：我国债券市场的发展与风险

我国债券市场的发展历程并不长，在取得令人瞩目成就的同时，也暴露出了许多问题，近年来债券违约频繁发生体现了债券市场信用状况不容乐观的现实情况。

（一）我国债券市场快速发展

金融活动是人类经济活动发展的必然产物和基本体现，货币资金在人类社会中扮演着无可替代的角色。随着时代的进步，资金融通从简单的直接融

① 参见吴经熊：《法律哲学研究》，清华大学出版社 2005 年版，第 9 页。

② 参见李曙光：《转型法律学》，中国政法大学出版社 2004 年版，第 20 页。

资逐步发展到以银行等专业金融机构为媒介的间接融资，现代证券市场的兴盛又使金融从间接融资向直接融资转型。可以看到，金融业越发达的国家，其股票和债券市场越繁盛。可以说，证券市场的发达程度即是一个国家金融业发展程度的基本标志。目前，各个新兴国家也都把金融业发展特别是证券市场的发展作为强国富国的战略选择。我国的股票市场和债券市场在30多年的时间里取得了长足的发展。

股票市场方面，20世纪90年代相继成立上海证券交易所、深圳证券交易所，最初两个交易所只有13支股票，经过30多年的积极探索发展，股票市场已形成主板、科创板、创业板、新三板共同组成的多层次资本市场体系。截至2021年9月底，A股上市公司已接近4500家，境内总市值达到86.64万亿元，流通市值达到70.6万亿元。

债券市场方面，我国20世纪80年代发行了国库券，开始有限制地批准企业发行债券，逐步形成柜台市场；20世纪90年代发展了交易所场内债券市场，债券回购交易展开，后来形成了银行间债券市场；进入21世纪后，市场运行机制愈加健全，债券品种不断丰富，市场规模日益扩大，并超过了股票融资规模。2020年，债券市场共发行各类债券37.75万亿元，债券市场交易结算量共计1540.11万亿元；截至2020年年底，全国债券市场总托管量达到104.32万亿元。① 同时，经过多年发展，我国资产支持证券市场也取得了突出成就。2020年我国共发行标准化资产证券化产品28,749.27亿元，2020年年末市场存量为51,862.60亿元。②

近年来，我国提出了大力发展直接融资、提高直接融资比重的金融战略。国家“十二五”规划在“加快多层次金融市场体系建设”一节中提到“显著提高直接融资比重……积极发展债券市场，完善发行管理体制，推进债券品种创新和多样化，稳步推进资产证券化”。③ 党的十八届三中全会通过的《中

① 数据来源于中央国债登记结算有限公司：《2020年债券市场统计分析报告》。

② 数据来源于中央国债登记结算有限公司：《2020年资产证券化发展报告》。

③ 《国民经济和社会发展第十二个五年规划纲要》，载《人民日报》2011年3月17日，第1版。

共中央关于全面深化改革若干重大问题的决定》提出，“多渠道推动股权融资，发展并规范债券市场，提高直接融资比重”。“十三五”规划纲要指出，“完善债券发行注册制和债券市场基础设施，加快债券市场互联互通，稳妥推进债券产品创新”。[①] 党的十九大报告提出，“提高直接融资比重，促进多层次资本市场健康发展”。2020年，中共中央、国务院发布《关于构建更加完善的要素市场化配置体制机制的意见》，其中强调要“加快发展债券市场”。“十四五”规划纲要指出，“完善市场化债券发行机制，稳步扩大债券市场规模，丰富债券品种”。[②] 可以说，债券市场发展是金融体系完善的大势所趋。

（二）债券市场违约现象频发

大力发展债券市场，是为了让债券融资为企业提供充足的活力。我国债券市场虽然已经获得了较快发展，但同时也存在很多的问题。特别是各类债券的信用风险问题，需要我们认真思考解决路径。

近年来，债券融资越来越受到企业的青睐，然而也出现了诸多的乱象。特别是在前些年政府过度拉动投资导致众多行业产能过剩的情况下，大量企业经营出现困难甚至危机，“僵尸企业”由此得名。相应地，近年来的债券市场上，诸多企业因经营危机而接连出现债券违约事件。（见表14）

表14　我国债券市场历年违约情况（2014～2021年）

年份	数量/只	金额/亿元
2014年	6	13.40
2015年	27	121.77
2016年	54	389.77
2017年	34	312.49
2018年	126	1209.90

① 《国民经济和社会发展第十三个五年规划纲要》，载新华网，http://www.xinhuanet.com/politics/2016lh/2016-03/17/c_1118366322.htm，最后访问日期：2022年3月26日。

② 《国民经济和社会发展第十四个五年规划和2035年远景目标纲要》，载中央人民政府网，http://www.gov.cn/xinwen/2021-03/13/content_5592681.htm，最后访问日期：2022年3月26日。

续表

年份	数量/只	金额/亿元
2019 年	188	1534.91
2020 年	155	1757.72
2021 年（截至 10 月 31 日）	131	1394.76

资料来源：Wind 资讯。

在债券违约乱象中，以东北特钢连续违约为代表的债券违约事件，使债券投资人遭受巨大损失，投资者、承销商与发行人乃至地方政府之间发生巨大冲突，产生重大的社会影响。[①] 债券违约事件频发，突出了当前“去产能、去杠杆”的供给侧改革所面临的困境，也体现了债券市场依然不够成熟的特征，打击了债券市场参与者的信心，对广大投资者的利益造成巨大损害。2020 年年底召开的中央经济工作会议提出，“完善债券市场法制，打击各种逃废债行为”。“十四五”规划纲要指出，“完善债务风险识别、评估预警和有效防控机制，健全债券市场违约处置机制”。这就要求我们探索完善债券市场信用风险防控与违约处置制度机制。

二、现有基础：债券保险监管制度的基本条件

（一）政策动向：债券保险获得政府关注

我国保险业转型升级的战略为债券保险的发展提供了巨大机遇。同时，基于债券市场信用维护的重要性，我国政府也提出了探索发展债券信用保险的方向。这两大动向交汇于债券保险，为我国确立债券保险监管制度建立了必要的政策基础。

1. 保险业现代化

为了促进保险业的现代化，使其更好地服务于国民经济，国务院于 2014 年 8 月发布了《关于加快发展现代保险服务业的若干意见》，其中就提到了

① 参见彭斐：《半年违约 9 次欠债 58 亿 东北特钢进入破产重整程序》，载每日经济新闻网，www.m.nbd.com.cn/articles/2016-10-12/1044320.html，最后访问日期：2021 年 10 月 20 日。

要“促进保险市场与货币市场、资本市场协调发展”，“探索发展债券信用保险”。这是国家层面首次对债券保险的关注和肯定。

2. 债券风险防范

在企业债券方面，国家发展改革委办公厅《关于简化企业债券审报程序加强风险防范和改革监管方式的意见》（发改办财金〔2015〕3127号）在“做好企业债券偿债风险分解”部分提出，在“规范开展债券担保业务”的同时也要“探索发展债券信用保险。鼓励保险公司等机构发展债券违约保险”。这就为债券保险的发展做出了方向指引。

（二）实践发展：保险的信用支持作用凸显

保险是专业的风险管理工具，在当今社会中得到了越来越广的应用。保险不再局限于传统的人身保险和财产损失保险，在信用维护、责任防控等方面的功能也愈加显著。近年来，商业信用类保险和诉讼信用类保险的盛行就是典型的例证。

1. 商业信用类保险。小额贷款保证保险是由地方政府主导开始试点的支持小微企业融资的保证保险。保监会、工信部、商务部、人民银行、银监会于2015年1月联合发布了《关于大力发展信用保证保险 服务和支持小微企业的指导意见》，表明小微企业融资服务的信用保证保险得到了官方的鼓励与认可。该文件发布后的2016年，小额贷款保证保险即帮助8.91万家小微企业获得融资金额315.90亿元。①

2. 诉讼信用类保险。② 保险机制已逐渐在我国司法实践特别是在诉讼保全中发挥积极作用。例如，根据我国《民事诉讼法》及最高人民法院《关于适用〈中华人民共和国民事诉讼法〉的解释》规定，在民事诉讼中申请保

① 中国保监会：《全面落实“保险业姓保、保监会姓监”推动财产保险监管再上新台阶——2017年全国财产保险监管工作座谈会召开》，载国务院新闻办公室网，http://www.scio.gov.cn/xwfbh/xwbfbh/wqfbh/35861/36274/xgbd36281/Document/1542767/1542767.htm，最后访问日期：2021年3月21日。

② 虽然“诉讼保全险”在多地被称为“责任保险”，但因实质上是为其申请诉讼保全做担保，并非对他人侵权责任的补偿，因而本书将其称为“诉讼信用类保险”。

全，申请人须依法院要求提供担保。[①] 近年来，保险公司开发出了对诉讼保全进行担保的诉讼保全责任保险（以下简称诉讼保全险），该险种得到了广泛认可，2016 年就有 21 个省高级人民法院发布规定，允许使用诉讼保全险作为保全申请人向法院提交的保全担保。[②] 最高人民法院于 2016 年发布的《关于人民法院办理财产保全案件若干问题的规定》第 7 条认可了由保险人提供诉讼保全险的担保方式。

（三）制度前提：法制体系日益完整

1. 债券市场法制体系逐步健全

此处以公司信用类债券为例进行说明。目前，债券市场由人民银行、发改委和证监会分别管理，同时在国务院金融委统一指挥和部级协调机制下，债券市场统一监管标准和执法机制的工作取得了较大的进展。

首先，债券市场的法律规则体系日趋完备。交易所债券市场形成了以《证券法》为基础，以《公司债券发行与交易管理办法》为主干，以交易所、中国结算和证券业协会自律规则为补充的制度体系。银行间债券市场则以《中国人民银行法》为基础，以人民银行若干规章为主干，以银行间市场交易商协会自律规则为补充。

其次，债券市场的监管标准逐渐统一。2019 年 11 月，四部委联合发布《信用评级行业管理暂行办法》；2020 年，人民银行与证监会提出，债券市场相关基础设施机构开展互联互通合作；2020 年 12 月，三部委制定发布《公司信用类债券信息披露管理办法》；2021 年 8 月，六部委发布《推动公司信用类债券市场改革开放高质量发展的指导意见》，提出了“市场各项基本制度规则依法统一”的具体思路。

---

① 参见《民事诉讼法》第 84 条、第 103 条、第 104 条，最高人民法院《关于适用〈中华人民共和国民事诉讼法〉的解释》第 98 条、第 152 条、第 162 条、第 163 条、第 164 条、第 166 条、第 167 条。

② 此处的“诉讼保全”为广义，既包括诉前保全，也包括狭义的诉讼保全；既包括一审诉讼保全，也包括二审诉讼保全和再审诉讼保全；既包括财产保全，也包括行为保全和证据保全；既包括法院保全，也包括仲裁保全。

再次，债券市场的执法体系走向健全。2018 年 11 月，人民银行、证监会、发改委发布《关于进一步加强债券市场执法工作的意见》，旨在建立统一的执法机制，由证监会牵头开展债券市场执法工作。目前已经开展了永煤、康得新等重大典型案件执法工作。

最后，债券市场的司法保障机制不断完善。2020 年 7 月，最高人民法院出台《全国法院审理债券纠纷案件座谈会纪要》，针对公司债券引发的三类民商事案件统一裁判标准，就债券纠纷案件审理的基本原则、诉讼主体资格认定、受理管辖与诉讼方式、债券持有人权利保护特别规定、发行人民事责任、其他主体责任和破产管理人责任等方面作了规定，畅通了债券投资者权益救济途径。①

2. 保险法律体系趋于完备

随着改革开放后保险业务的复办，相应的规范需求也随之而来。1982 年起实施的《经济合同法》规定了财产保险合同，国务院随后于 1983 年颁布了《财产保险合同条例》，1985 年颁布了《保险企业管理暂行条例》。1992 年发布的《海商法》专门规定了"海上保险合同"。这都是对保险合同或保险企业的初步规范。

为了全面规范保险市场，我国首部《保险法》于 1995 年颁布诞生，不仅规定了保险法的基本原则，而且规定了保险合同、保险公司、保险经营规则和保险监管等诸多内容，成为我国保险业的基本法。该法颁布后，配套的行政法规和部门规章也陆续出台，如《保险管理暂行规定》《保险公司会计制度》《保险公司财务制度》《保险公司管理规定》《机动车交通事故责任强制保险条例》《外资保险公司管理条例》《保险公司高级管理人员任职资格管理规定》《再保险业务管理规定》《保险公估机构管理规定》《保险代理机构管理规定》《保险经纪机构管理规定》等。这些不同层次的规范性文件共同

① 参见赖朝晖：《持续构建市场化、法治化的债券违约处置制度和生态体系》，载《债券》2020 年第 8 期，第 23～26 页。

形成了保险法体系。①

2002年和2009年，《保险法》迎来了前后两次修改，对原法中不适应现实发展的条文做了修改，不仅对保险合同中的保险利益、告知义务等内容做了调整，而且2009年的修订是为了加强对保险公司经营管理的规范，在拓宽其业务范围的同时也更注重偿付能力监管。由此可见，我国已形成了较为全面的保险法体系。2014年、2015年，全国人大常委会又对《保险法》做了小范围的修正，但保险法律体系的整体框架并没有改变。

三、路径选择：债券保险监管制度的初步构想

我国目前已有一些将履约保险用于债券领域的案例，这些保险多为“债券履约保险”的形式。综观这些既有的保险，不仅其本身实践处于初级阶段，而且更加缺乏有效的规范。② 债券保险的发展在我国处于起步阶段，但从长远来看，其已经是箭在弦上的待发状态。为了给债券保险业提供必要的引导、规范和保障，我国有必要做好相关的监管立法工作。

我国对保险业实行中央统一立法。在我国目前的保险法体系中，《保险法》处于最高层级，是唯一的全国性法律，对保险合同及保险监管作出了整体规范。就债券保险制定一部单独法律的难度极大，而且单独立法的成本极高，并不能获得立法机关的认可，缺乏可行性。相比之下，国务院的行政法规效力等级较高，具有较强的约束力，是比较理想的选择。目前的保险业相关条例有《农业保险条例》《机动车交通事故责任强制保险条例》《外资保险公司管理条例》，这些条例对比较重要的保险业务作出了规定。

前期，信用保险和保证保险快速发展，但缺乏有效约束。针对这一情况，中国保监会于2017年制定并发布了《信用保证保险业务监管暂行办法》，以防范金融市场风险的交叉传导。2020年，中国银保监会将该办法修订为《信

---

① 除了法律、行政法规和部门规章外，还有许多有关保险的规范性文件，详情请参见中国银保监会网，http://www.cbirc.gov.cn，最后访问日期：2021年10月10日。

② 参见高慧珂：《中国式债券保险——债券履约保险的特质、方案设计要点及案例解析》，载和讯网，http://bond.hexun.com/2016-03-17/182808653.html，最后访问日期：2021年9月11日。

用保险和保证保险业务监管办法》，进一步明确融资性信保业务的经营要求，强化保护保险消费者权益，并引导保险公司服务实体经济。[①] 前述规定对于规范信用保险和保证保险市场发展具有积极意义，但是并未真正解决债券保险市场的监管问题。首先，相关办法将融资信用保险与其他信用保险、保证保险共同规定，并未制定关于债券保险的单独规范，也未要求债券保险业务与其他业务隔离运行。其次，相关办法规定的保险公司经营限制也不完全合理，对可承保的债券、资产证券化以及金融衍生品业务的限制偏于简单。最后，相关办法属于监管部门的规范性文件，法律效力层级并不高，对于跨市场跨领域金融风险应对的规范力度不够充足。

基于债券保险与资本市场密切关联的重要性，我国应当将其纳入国务院的立法工作之中，制定一部专门的债券保险法规，对债券保险的适用范围、行业准入、准备金提取、经营与投资行为等各方面内容作出全面规范，为债券保险提供明确稳定的预期，让债券保险的经营、交易与监管都有法可依，降低市场的交易成本。具体包括以下内容：

（一）明确基本经营规范

一是适用范围。债券保险可适用于符合一定条件的固定收益债券，包括各类公司债券、资产支持证券。在发行人因违约或丧失偿付能力而不能偿付到期的本金、利息或其他相关的到期或应付债务时，债券保险公司承担赔付义务。

二是行业准入。债券保险经营者应当依法取得监管机构的行政许可。申请许可时应当向监管机关提交运营计划，详细说明保险类型、承保程序、管理监督方式、投资方针及监管机关要求的其他事项。同时，经营者应当具备相应的财务实力，特别是充足的风险资本。

三是经营限制。明确承保对象的适当条件，设置累计风险上限和单项风

① 参见《中国银保监会发布〈信用保险和保证保险业务监管办法〉》，载中国政府网，http://www.gov.cn/xinwen/2020-05/28/content_5515526.htm，最后访问日期：2021年10月25日。

险上限，规定对外投资的限度。允许金融保证保险公司实施再保险。另外，关于信用衍生品的风险问题，我国目前相关市场尚未成熟，也并不像美国那样具有较强的风险性，但这并不代表可以放松对其交易风险的规制。债券保险经营机构从事衍生品交易，应当出于风险对冲之目的，而不能进行投机性衍生品交易。同时，衍生品交易规范也须随着市场发展而不断关注和改进。

（二）确立风险资本要求

债券保险公司作为专业的债券市场风险处置主体，面临不同的风险类型，既包括承保对象的违约风险，也包括准备金不足风险、操作风险、市场投资风险等。要保证债券保险公司的持续经营，就要对其资本充足性做出要求，而资本充足性的主要目标就是要具有足够的风险应对性。

准备金方面，在未决损失准备金、未到期责任准备金之外，特别应当注意应急准备金的提取，立法时须根据其承保债券的不同风险程度确定准备金的提取比例。另外，资本要求应当具有风险敏感性，在制定条例时，要根据风险的不同属性确立不同的风险计量标准和监测方法，或授权监管机构完成此任务，在近年来企业债券市场风险高企的背景下，对债券的风险性应当有充分的体现。

（三）规定内部治理机制

债券保险公司的内部治理机制关系到其自身能否安全稳健经营。条例应当在公司治理、风险管理方面做出必要的规范，使公司治理能够满足应对经营风险、市场风险的需要，并具备健全的风险管理战略、程序、方法与控制措施。

例如，“防火墙”机制是金融业稳健发展的重要屏障。美国的债券保险公司就是源于财产保险公司“防火墙”的设立，后来遭遇危机也是由于“防火墙”的“拆除”而导致风险大肆传染。因此，我国在确立债券保险监管制度时应注重“防火墙”的原则。目前，可允许由财产保险公司经营债券保险业务，但要在不同的债券承保业务之间构建资金账户、管理人员、信息配置等方面的隔离机制，防止风险的交叉传染。与美国不同的是，我国目前的企业债券风险较高，资产支持证券风险相对较低，所以，应当将这两类债券相互隔离、区别对待。

此外，应当规定债券保险公司的管理层与相关部门对风险管理承担的责任，使其权责分配与公司治理和风险管理的需要相适应，维护其经营目标的一贯性，并能保证内部控制的有效运行。

（四）明确监管主体职责

美国债券保险监管的一大问题就是监管主体的职权问题，各州监管者与联邦保险办公室无法担负起应有的审慎监管职责。在我国，不存在联邦与各州的权力纷争问题，但保险监管机构的职权同样应当全面、清晰且具有权威性。除了规范经营行为、保护投资者、维护市场秩序外，还要对债券保险公司的偿付能力进行审慎监管。不仅要对有关偿付能力的信息申报进行监督审查，而且应设置相应的指标体系，赋予监管机构采取不同程度干预措施的权力。此外，可授权监管机构对条例规定不够明确之处制定细则。

在强调政府监管的同时，也应注重行业协会的作用。债券保险法规应当鼓励行业协会在政府监管之外承担更多的自律、服务、引导和保障的功能，如制定行业标准、组织有序经营、约束竞争行为、维护成员权益、实施信息共享、推动业务培训等。这与推进政府与市场分离、政府与社会分开的市场经济体系、社会治理体系改革的方向相符。[①]

综上所述，我国当前全面推进资本市场发展，债券市场信用维护机制十分关键。在鼓励债券保险发展的道路上，应当确立与债券保险的性质、功能和风险相匹配的监管制度。当然，以上只是初步设想，具体的立法设计还需更加全面深入的研究讨论。受篇幅所限，本书暂无法作细致探讨，留待今后有机会再行进一步研究。

---

① 参见《中共中央关于全面深化改革若干重大问题的决定》。

结　　论

债券保险是一种特殊的保险机制，为市政债券、公司债券、资产支持证券等债务融资工具投资者权益偿付提供保证。由于债券固有的信用性质，债券保险作为专门的金融保证保险，是对它们的信用支持，能够起到防范信用风险、降低交易成本的作用。旨在维护债券保险业稳定发展的债券保险监管制度，却在金融危机中失灵。

债券保险需要监管，是因为监管具有理论上的必要性。首先，债券保险市场也存在市场失灵，信息鸿沟、负外部性、准公共产品性都是需要解决的问题。其次，债券保险市场发展的制度需求催生了监管制度的供给，但已有制度已经不再适应现实的发展。最后，金融深化理论下的自由化趋势造成金融市场的脆弱性，这是危机的根源，需要监管制度纠偏。基于这些，债券保险监管制度应当以公平和监管为取向，树立以下基本原则：第一，维护整体秩序与安全；第二，保护金融消费者的利益；第三，更加注重审慎监管。

债券保险须实行国家监管。以美国为例，债券保险目前是分州监管体制，各州保险监管机构行使监管检查的职权。这种监管体制导致监管成本与收益的巨大不对称性，监管者动机和能力的不匹配，导致外部成本无法被有效内部化。后来的金融监管改革虽然设立了联邦保险办公室，但其并不享有实质性的监管权，也无法应对债券保险业的巨大风险。相比之下，同属英美法系的英国、澳大利亚以及大陆法系的联邦制国家德国，都实施了联邦对保险业的监管。就其国内的其他金融领域监管而言，证券业、银行业的联邦监管权也都得到了巩固强化。对与资本市场关联密切的债券保险，加强联邦监管权是改革现行监管体制的必要方向，而赋予联邦保险办公室监管权则是比较合理的选择。

加强审慎监管是金融危机给各国立法者和监管者的深刻教训。审慎监管可分为定性监管与定量监管两大部分，随着金融经营的集团化，金融审慎监管也向集团层面扩展。定性监管是对公司治理、风险管理和内部控制的规范，旨在通过对这些方面的约束维护保险公司的健康运营。保险合同法在保证审慎经营方面的“无能为力”已经在相关案例中得到了体现。因此，要应对债券保险集团面临的各类风险，就应树立清晰明确的定性规范要求和外部监督措施。有必要规定不同层面的信息披露规则，尤其是特殊子公司表外活动的信息披露规则。另外，金融“防火墙”制度的优势也启发我们，不同风险水平的债券保险业务之间应当实现合理的分立隔离，防止风险不当蔓延。定量监管是对资本充足性的规范，无论是国际保险监管组织的指引文件还是欧盟对保险公司偿付能力的监管，都是基于风险的资本充足性监管。美国虽然也有自己的风险资本监管要求，但适用范围却遗漏了债券保险公司，在集团层面的资本要求同样失位。因此，要改进债券保险定量审慎监管体系，就要对这些问题加以纠正。

CDS 交易是债券保险公司参与债券市场的重要形式。这种信用衍生品的本质是投资工具而非保险，具有极强的杠杆性。出于维护 CDS 市场活力的考虑，美国证券法、期货法等法律都对 CDS 产品网开一面，使其获得了极大的优待。但这样的内在属性与外部宽容使其成为市场的投机利器，最终诱发了金融危机。同时，CDS 交易债权人的“优先地位”会与保单持有人的债权利益相互冲突，使保单持有人利益面临较大的不确定性。2010 年的《多德－弗兰克法》对金融衍生品的监管改革并未改变其根本属性，也未消除其潜在风险。因而，债券保险公司从事的 CDS 交易应当受到额外的规范。由于信用评级变动并不一定具有正当有效性、现实风险性，应当将其从 CDS 交易文件规定的信用事件中剔除。

中国的债券市场还在起步阶段，具有巨大的发展空间，也存在广泛的信用风险。基于对保险业现代化和债券市场有序发展的考虑，我国政府已认识到债券保险的重要意义，保险法体系的相对完整也为构建债券保险监管制度打下了基础。笔者建议应当及时制定债券保险法规，特别是应确立与其风险相适应的资本充足性要求、内部治理和风险隔离机制要求，并赋予监管机构充分的监管权限。

参考文献

中文参考文献

一、中文译著类

1. ［美］罗伯特·博森：《大乱有大治：如何治理美国的金融系统》，传神翻译译，中信出版社2010年版。

2. ［美］杰弗里·B. 利特尔、卢西恩·罗兹：《解读华尔街》，杨永新、张远译，机械工业出版社2010年版。

3. ［美］斯蒂文·萨维尔：《法律的经济分析》，柯华庆译，中国政法大学出版社2009年版。

4. ［美］史蒂芬·布雷耶：《规制及其改革》，李洪雷等译，北京大学出版社2008年版。

5. ［美］理查德·波斯纳：《法律的经济分析》（第2版），蒋兆康译，法律出版社2012年版。

6. ［美］乔埃塔·科尔基特：《信用风险管理》（第3版），杨农、周瀛等译，清华大学出版社2014年版。

7. ［美］苏莱曼·贝格、莫拉德·乔德里：《资产证券化实务精解：资产抵押证券交易架构及交易（项目）实施指南》，陈丽霞、林东译，机械工业出版社2014年版。

8. ［美］查尔斯·P. 金德尔伯格、罗伯特·Z. 阿利伯：《疯狂、惊恐和崩溃——金融危机史》，朱隽、叶翔、李伟杰译，中国金融出版社2011年版。

9. ［美］维托·坦茨：《政府与市场：变革中的政府职能》，王宇等译，商务印书馆 2014 年版。

10. [美] 华莱士·E. 奥茨:《财政联邦主义》，陆符嘉译，译林出版社 2012 年版。

11. [美] 斯蒂文·L. 西瓦茨:《结构金融》(第 3 版)，李传全、龚磊、杨明狄译，清华大学出版社 2003 年版。

12. [美] E. 博登海默:《法理学——法律哲学与法律方法》，邓正来译，中国政法大学出版社 2004 年版。

13. [美] 阿瑟·奥肯:《平等与效率》，王奔洲译，华夏出版社 1999 年版。

14. [美] 大卫·爱泼斯坦等:《美国破产法》，韩长印等译，中国政法大学出版社 2003 年版。

15. [英] 马克·莱文森:《金融市场指南》，周晓慧、王广轩译，中信出版社 2005 年版。

16. [英] 尼尔·麦考密克:《法律推理与法律理论》，姜峰译，法律出版社 2005 年版。

17. [英] 安东尼·奥格斯:《规制:法律形式与经济学理论》，骆梅英译，中国人民大学出版社 2008 年版。

18. [德] 卡尔·马克思:《资本论》(第 1 卷)，中共中央马克思恩格斯列宁斯大林著作编译局译，人民出版社 1975 年版。

19. [德] 哈贝马斯:《在事实与规范之间:关于法律和民主法治国的商谈理论》(修订译本)，童世骏译，生活·读书·新知三联书店 2014 年版。

20. 巴塞尔银行监管委员会:《巴塞尔协议Ⅲ(综合版)》，杨力、吴国华译，中国金融出版社 2014 年版。

21. 世界银行:《金融消费者保护的良好经验》，中国人民银行金融消费权益保护局译，中国金融出版社 2013 年版。

二、中文著作教材类

1. 王国军、徐高林等:《后金融危机时代:保险业的风险防范与战略选择》，法律出版社 2009 年版。

2. 熊继宁：《系统法学导论》，知识产权出版社 2006 年版。

3. 张新、朱武祥等：《证券监管的经济学分析》，上海三联书店 2008 年版。

4. 张彤主编：《欧盟法概论》，中国人民大学出版社 2011 年版。

5. 李曙光：《转型法律学》，中国政法大学出版社 2004 年版。

6. 李曙光主编：《经济法学》（第 2 版），中国政法大学出版社 2013 年版。

7. 冯果等：《债券市场风险防范的法治逻辑》，法律出版社 2016 年版。

8. 崔建远：《合同法》（第 4 版），法律出版社 2007 年版。

9. 施继元等：《信用担保新论》，中国金融出版社 2013 年版。

10. 舒国滢主编：《法理学阶梯》（第 2 版），清华大学出版社 2012 年版。

11. 刘少军编著：《金融法学》，清华大学出版社 2014 年版。

12. 刘少军等：《立法成本效益分析制度研究》，中国政法大学出版社 2011 年版。

13. 刘少军：《金融法学》，中国政法大学出版社 2008 年版。

14. 顾功耘主编：《经济法教程》（第 3 版），上海人民出版社 2013 年版。

15. 邹海林：《保险法教程》（第 2 版），首都经济贸易大学出版社 2004 年版。

16. 郑云瑞：《财产保险法》，中国人民公安大学出版社 2004 年版。

17. 贾林青：《保险法》（第 4 版），中国人民大学出版社 2011 年版。

18. 赵明昕：《中国信用保险法律制度的反思与重构——以债权人的信用利益保障为中心》，法律出版社 2010 年版。

19. 马宁：《存款保险法律制度研究》，法律出版社 2015 年版。

20. 何勤华：《美国法律发达史》，上海人民出版社 1998 年版。

21. 覃有土主编：《保险法概论》（第 2 版），北京大学出版社 2001 年版。

22. 任以顺：《保险利益研究》，中国法制出版社 2013 年版。

23. 冯果等：《债券市场风险防范的法治逻辑》，法律出版社 2016 年版。

24. 郑磊编著：《资产证券化：国际借鉴与中国实践案例》，机械工业出版社 2014 年版。

25. 洪艳蓉：《资产证券化法律问题研究》，北京大学出版社 2004 年版。

26. 彭冰：《资产证券化的法律解释》，北京大学出版社 2001 年版。

27. 管晓峰：《银行资产证券化法律问题研究》，中央广播电视大学出版社 2007 年版。

28. 谢永江：《资产证券化特定目的机构研究》，中国法制出版社 2007 年版。

29. 黄勇：《资产证券化法律机制研究》，法律出版社 2015 年版。

30. 张晓凌：《美国资产证券化法律问题研究》，中国商务出版社 2015 年版。

31. 周沅帆：《债券增信》，北京大学出版社 2010 年版。

32. 赵旭东主编：《商法学》，高等教育出版社 2007 年版。

33. 王冰：《市场经济原理——中国改革实践的理论逻辑》，研究出版社 2011 年版。

34. 朱荣恩编著：《资信评级》，上海财经大学出版社 2006 年版。

35. 邱仰林：《评级真相》，中国经济出版社 2013 年版。

36. 谢多主编：《信用评级》，中国金融出版社 2014 年版。

37. 唐波等：《金融衍生品市场监管的法律规制：以场外交易为研究重点》，北京大学出版社 2013 年版。

38. 中国银行间市场交易商协会编：《〈中国银行间市场金融衍生产品交易主协议〉释义》，中国金融出版社 2008 年版。

三、刊物论文译文类

1. ［德］乔纳丹·泰纳鲍姆：《金融癌症：世界金融和经济秩序总危机》，马宾译，载《经济社会体制比较》1996 年第 1 期。

2. 李曙光：《论完善我国交易终止净额计算法律制度》，载李曙光：《破产法的转型》，法律出版社 2013 年版。

3. 许多奇：《债法现代化的法理基础与债权地位提升》，载梁慧星主编：《民商法论丛》第 31 卷，法律出版社 2004 年版。

4. 陈晓虹、刘彦、刘肯、杨婕：《美国债券保险的发展及对我国的启示》，载《中国货币市场》2009 年第 6 期。

5. 张启迪、樊力嘉：《美国债券保险发展与启示》，载《中国金融》2014 年第 5 期。

6. 黄蔚、吴韧强：《次贷危机中债券保险的风险与启示》，载《商业时代》2009 年第 28 期。

7. 孙海容：《从美国债券保险业的经验教训看中国开展债券保险业务的前景》，载《经济研究导刊》2012 年第 1 期。

8. 袁东、毛玉萍、韦伦、许志方：《债券保险公司、次贷危机及债券市场趋势分析》，载《财贸经济》2008 年第 7 期。

9. 周沅帆：《美国次贷危机对债券保险公司的影响及对我国的启示》，载《保险研究》2008 年第 10 期。

10. 许荣、潘自强：《资产证券化与保险资金运用——国际经验与中国的趋势》，载《经济理论与经济管理》2006 年第 4 期。

11. 郭宏彬：《论保险监管的理论根源》，载《政法论坛》2004 年第 4 期。

12. 李媛媛：《第二代保险偿付能力监管体系建设初探》，载《中北大学学报（社会科学版)》2014 年第 5 期。

13. 洪艳蓉：《〈证券法〉债券规则的批判与重构》，载《中国政法大学学报》2015 年第 3 期。

14. 段丙华：《美国债券违约风险化解路径及启示：基于市场演进》，载《证券法苑》第 17 卷（2016）。

15. 许闲：《美国保险监管之争：联邦统一监管或各州独立监管?》，载《上海保险》2016 年第 2 期。

16. 郑晖：《美国信用衍生品交易监管立法及对我国的启示》，载《证券市场导报》2011 年第 3 期。

17. 赖朝晖：《持续构建市场化、法治化的债券违约处置制度和生态体系》，载《债券》2020 年第 8 期。

18. 周宇知：《信用衍生品的法律规制：国际改革趋向及启示》，载《社会科学》2011 年第 5 期。

19. 楼建波：《场外衍生品交易担保之信用支持制度研究——以“海升—大摩案”为分析蓝本》，载《法商研究》2011 年第 1 期。

20. 楼建波：《从 CDS 看金融衍生品的异化与监管——以瑞银集团诉 Paramax 案为例》，载《环球法律评论》2010 年第 1 期。

21. 郭玉军、马明飞：《由次贷危机论信用违约交换的法律规制》，载《暨南学报（哲学社会科学版）》2010 年第 2 期。

22. 王颖、叶安琪：《欧盟保险偿付能力改革理论前沿》，载《经济问题》2014 年第 4 期。

23. 时晋、吴锦宇：《试论金融创新中的自律规范——以我国信用衍生品创新为研究对象》，载《金融法学家（第三辑）》2011 年版。

24. 王晓：《资产证券化对系统性风险的影响机制》，载《金融论坛》2012 年第 4 期。

25. 何秉孟：《从近百年美国的三次金融立法看“金融自由化”的历史命运》，载《国外社会科学》2016 年第 1 期。

26. 伍志文：《金融脆弱性：理论及基于中国的经验分析（1991—2000）》，载《经济评论》2003 年第 2 期。

27. 白江：《论控制金融系统性风险的法律机制》，载《东方法学》2013 年第 4 期。

28. 郭晓庆、李文军：《审慎监管理论基础在金融危机中的重大更新》，载《海峡法学》2011 年第 1 期。

29. 李喜莲、邢会强：《金融危机与金融监管》，载《法学杂志》2009 年第5期。

30. 聂飞舟：《美国信用评级机构法律责任反思及启示——以司法判例为视角》，载《东方法学》2010年第6期。

31. 阎波：《信用评级机构改革及美国债券市场发展》，载《中国金融》2010年第23期。

32. 王彦鹏：《管控的失语与权力的高歌——美国信用评级机构助推次贷危机根源论》，载《金融法苑》2009年第1期。

33. 关伟：《关于中国证券市场信用体系构建的思考》，载《资本市场》2007年第11期。

四、学位论文类

1. 强强：《中国现行保险监管法律制度研究——以强化保险偿付能力监管为视角》，吉林大学2010年博士学位论文。

2. 何勇生：《保险监管的国际比较与我国保险监管的法律研究》，大连海事大学2010年博士学位论文。

3. 王娇莺：《场外金融衍生交易履约保障法律机制研究——以CSA与CCP为中心视角》，中国政法大学2014年博士学位论文。

4. 张钦昱：《破产优先权之限制理论研究》，中国政法大学2014年博士学位论文。

5. 王姝：《主要发达国家保险监管制度比较研究》，吉林大学2013年博士学位论文。

6. 赵静：《资产支持证券的监管制度研究》，华东政法大学2010年博士学位论文。

7. 伍巧芳：《美国金融监管改革及其借鉴》，华东政法大学2012年博士学位论文。

8. 吴云峰：《金融创新监管法律问题研究》，中南大学2010年博士学位论文。

英文参考文献

一、英文著作类

1. Anand K. Bhattacharya & Frank J. Fabozzi, *Asset-Backed Securities*, Wiley Press (1996).

2. Edward S. Shaw, *Financial Deepening in Economic Development*, Oxford University Press (1973).

3. Kenneth S. Abraham, *Insurance Law and Regulation*, 4th ed., Foundation Press (2005).

4. Kenneth Meier, *The Political Economy of Regulation: The Case of Insurance*, SUNY (1988).

5. John F. Dobbyn, *Insurance Law in a Nutshell*, 4th ed., Thomson West (2003).

6. Stephen J. Choi & A. C. Pritchard, *Securities Regulation: Cases and Analysis*, 4th ed., Foundation Press (2015).

二、英文文章类

1. Angela K. Gore & Kevin Sachs, *Financial Disclosure and Bond Insurance*, 47 (1) Journal of Law and Economics, 275, 275 – 306 (2004).

2. Pamela Peterson Drake & Faith Roberts Neale, *Financial Guarantee Insurance and the Failures in Risk Management*, SSRN, (October 20, 2010), available at SSRN: https://ssrn.com/abstract=1703602.

3. Gerard Caprio, Jr., Aslı Demirgüç-Kunt & Edward J. Kane, *The 2007 Meltdown in Structured Securitization: Searching for Lessons not Scapegoats* (2008), available at World Bank official website.

4. Richard C. Bosse, Jr., *Financial Guaranty Insurance: Is It "The Business of Insurance" Under the Mccarran Act?*, 1988 Colum. Bus. L. Rev. 855 (1988).

5. William K. Sjostrom, Jr., *The AIG Bailout*, 66 Wash. & Lee L. Rev. 943 (2009).

6. Richard R. Zabel, *Credit Default Swaps: From Protection to Speculation*, 4 Pratt's J. Bankr. L. 546 (2008).

7. Alberto Monti, *Cutting Across Linguistic and Regulatory Divides: On Covered Credit Default Swaps and Insurance*, 17 Unif. L. Rev. 425 (2012).

8. Steven A. Sibo, *Credit Default Swaps: How Should They Be Regulated?*, 11 Dartmouth L. J. 54 (2013).

9. Sherri Venokur, Matthew Magidson & Adam M. Singer, *Comparing Credit Default Swaps to Insurance Contracts: Did the New York State Insurance Department Get it Right?*, 28 Futures & Derivatives Law Report 3 (2008).

10. Oskari Juurikkala, *Credit Default Swaps and Insurance: Against the Potts Opinion*, 26 Journal of International Banking Law and Regulation 128 (2011).

11. David Mengle, *Credit Derivatives: An Overview*, 92 Economic Review (FRB Atlanta) 1, 2007 (4).

12. Ben S. Bernanke, *Financial Innovation and Consumer Protection*, available at: http://www. federalreserve. gov/newsevents/speech/bernanke20090417a. htm, speech on FRB conference.

13. Dwight M. Jaffee, *The Application of Monoline Insurance Principles to the Reregulation of Investment Banks and the GSEs*, Fisher Center Working Papers, UC Berkeley (2008).

14. Scott E. Harrington, *The Financial Crisis, Systemic Risk, and the Future of Insurance Regulation*, 76 J. Risk & Ins. 785 (2009).

15. Frank Partnoy, *Historical Perspectives on the Financial Crisis: Ivar Kreuger, the Credit-Rating Agencies, and Two Theories about the Function, and Dysfunction, of Markets*, 26 Yale J. on Reg. 431 (2009).

16. WarrenBuffet, *Letter to the Shareholders of Berkshire Hathaway*, p. 17 (Feb. 27, 2009), available at: http://www. berkshirehathaway. com/letters/2008ltr. pdf.

17. Paul A. Volcker, *An Economy on Thin Ice*, Washington Post, April 10, 2005, B07.

18. Steven L. Schwarcz, *Private Ordering of Public Markets: The Rating Agency Paradox*, 2002 U. Ill. L. Rev. 1 (2002).

19. Lynn Bai, *The Performance Disclosure of Credit Rating Agencies: Are They Effective Reputational Sanctions?*, New York University Journal of Law & Business (2010).

20. Financial Stability Board, *FSB Publishes Principles to Reduce Reliance on CRA Ratings*, http://www. fsb. org/2010/10/financial-stability-board-publishes-principles-to-reduce-reliance-on-cra-ratings/.

21. William D. Goddard & Vasiliy Nazarov, *Ambac and the New World Order*, available at: http://www. martindale. com/insurance-law/article _ Bingham-McCutchen-LLP_2037642. htm.

22. Subcommittee on Financial Guarantee Instrumentation of the Committee on Developments in Business Financing, *NAIC Model Act on Financial Guaranty Insurance: A Commentary*, 43 Bus Law 717 (1988).

三、司法案例类

1. Gibbons v. Ogden, 22 U. S. 1 (1824).

2. Paul v. State of Virginia, 75 U. S. 168, 1868 WL 11123, 19 L. Ed. 357, 8 Wall. 168.

3. U. S. v. South-Eastern Underwriters Ass'n, 322 U. S. 533, 64 S. Ct. 1162, 88 L. Ed. 1440 (1944).

4. *In re* Ambac Financial Group, Inc. Securities Litigation. , 693 F. Supp. 2d 241 (2010).

5. *In re* The Rehab. of Segregated Account of Ambac Assurance Corp., No. 10 – CV – 1576 (Wis. Cir. Ct. Dane Cnty. Oct. 8, 2010).

6. *In re* The Rehab. of the Segregated Account of Ambac Assurance Corp., No. 10 – CV – 778 (W. D. Wis. Jan. 14, 2011).

7. *In re* the Rehabilitation of the Segregated Account of Ambac Assurance Corp., 2010 WL 6574941 (W. D. Wis.), No. 10 – CV – 00778.

8. U. S. Dep't of the Treasury v. Fabe, 508 U. S. 491, 492 (1993).

9. United States v. Wis. State Cir. Ct. for Dane Cnty., 767 F. Supp. 2d 980 (W. D. Wis. 2011) (No. 11 – CV – 99).

10. Assured Guar. Mun. Corp. v. Flagstar Bank, FSB, 920 F. Supp. 2d 475 (S. D. N. Y. 2013).

11. Union Labor Life Ins. Co. v. Pireno, 458 U. S. 119, 102 S. Ct. 3002, 73 L. Ed. 2d 647 (1982).

12. Howard Fire Ins. Co. v. Chase, 72 U. S. 509, 512 – 13 (1866).

13. U. S. v. McGraw-Hill Companies, Inc., 2013 WL 3762259 (United States District Court, C. D. California, Southern Division).

14. Jefferson County School Dist. No. R-1 v. Moody's Investor's Services, Inc., 175 F. 3d 848, 1999 – 1 Trade Cases P 72, 509, 135 Ed. Law Rep. 24, 27 Media L. Rep. 1737, 1999 CJ C. A. R. 2973.

15. Dun & Bradstreet, Inc. v. Greenmoss Builders, Inc., 472 U. S. 749 (2007), 105 S. Ct. 2939, 86 L. Ed. 2d 593, 53 USLW 4866, 11 Media L. Rep. 2417.

16. Lowe v. S. E. C., 472 U. S. 181 (1985), 105 S. Ct. 2557, 86 L. Ed. 2d 130, 53 USLW 4705, Fed. Sec. L. Rep. P 92, 062.

四、英文报告类

1. GAO, *Insurance Markets: Impacts of and Regulatory Response to the 2007 – 2009 Financial Crisis* (2013).

2. GAO, *Financial Derivatives: Actions Needed to Protect the Financial System* (1994).

3. Financial Crisis Inquiry Commission, *The Financial Crisis Inquiry Report* (2011), available at: https://www.gpo.gov/fdsys/pkg/GPO-FCIC/pdf/GPO-FCIC.pdf.

4. US Departmentof Treasury, *Blueprint for a Modernized Financial Regulatory Structure*, March 31, 2008.

5. US Departmentof Treasury, *Financial Regulatory Reform: A New Foundation: Rebuilding Financial Supervision and Regulation* (2009).

6. NAIC White Paper, *The U. S. State-Based System of Insurance Financial Regulation and the Solvency Modernization Initiative* (2013), available at: www.naic.org.

7. NAIC Definition of Insurance Working Group, Definition of Insurance Draftworking Paper, at 2 (September 12, 2000), available at: www.naic.org/store_pub_whitepapers.htm#definition_insurance.

8. NAIC, *RBC Forecasting and Instructions-Property/Casualty* (2007).

9. The President's Working Group on Financial Markets, *Policy Statement on Financial Market Developments* (2008).

10. Mark Jickling, *Regulation of Energy Derivatives* (2008), CRS Report for Congress, RS2140.

11. US Department of Treasury Financial Research Advisory Committee Research Subcommittee, *OFR Study on the Insurance Sector Recommendation* (Feb. 24, 2014).

12. U. S. Department of the Treasury, *Blueprint for a Modernized Financial Regulatory Structure* (2008).

13. Group of Thirty, *Reinsurance and International Financial Markets* (2006).

14. FIO, *How to Modernize and Improve the System of Insurance Regulation in the United States* (2013).

15. UK H. M. Treasury, A New Approach to Financial Regulation: Judgement, Focus and Stability (2010).

16. Bank of England and Financial Services Bill Impact Assessment (2015).

后　记

本书是由我的博士学位论文修改而成。付梓出版之际，我已毕业近 5 年。刚毕业时曾想过将其出版，但由于工作、生活诸事，一再搁置延后。2021 年，在导师李曙光教授的鼓励下，决心完成此事。一可谓机缘已至，二也算是对求学生涯的一个交代。

回首自己的求学之路，仍如昨日之事历历在目。我本科就读于华东政法大学，毕业时顺利被中国政法大学录取为硕士研究生。不仅如此，还有幸找到了理想中的导师——李曙光教授。读硕期间，窥测到了法学殿堂的高深玄妙，萌生了继续深造的意愿。硕士 3 年一晃而过，我又考取了本校的博士生。读博期间，在学习破产法的同时，也涉猎了一些其他法学领域的知识信息，从而了解到债券保险这个范畴，并最终作为博士论文的研究方向。

债券保险监管制度这个题目的研究难度不小，不仅跨越市场，而且跨越学科。思忖之后，确定将研究重心放在对美国制度的透彻探究，讲清楚其中的问题和道理。从搜集资料、确定选题、搭建框架到最终定稿，前后历时 1 年有余。写作本身即已不易，那段期间也正是求职就业、毕业离校等杂务缠身之时，数次感觉要被“压垮”，但最终还是坚持了下来。天道酬勤，天遂人愿。这篇论文最终获得答辩委员会认可，成为我 10 年高等教育岁月的收官之笔。之后时常自我调侃，这篇论文总算对得起自己掉下的头发。毕业之后，我进入证券监管系统，从事制度研究、规则建设等工作，平时写的研究报告、工作论文不在少数。但是迄今为止，这篇博士论文仍是我耗时最久、投入最多的一项成果，本书也是在其基础上的修订和更新。

在此，要对陪我一路走来的人们表达深挚的谢意：

感谢中国政法大学的培养。“所谓大学者，非谓有大楼之谓也，有大师之谓也。”这句话用在中国政法大学身上再合适不过。校园虽然略显局促，却矗立着江平先生力透纸背的“法治天下”四个大字。我先后就读于民商经济法学院和中欧法学院，接受了两个学院的专业熏陶，切实感受到了中国政法大学学府里浓厚的治学气氛和丰富的科研资源。另外，经学校推荐，我也获得了前往美国加州大学洛杉矶分校（UCLA）公费访学的机会。在美国的一年时间里，我搜集了很多参考资料，为博士学位论文打下了较好的基础。

感谢导师李曙光教授的教诲。李老师是学界名家，但对我而言却不止如此。从硕士到博士的6年时间，李老师不仅是“恩师”，也是“慈父”。每次听李老师讲话，都是如沐春风。在学业方面，李老师都是尽职尽责。无论多忙，都会坚持给我们举办学术沙龙。在生活方面，李老师也是对我们关怀备至。在跟着李老师读书学习、踢球锻炼的日常中，学到了专业知识，也明白了治学做事、为人处世的诸多道理。尤其记得，李老师一直告诫我们，这个时代总有功利之人，但我们都应该有自己的一份坚守：坚守初心，坚守底线，坚守原则。这些将永远是我的精神财富。

感谢就读期间各位师友的帮助。同门之内，英才汇聚。身处其间，“久而不闻其香”。陈夏红、吴丹波、申林平、张钦昱、王雪梅等师兄师姐，在平时的学习研究和论文写作中，给了我诚挚的帮助和中肯的意见。也感谢博士论文答辩委员会对这篇论文的认可及修改建议。博士论文答辩委员会成员有中国政法大学的施正文教授、徐晓松教授、刘继峰教授，北京大学的甘培忠教授和中国人民大学的朱大旗教授。本校的三位老师，在平时即给予我们这些博士生较多的指导。答辩会上，老师们深厚的专业素养水准和敏锐的问题诊断能力让我折服和敬佩，他们也是我今后努力学习的榜样。

感谢家人们始终如一的厚爱与支持。我生长在山东省的一个普通的小县城，父母含辛茹苦将我养育成人。虽然生活多苦多难，但他们身上的坚毅乐观鼓舞着我一路前行。爱人与我相识于中国政法大学的课堂，多年来同样忙于博士学业、工作和家庭事务，始终对我不嫌不弃，甘心相互扶持。儿子天真聪颖、俏皮可爱，给家里带来了无限的欢乐笑声。数年来，由于出国留学、异地工作等原因，我与妻儿分别多而陪伴少，留下诸多遗憾，只能今后慢慢弥补了。还要衷心感谢我的岳母，她不仅无私细致地帮我照顾妻儿，而且一直给我极大的精神支持和鼓励。

另外，也要感谢法律出版社法商分社的薛晗社长和田浩编辑。他们在本书出版过程中作了精细的文字编校和版式设计，体现了高度的专业精神。没有他们，这本书不会如此顺利地与读者见面。在这里还是要强调一句：本书仅代表作者个人观点，文责由作者自负，与所任职单位无关。

“天若有情天亦老，人间正道是沧桑。”读书时，站在长城上，会有种“恰同学少年，风华正茂；书生意气，挥斥方遒”的豪迈。随着时间推移和阅历增长，心中的那份意气不再轻易流露，却依然镌刻在心间。博士论文的修订出版或许只是人生途中的一件小事，却再次激发了内心的那份“少年感”，让我仿佛回到了10年之前。愿这份情怀能一直伴我左右，助我继续破浪前行。

姜沅伯